HERMES

# HERMES

在古希腊神话中，赫耳墨斯是宙斯和迈亚
的儿子，奥林波斯神们的信使，道路与边
界之神，睡眠与梦想之神，亡灵的引导
者，演说者、商人、小偷、旅者和牧人的
保护神……

西方传统 经典与解释

Classici et commentarii

# HERMES

伯纳德特集

张 辉●主编

# 道德与哲学的修辞术

## ——柏拉图的《高尔吉亚》和《斐德若》

# The Rhetoric of Morality and Philosophy:

## Plato's *Gorgias* and *Phaedrus*

〔美〕伯纳德特（Seth Benardete）●著

赵柔柔 李松睿●译

华东师范大学出版社

华东师范大学出版社六点分社　策划

古典教育基金·"资龙"资助项目

# "伯纳德特集"出版说明

与许多伟大天才具有相同的命运,伯纳德特(Seth Benardete, 1932-2002)的重要性,在他身后才格外彰显;而随着时间的推移, 他在思想史上的意义也将长久不可磨灭。

正像哈佛大学教授、著名哲学家曼斯菲尔德(H. Mansfield)在 "悼词"中所说,作为一个古典学者,特别是作为一个杰出的哲学 家,伯纳德特生前并不为知识界所普遍了解,他本人似乎对获得某 种赫赫声名也并不感兴趣。但是,他又无疑是我们时代最有学问 的人,同时也是最深刻的思想家(the most learned man alive, and the deepest thinker as well)。或者如另一位学者伯格(Ronna Bur- ger)所言,他的一生,便是哲学式生活的楷模。

从 1965 年起,伯纳德特就在纽约大学(NYU)任教。在教书 和研究的 40 年中,他几乎将全部精力都放在了对古希腊哲学和文 学的研究与翻译上。逝世前一周,他还在为大家讲授柏拉图的 《欧蒂德谟》(Euthydemus)——而这篇对话录,据说是仅剩的、少 数他所没有讲授过的柏拉图对话录了。像他的伟大老师施特劳斯 一样,他试图用那些"伟大的书"作为一面镜子,为平庸的现代世 界,寻找到真正的、不可回避的对照;为实用而虚无的人生,提供另 外一种生活的可能性。

　　而这一切是建立在严格而持久的学术苦修上的。伯纳德特对古代语言和古代文本天才的把握,甚至不得不使他的"宿敌"——美国形而上学学会会长罗森(Stanley Rosen)叹服。法国著名学者维达—那克(Pierre Vidal-Naquet)也认为,在这方面:"他堪获得荷马的英雄般的荣耀。"而伯纳德特涉足的广泛领域,更是当代学界少有人可以匹敌。1953 年完成关于柏拉图的《忒阿格斯》(Theages)的硕士论文、1955 年又完成关于荷马史诗的博士论文之后,他不仅翻译和疏解了埃斯库罗斯、索福克勒斯以及欧里庇得斯等人的戏剧;发表了关于赫西俄德、希罗多德的论文和专著;而且,还为几乎所有重要的柏拉图对话录——从《王制》、《会饮》到《法义》等等,在翻译基础上写了非常耐人寻味的评注。他对现有学科界限的超越,代表了一种学术和精神的高度,一种几乎难以企及的高度,历史、文学、哲学……诸多知识领域,在他的经典研究中精彩地融会贯通,而远非各自为政。

　　本系列从伯纳德特大量论文、专著和对话录中编选出 11 卷,向汉语知识界比较全面地介绍这位沉静而深刻的哲人的不朽思想。他对生活的悲剧与喜剧进行"情节论辩"的高超功力,他在体察"道德与哲学的修辞术"时所表现出的见微知著的惊人智慧,他与古代圣贤相遇并对话的奇特方式,以及他始终不渝的对美好生活的永恒追问,都将令拥有五千年文明的我们反躬自省。阅读伯纳德特,不仅会启发我们重新体认伟大的古代诗学传统,而且将对我们重新估量那些被现代学问与生活方式所遮蔽乃至毁坏的一切具有重要借鉴作用。

古典文明研究工作坊
西方典籍编译部戊组
2010 年 7 月

人们没有注意到，驴子就其本身以及对我们来说，就是最重要的、最美的、造得最好的动物——如果这世上没有马的话。

——布封

# 目　　录

# 插图一览表

# 致　　谢

　　我要感谢埃尔哈特基金在 1989 年夏天提供的资助,让我得以完成这项工作。

　　伯格、伯曼、戴维斯及维项斯基耐心阅读了本书手稿并提出了一些改进建议。我还要感谢我的女儿艾玛,她绘制了本书图 2。

# 引　言

[1]将两篇柏拉图对话的疏解放在一起,并不能就算作是一本书,但尽管《高尔吉亚》(*Gorgias*)和《斐德若》(*Phaedrus*)不像《智术师》(*Sophist*)与《治邦者》(*Statesman*)联系得那般紧密,把它们放在一起却仍有值得讨论之处。如果说,《高尔吉亚》中的苏格拉底关心的是正义和道德的话,那么和它天然相配的篇目就是《王制》(*Republic*),而不是《斐德若》。理想主义的(idealistic)苏格拉底可以和狂怒的苏格拉底携手同行(《王制》536c4),而那个为爱欲迷醉的苏格拉底却很难与《高尔吉亚》中那个令人扫兴的苏格拉底相一致。不管怎么说,苏格拉底反享乐主义的一面,并没有看起来那样严格(《高尔吉亚》458a2–5);同样,他在《高尔吉亚》中也不是要为道德辩护,而是试图理解"所谓的修辞术"。《高尔吉亚》中的道德热情是用来营造情境的,以使高尔吉亚、珀洛斯(Polus)以及卡利克勒斯(Callicles)能够理解苏格拉底的言论。《高尔吉亚》为《斐德若》的一个主题提供了例证——知道特定的论辩相合于特定的灵魂时会发生什么是一回事,当它发生在眼前时能够辨认出来则是另外一回事(《斐德若》271d5–272a1)。在《高尔吉亚》中,苏格拉底既将手中所有的牌都亮在了桌面上,又仍将它们纳于掌控之中。当他的对话者不断从自己坚持的论辩上

偏离开去的时候,苏格拉底却在整个对话中完全保持一致。起初是高尔吉亚,随后是珀洛斯,最后是卡利克勒斯,都将苏格拉底的论辩转了个方向,使得他们中的每一个都越来越远离既定轨道,同时,我们看到这种偏离将修辞术建构成了正义的幽灵幻象(phantom image)。修辞术的结构就是高尔吉亚、珀洛斯和卡利克勒斯所认为的苏格拉底的正义含义与苏格拉底的真实意思之间的三重分歧(图1)。

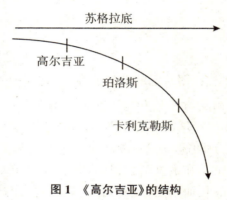

**图1 《高尔吉亚》的结构**

在柏拉图对话录中,这样的结构大概绝无仅有。实际上,人们或许会猜测,每篇对话都有其特殊的结构,就像是不同种类的动物;因此,在某种重要的意义上,没有一篇对话可以为其他对话的分类提供参考。不管怎样,《斐德若》——在其中苏格拉底曾将一篇完美的文章比作一只动物(264c2-5)——最有可能拥有一个如同能解释所有对话的钥匙那样的结构。《斐德若》没有开启任何的对话,[2]但它在不涉及其他对话内容的情况下对它们做了阐释。柏拉图的艺术特征在于,他从总体上展示哲学之本性(nature)的同时,也说明了无法从这一本性进一步推断出特定的哲学论辩的本性。哲学有结构却没有方法,有逻各斯却没有推演。

于是,或许可以认为,《斐德若》与其他任何一篇柏拉图对话都相称,而关于修辞术的议题则将它紧紧地与《高尔吉亚》连接在一起。苏格拉底从高尔吉亚那里抽取出一个关于修辞术的定义，如我们所料，它涉及言辞与说服（452e1－453a5）；而在《斐德若》当中，苏格拉底自己也依照同样的术语来理解修辞术（261a7－b2）。不管怎样，《高尔吉亚》中的苏格拉底将修辞术理解为某种形式的恭维，既与言辞无关，也与说服无关。虚假的修辞术被证明是正义的幽灵幻象；真正的修辞术则是爱欲的学问。在此二者中间，《高尔吉亚》与《斐德若》指明了一种灵魂学（psychology），在其中，人类灵魂中产生道德义愤（moral indignation）的地方和对美的热爱能被恰如其分地理解。而这本关于这两篇对话的书则试图符合这样一种灵魂学的准则。被人们视作可求取公正、尊为完美之存在的诸神，可以说以非学问的方式预示了柏拉图式灵魂学这个成问题的统一体。无论如何，这些神不是城邦的就是诗人的，而关于诸神的本性，[3]城邦保持着沉默，诗人则已说了太多。希腊诗歌两位特别的守护神是冥王哈伊得斯（Hades）和爱神爱若斯（Eros）。哈伊得斯不仅掌控着关于肉体与灵魂的问题，也同样掌控着神的奖赏和惩罚。苏格拉底为了对抗诗人的冥界，而将《普罗塔戈拉》的背景绘制为荷马的冥界——在其中，苏格拉底是另一个奥德修斯，先将希琵阿斯（Hippias）视作本身是神的赫拉克勒斯（Heracles）的幽灵，随后又将普罗狄科（Prodicus）视作遭受了永恒惩罚的坦塔罗斯（Tantalus）（《普罗塔戈拉》351b9, c8）。人们或许会补充说，虔敬在《普罗塔戈拉》中是一种显著的德行，它未出现在其他的地方。可与《普罗塔戈拉》并置的对话是《会饮》（*Symposium*），其中所有的主要对话者除了阿里斯托芬（Aristophane）以外都出现在《普罗塔戈拉》中，而其主题则是颂扬爱神。那么，《高尔吉亚》和《斐德若》在神学上则分别对应《普罗塔戈拉》和《会饮》。我计划将后一组对话放在另一本书《诗人的诸神》（*The Gods of the Poets*）中处理，它将对《高尔吉亚》和《斐德若》中的神学维度加以说明。

# 第一章　高尔吉亚(447a1–461b2)

[5]《高尔吉亚》的背景问题非常简单。如果高尔吉亚的修辞术像他本人所说的那样有力的话,那么《王制》中的完美城邦就可以在任何时间、任何地点成为现实。哲学家不是自己学会这种万能的修辞术,就是雇佣万能的修辞学家来为他的利益进行演讲,以便在政治集会上说服人们拥戴哲学家为王。不管这种修辞术是正义的还是道德中立的,它都拥有这种力量;但如果它必然是不义的,因而是要竭力为运用它的人争取一个本不应属于他的职位的话,那么这种修辞术就不应该为哲学服务。于是,高尔吉亚的修辞术要么根本就是不义的(若它是强有力的),要么就太过软弱不能提供一种政治生活的解决之道(若它是正义或中立的)。于是,那个让卡利克勒斯感到困惑的、苏格拉底与高尔吉亚谈话的意图就可以由此得到解释。就我们所设想的苏格拉底转向以改革和革命为目的的政治哲学来说,高尔吉亚可算是苏格拉底的一个潜在盟友。然而,这类合作的全部希望——它或许曾为苏格拉底所珍视——在这篇对话中高尔吉亚部分的结尾却肯定化为了泡影。由于珀洛斯与卡利克勒斯在苏格拉底的事业中都没被当作合适的伙伴(他们各自按照自己的方式赞同不义)因此苏格拉底与高尔吉亚、珀洛斯以及卡利克勒斯的说话意图仍然令人无法理解。苏格拉底为什么要花

那么长时间和这些桀骜不驯的对手进行对话？苏格拉底让他们三个无话可说,但却似乎并没有说服他们。他在我们面前证明他的修辞术没有足够的力量来说服公众并弥补高尔吉亚的失败。这个声称自己是真正的政治家的苏格拉底,承认自己在表面上——那是观念的基本层面——是软弱无力的。

　　每个从《王制》的视角来阅读《高尔吉亚》的人都会遇到这个最初的疑问;而当人们在阅读过程中追问是什么让修辞术和道德的主题联系在一起时,这一疑问就会加深。如果高尔吉亚的部分本身就是自相矛盾的话(参见461a7-b2),那么我们可以放过这篇对话录的其余部分吗？珀洛斯和卡利克勒斯是不义的代言人,但他们都很软弱。[6]两个人都无法代表这样一种可能性:修辞术是万能的,它可以在任何地方建立起僭主统治(tyranny)。修辞术似乎是一个开场的楔子,它引出了关于正义的更大的议题以及两个苏格拉底式的悖论——受到不公正的对待要比不公正地对待别人更好;忍受不公正的惩罚要比试图摆脱这种惩罚更好。根据这两个悖论,修辞术在本质上似乎只是在那些城邦——其中很多事情并不取决于残暴的军队或成文法——里攫取权力的众多手段之一。因此,问题似乎是关于僭主统治的,而与阿凯劳斯(Archelaus)①是否曾对马其顿人演讲并说服他们相信其统治权没什么关联。当珀洛斯把阿凯劳斯当作幸福与不义同在的当代例证时,他并没有提及任何有关阿凯劳斯能言善辩的例子。事实上,名词“说服”(peithō)在高尔吉亚的部分出现了十九次,但之后则一次也没出现过。不管苏格拉底为了找出高尔吉亚的信念——在政治集会中用演讲的方式来进行游说是人类最大的善——付出多少的努力,“说服”这个词说消失就消失了,这还是令人十分惊讶,因为苏格拉底直到珀洛斯的部分才开始介绍他的双四重图式(修辞

①　[译注]阿凯劳斯(Archelaus),马其顿国王,在位时间为公元前413年至公元前399年。

术是其中一个部分),在那里他概括了自己对修辞术的理解。苏格拉底的图式没有引起什么兴趣,即使是"诡辩术"和"政治学"也都被搁置在一边完全没有说明,更不用说"正义":正义这个概念用苏格拉底的话来说是真正的技艺,而修辞术则是其幽灵幻象。《王制》的讨论是由正义这一技艺开启的,然而它的很大篇幅又被苏格拉底用来详细说明正义本身。不管怎样,《高尔吉亚》没有给正义这一概念下任何定义,虽然苏格拉底认为在对任何东西下定义之前都不能说它是好还是坏。苏格拉底正是以这样的方式承认《高尔吉亚》就整体而言是修辞术式的。他显然是借用了非技艺的修辞术来辩护作为一门技艺的正义。

就算凭论证来说这个结论可以接受,但如果苏格拉底使用的武器是欺诈且没产生什么效果(即没有人相信他)的话,那么这个结论也不尽如人意。在修辞术意义上产生效果意味着引起行动的变化而不是言辞的变化,就像我们很难想象高尔吉亚和珀洛斯会放弃他们的职业一样,我们也很难想象我们在其他文献中看不到卡利克勒斯的影子是因为苏格拉底成功地说服他放弃政治。比起去指责苏格拉底使用的愚蠢手段,即通过展示自己如何难以应用修辞术来暴露高尔吉亚修辞术的无力,更安全的做法是用这样的问题作为切入点:修辞术和道德是否并非两个主题而是同一个主题,是否这篇对话从整体而言是对高尔吉亚修辞术的展示(就像标题所暗示的)——它像我们早就熟悉的苏格拉底式论证一样严密。我们对《高尔吉亚》的重新定位,[7]使得正义缺乏定义成为了论证的需要,而不是苏格拉底的巨大失误。正义概念必须是未经定义的;否则苏格拉底所说的修辞术的本性就无法成立。高尔吉亚不仅仅是没在传授修辞术的同时传授正义,而是他根本无法传授正义。无论是他还是他的信徒珀洛斯都不知道正义究竟是什么。他们就像卡利克勒斯一样毫无理性(卡利克勒斯鄙视粗俗之人,但又赞颂后者所欲之物)。《高尔吉亚》中的三位谈话参与者展示了修辞术。他们是苏格拉底几何学图式的逻各斯(logos)。他们证明了苏格拉底对修辞术的看法是正确的。《高尔吉亚》是苏格拉底的实验报告,在其中苏格拉底最终验证了一个假说。只有当高尔吉亚、珀洛斯以及卡利克勒斯不再说他们所说的东西时,这个假说才会不成立。《高尔吉亚》在推理过程中的错误并不是苏格拉底的错误,而是修辞术自身的错误,它展示了修辞术的虚假性。《高尔吉亚》是对一张褪色底片的正片冲洗。它将正义的魂灵永远地留存了下来。

没有哪篇柏拉图对话录像《高尔吉亚》那样充满了对伯罗奔半岛战争(公元前 431–前 404 年)期间所发生的一系列事件的影射。伯利克勒斯(Pericles)死于公元前 429 年(502c2–3);高尔吉亚则在公元前 427 年来到雅典;[①]在公元前 423 年还是正面形象的民众(Demos),到了公元前 422 年却被认为是愚蠢的(481d5);[②]阿尔喀比亚德(Alcibiades)在公元前 420 年左右声名显赫;在尼基阿斯[③]去世的同一年,公元前 413 年,阿凯劳斯(470d)开始执政;亚里斯多克拉底[④]死于公元前 406 年(472a7);而苏格拉底则在这

---

① 根据《高尔吉亚》的脉络,下面这一事实可能绝非偶然:修昔底德(Thucydides)所记述的克里昂(Cleon)的演讲与高尔吉亚作为莱昂蒂尼(Leontini)使团成员抵达雅典发生在同一年。在这次演讲中,克里昂提议处死米蒂利尼(Mytilene)城中的全部男性。从他的语言风格来看,克里昂可能与高尔吉亚进行修辞学教学活动有关,而且很可能是其中的核心成员。修昔底德认为克里昂是所有公民中最为残暴的人,同时也是最能说服民众(demos)的人。(3.36.6)

② J. K. Davies, *Athenian Propertied Families 600–300 B. C.* (Oxford 1971), 330.

③ [译注]尼基阿斯(Nicias),雅典政治家和将领,在伯罗奔半岛战争期间曾围攻西西里的叙拉古(公元前 415 年),公元前 413 年雅典决定从叙拉古撤军,这一年的 8 月 27 日发生了月蚀,迷信的尼基阿斯决定推迟撤军。不久,叙拉古人迫使雅典军队投降,尼基阿斯被处死。

④ [译注]亚里斯多克拉底(Aristocrates),雅典将领。公元前 406 年 8 月,与另外七名将领作为援军与卡利克拉提达斯率领的斯巴达海军展开阿吉纽西战役。虽然战役取得了胜利,但救援落水士兵的工作却因暴雨而失败。八名将领中有两位将军因此逃亡。亚里斯多克拉底和其他五位将军回到雅典后被处死。

一年参与了对参加阿吉纽西（Arginousae）战役的将军们的审判，并为他们进行辩护①（472e6）②。由于卡利克勒斯所说的那句"伯利克勒斯最近死了"，与《高尔吉亚》完成的时间，即苏格拉底及其同伴主持对将军们的审判的一年后不相符，我们不得不认为柏拉图把《高尔吉亚》的故事背景放置在战时的雅典，但如此一来我们就只好相信这一对话并没有真实发生过。《高尔吉亚》指涉了某个时期，但这个时期却无法在历史中找到。卡利克勒斯——这个人在其他文献中没有出现过——由此可能是这个时期的代表，而非某个具体的人物。是他引发了这场对话，而他的第一句话是："关于战争和战斗。"这句话当然合适这样一个人的身份，他鄙视那些他以为是苏格拉底的道德说教的东西，而且还想让苏格拉底去直面现实；如果这位现实的代言人既不是他真正的自我，又不能至少身处在一个时间框架之中，事情就只是有些荒诞罢了。[8]但是，我们怎么理解伯罗奔半岛战争在对话中完全缺席呢？苏格拉底谈到了雅典帝国的一些日常物品，如船只、城墙、造船厂以及贡品等（517c2，519a3），但并没有谈到帝国本身（参见514a2）；卡利克勒斯则在举例说明贪婪本性的无穷驱力时，用了大流士（Darius）入侵西徐亚（Scythia）失败的例子，而没有提到希腊自摆脱了庇西特拉图（Pisistratids）之后的扩张（希罗多德578）。卡利克勒斯谈论雅典帝国主义是否像谈论娈童那样有所顾忌（494a7）？高尔吉亚谈到了在他自己的城邦里，修辞术对每一个工匠的统治（452d5-8），但就像他闭口不谈城邦内部彼此敌对的修辞学家的竞争一样，他对战争也三缄其口。在这种情况下，最好的修辞学家是否能够得胜不得而知，不过高尔吉亚的沉默似乎至少是承认，并

---

①　[译注]苏格拉底当时是500人组成的立法议会的成员，他一开始在同事的支持下，后来孤身一人为将军们辩护，认为以集体裁决的方式处死这些将领是违宪行为。

②　E. R. Dodds，*Plato's Gorgias*（Oxford 1953），473e6。

不是所有与外邦的关系都是外交问题。这或许太过简单了,以至于不能从中得出这样一个结论:修辞术除了言辞外什么也不知道,它因为自己的顽固而迷失在酣梦之中。但即使这样的结论也未经证实,对于苏格拉底在虚拟条件下的最具道德意味的抗辩,也就是与那些在真实斗争中索取最大好处的人们的对抗,人们仍然要去追问苏格拉底的意义为何。是不是说,就像苏格拉底在现实情境中不可能是最具道德色彩的人一样,他也不可能是道德主义者?

在《高尔吉亚》的开头,卡利克勒斯和苏格拉底交换了已经广为人知的看法。卡利克勒斯谈论战争和战斗,而苏格拉底则谈论着宴会。对于卡利克勒斯所设想的东西来说,靠勇气获取愉悦越来越变成了它的原则。卡利克勒斯似乎在指责苏格拉底是懦弱的;苏格拉底让其他人先去参加战斗,自己再随后赶来庆祝。苏格拉底马上就明白了战斗其实根本就没有发生,而且他已经错过了宴会。卡利克勒斯谈论战争和战斗只不过是要掩饰自己在倾听谈话过程中所感到的快乐。或许苏格拉底很轻松地猜到卡利克勒斯的意图并不值得注意;但这篇关于修辞术的对话以这样的方式开始却提醒我们注意阐释的危险性,特别是当修辞术并不是一门技艺,而是试图在最严苛的道德感的伪装下去追求某种满足的时候。高尔吉亚自己会主张处决那些不能公正地运用其技艺的修辞学家(457c3)。此时,苏格拉底对卡利克勒斯的意图的揭露,暗示出他来得正逢其时——若他想要从高尔吉亚那里知晓其技艺的力量的话。如果他来得更早点儿,高尔吉亚可能正在展示他那修辞术的力量,这样的话,面对高尔吉亚本人就不像面对卡利克勒斯那样容易揭示出他所展示的东西的真相。之后,苏格拉底会为他探寻高尔吉亚回答的意义时的那种过分慎重而道歉,他的慎重是为了确保自己既不会对高尔吉亚所想有预先假设,[9]也确保高尔吉亚不会反过来放任他沉溺在其推断之中。苏格拉底拥有这样的对话方式——既可以激怒对话者,同时又让那些见证失败的听众感到愉悦(458d1-4)。因此战斗和宴会像是某种套话,它不仅包含着卡利克勒斯认为苏格拉底外强中干的假想,也蕴含着苏格拉底的谈话方式(参见《斐勒布》21c6-8)。因此,卡利克勒斯的假想,或许仅仅是修辞术揣测苏格拉底政治学真谛时的某种掩饰。

苏格拉底把自己的迟到归咎于凯勒丰(Chaerephon);凯勒丰非要拉着他在市场里闲逛。他是一个非常容易分心的人。他的朋友可以随意地影响他。凯勒丰说他们迟到一会儿没什么问题;他既是造成伤害的原因,也是治疗的方法。凯勒丰的话似乎是暗指忒勒福(Telephus)的故事:阿基硫斯的长矛伤了他,并在他同意为希腊人指出去特洛伊的路后又用矛治好了他。凯勒丰声称高尔吉亚是他的朋友,如果苏格拉底决定(dokei)现在听的话,高尔吉亚现在就可以为他表演;如果苏格拉底愿意(boulei)以后听的话,那么高尔吉亚也能以后再给他表演一次。凯勒丰声称自己摆布高尔吉亚就像控制苏格拉底一样容易。大人物总是特别地为他们的追随者提供方便。卡利克勒斯也主动地安排高尔吉亚的表演;高尔吉亚一直待在他家里,就等着凯勒丰和苏格拉底什么时候到了,什么时候就开始表演。于是,这篇对话录不但延续着它那谜样的、伴随着暴力与和解的调侃的开端,并且还由凯勒丰不经意间引出了dokein 和 boulesthai 这两个未加明确区分的概念——稍后苏格拉底将它们分别指认为意愿的任意性和结果的合理性。这一区别暂时还不重要;现在还没有什么能够阻挡苏格拉底去完成自己想要做的事。在卡利克勒斯建议苏格拉底问问高尔吉亚是否愿意与他交谈,到苏格拉底让凯勒丰问问高尔吉亚是谁的这段时间里,苏格拉底、凯勒丰和卡利克勒斯走进了高尔吉亚刚刚结束其表演的那个大厅。在柏拉图的笔下,没有什么人可以在走动时不被人注意,但在这里,他们却好像可以在四处随意穿行。《高尔吉亚》开篇的轻松氛围似乎展示出某种不必实际践行高尔基亚修辞术就可以与其效果相当的东西,依靠它我们可以对高尔吉亚修辞术的力量做出判断。由此,柏拉图似乎向我们暗示高尔吉亚的修辞术软弱无力,它看上去取得的效果其实事先早就有了。修辞学家在宴会结束后才姗姗来迟。

通过叫凯勒丰向高尔吉亚提问,苏格拉底让我们初步比较了他与高尔吉亚的方式的差别。苏格拉底的代言人的出场迫使珀洛斯作为高尔吉亚的代言人站了出来。[10] 于是我们就在主角出场前看到了一场小预演。高尔吉亚的方式呈现在了珀洛斯的声明中,他说他像高尔吉亚那样可以回答任何问题;而凯勒丰则以苏格拉底的方式举了很多例子向珀洛斯请教。与精通修辞术回答技巧的珀洛斯相比,凯勒丰对苏格拉底的提问技巧还很生疏。是不是修辞术比辩证法更好传授呢?“修辞术”这个词的构词暗示出它是一门技艺,而《高尔吉亚》中的苏格拉底则完全没有论及辩证法。也许回答问题的能力不能和提出问题的能力相提并论。修辞术的标准回答总是假定别人提出的问题缺乏新异性,而苏格拉底式的提问则总是建立在新异性之上。人们用事先不知道的方式来获知他们所不知道的东西。凯勒丰——当他在市场里拖住苏格拉底时,他并不知道苏格拉底其实不想去听高尔吉亚的演讲——这时必须在不知道苏格拉底究竟不知道什么的情况下,临时想出一个问题来。苏格拉底的兴趣在于高尔吉亚技艺的力量。他希望在不亲身体验修辞术力量的情况下弄清楚修辞术有何力量。通过延宕高尔吉亚自己的演示并让珀洛斯在小的论辩中释放出修辞术所有的浮华虚饰,苏格拉底成功地做到了这一点。由此,苏格拉底在高尔吉亚面前阐明了修辞术与谈话之间的区别,并建立了这样一个准则:不能以修辞术的方式介入对修辞术的讨论;而一旦高尔吉亚承认他能够传授修辞术,因此修辞术与其他技艺的传授方式相似,苏格拉底就可以预见他后面对说服与传授所做的区分,并论证修辞术对于传授修辞术来说毫无用处。凯勒丰很明显是比不上珀洛斯的,这一点将高尔吉亚从其修辞术的全部力量中剥离开,同时也使他眼光更高,要求为自己的修辞术争得一个高于珀洛斯"所谓的修辞术"的位置(448d9)。实际上,高尔吉亚会理所当然地承认知识即美德。

苏格拉底用一种不断展开的方式来表达其对高尔吉亚的兴趣——他想要知道"人的技艺之力量"——这暗示他必然会问三个问题:高尔吉亚是谁? 高尔吉亚的技艺是什么? 这种技艺的力量又是什么? 苏格拉底让凯勒丰问第一个问题。问他,苏格拉底对凯勒丰说,他是谁。他让凯勒丰用这样的方式来提问:"假定他确实是做鞋的人,那么他一定会回答说他是个鞋匠。"苏格拉底对比了"做鞋的人"(*hupodēmatōndēmiourgos*)和"鞋匠"(*skutotomos*)这两种说法:一个是短语,而另一个则是复合词,后者如果被拆成两个词的话,那么字面上的意思就是皮革切割者。"修辞学家"(*rhētōr*)则不是一个复合词,它的原义是"言说者"。它可以指涉的不是一个职业,而是作为正在说话的动物的人;事实上,[11]如果有人要从会说话的人中选出一个言说者的话,苏格拉底肯定是最合适的人选,特别是在苏格拉底声称用自己的方式来使用 *dialegesthai* 之后——这个词本来是指称人与人之间交谈的普通词汇。尽管高尔吉亚答应与苏格拉底对话时不使用修辞术,他还是很不情愿地对修辞术的范围进行了限定;在高尔吉亚逐渐承认这些限制的过程中,他让我们考虑这样一个问题:是否存在着一种有关言说的一般学问,它既可以处理任何技艺或学问中出现的一切句子形式,也可以处理邻里之间的流言蜚语以及面向各类听众的公共讲辞。苏格拉底的确正在处理某种关于上述范畴的东西,就此而言,我们应该首先反过来向苏格拉底追问那个他曾向高尔吉亚提出的问题——苏格拉底是谁? 之后我们才能追问苏格拉底的力量和技艺。

苏格拉底所说的那个关于制鞋匠的例子没有涉及到什么相关名称。因此,为了既维持这个例子,又保留高尔吉亚是谁这个问题所带有的个人性,凯勒丰从这个例子上转移开了。他的第一个例子是高尔吉亚的兄弟希罗狄库(Herodicus),而第二个例子则关于另外的两兄弟:画家阿里斯托丰(Aristophon)和波吕格诺图(Polygnotus)——后者名气很大,以至于凯勒丰不需要说出他的名字。这三个例子说明了人们理解修辞术的方式。医学是疗治身体的真正的技艺,修辞术则并非疗治灵魂的真正的技艺。卡利克勒斯试图劝苏格拉底把学习修辞术视作某种自我保护的手段,但苏格拉底对修辞术这种特征的冷漠态度可能跟他从不穿鞋的态度是一样的(《斐德若》,229a3-4;《会饮》,174a4)。此外,如果我们质询绘画和医学这两种技艺结合在一起的可能性(这是凯勒丰假设高尔吉亚拥有的),那么按照苏格拉底的几何对应关系,我们就是在质询是不是存在这样一种技艺,它可以同时处理灵魂的健康以及这种健康的表征。是否存在一种可以同时引出真正的正义及其假象的技艺?苏格拉底向高尔吉亚提出的问题——他在传授修辞术的同时,是不是也在传授正义——似乎是前面那个问题的变体。当格老孔(Glaucon)在《王制》中谈到正义问题时,他设想只有当不义出现时,真正的正义才会现身(360e1-361d3)。因此,假如能够出现的只有虚假的正义的话,灵魂的医学和绘画就只能是虚假的结合。我们当然可以对格老孔说,柏拉图是这样的技艺的发现者,因为他自己既再现哲学的正义,又启发我们思考哲学;但是柏拉图对哲学的再现与归纳并未在个人身上显现出正义的外观与真实。我们试图去效法苏格拉底,而不仅仅是原样照搬。

[12]面对凯勒丰所提的高尔吉亚究竟懂得何种技艺这个问题,珀洛斯用修辞术的方式回答道:他懂得诸种技艺当中最好、最美的那种,由于经验使得人们越来越狡猾,而完全没有经验又让人们在生活中随波逐流,因而高尔吉亚知道如何使人们的生活尽可能地不受偶然性的影响、依照理性前行。如果理性生活的最大威胁来自其他人,而不是来自海上的风暴或其他自然灾害的话,那么

珀洛斯的回答与苏格拉底从高尔吉亚那里抽象出来的观点——修辞术既是人类自由之源,也是政治统治之因——就没什么不同。我们并不清楚为什么珀洛斯不能给出高尔吉亚的答案,而选择在并未定义修辞术之前就开始赞颂它。通过批判珀洛斯的回答所采取的修辞术方式,苏格拉底表明所谓的修辞术其实不过是词藻华丽而已,并且它总是赞颂那些已经被证明是错误的东西。他暗示珀洛斯在模仿高尔吉亚的《海伦颂》(*Praise of Helen*)——它在诋毁海伦的人的攻击面前为她开脱或替她抵挡。这篇颂词的要点是:任何行为都可以理解为对强迫的屈从,不管海伦是坠入爱河、为甜言蜜语所打动、被暴力所强迫还是出于遵守神意的考虑,她都不应该被指责。于是,苏格拉底借此表明修辞术只能在事后才能对生活的不确定性进行规范,也只能回溯性地纠正其非理性之处。修辞术编造一些这样的故事,它们让那些本来被认为是毫无意义的东西散发出理性的光辉。由是,珀洛斯对修辞术所做的先于任何攻击的辩护便成为必要的。修辞术必须不断回应而从不取得主动。它能令人逃脱,却无法使人开始介入。它不会成为一门统治的技艺。

苏格拉底对本质(quiddity)和质量(quality)做出区分后,对简洁和烦冗也做了区分。高尔吉亚是了解后一组区分的,他最得意的一点是没有人可以像他那样简洁地把一件事说清楚。《高尔吉亚》的最初段落中,苏格拉底暗示简洁之于烦冗,就像是对某物之所是的探询之于赞美和谴责的演讲一样。就这样,苏格拉底在这场关于修辞术的讨论中把修辞术贬低为配角,并使自己作为提问者控制了整个讨论。虽然高尔吉亚对任意规定长短提出了软弱无力的抗议,但他没有意识到苏格拉底正在制定这样一个规则:一个回答需要和问题的长度相匹配,并且不管问题有多长,回答都必须短些。这条规定在与高尔吉亚的对话过程中始终被严格遵守着,直到高尔吉亚开始细致入微地赞美修辞术的力量从而违背了他对简洁的推崇(456a7-457c3)。不管高尔吉亚多么出色地阐明了长演讲与短演讲之间的区别,我们都不禁要担心苏格拉底赋予自己的提问者的特权是否能如他所愿的维持下去。修辞术的三个分支(法庭的、[13]审议的以及词藻的修辞术)确实都倾向于做长篇演讲,且其目的都在于说服别人,但短演讲在修辞术上的中立性及其带来的教益却并非显而易见(参见修昔底德,5.85-86)。似乎在苏格拉底脑子里,简洁的范本是数学证明:以最清晰、最简洁的方式得出答案是最好的。数学证明中的每一步都可以被表述为一个问题,而对每个问题所能做的最为简洁的回答就是对或错。对与错看上去似乎在修辞术上是中立的,然而它们凭借简洁而获得的东西,却因答案遮蔽了确信程度而遗失了。对于苏格拉底的前两个问题,高尔吉亚的回答是"对",苏格拉底对他的简洁表示赞许。苏格拉底的称赞用了起誓发愿的方式:"以赫拉的名义!"这一誓言似乎用了修辞术煽动听众的某种方式,因为高尔吉亚的回答所表现出来的,与其说是对那些观点的真心赞同,不如说是对苏格拉底问题冷漠的礼貌态度。苏格拉底用夸张的赞扬来激怒高尔吉亚的意图并没能起作用。高尔吉亚表现得比苏格拉底更加理智。他似乎就是理性的代言人。

接下来,简洁在某种程度上代表了说话者的理性,并掩盖了其灵魂的状况,在这种情况下,苏格拉底不但让高尔吉亚在他和我们面前显得让人难以理解,而且在讨论中引入了一组对任何灵魂学来说都至关重要的区分——理智(mind)与灵魂(soul)。修辞术只有在它能够懂得演讲的听众为什么赞同或为什么不赞同时,才能算是一种学问,若不是这样的话,它就必然会误以为回答采取什么形式关乎在多大程度上相信,以及这种相信的类型。于是,修辞术可能并不知道演讲是否有说服力,或者更为致命的,不知道在演讲中什么有说服力而什么没有。一次经过缜密推理分析的论辩最终可能仅是为了论辩而论辩,而对参与者没什么意义。关于这一点,珀洛斯和卡利克勒斯代表高尔吉亚和他们自己先后做了细致的表述。他们对苏格拉底所说的东西与他们真正的观点毫不相干。苏格拉底式推理的胜利只是为了展示出理性的无能。因此，我们不得不在辩证法（它没有改变人们的信念）和修辞术（它是有效的，但却既不知道自己为什么有效也不知道自己的影响是什么）之间做出抉择。理性是虚无的，而修辞术则是盲目的。

苏格拉底问高尔吉亚修辞术的本质是什么。苏格拉底的两个例子——纺织和音乐（前者处理如何制作斗篷，而后者则处理如何制作歌曲）——暗示苏格拉底希望得到一个由两部分组成的答案：修辞术处理如何做讲辞。然而，高尔吉亚没有理会那些例子，[13]并假定苏格拉底在询问修辞术这门学问的对象是什么。他干巴巴地回答"关于讲辞"，无疑认同这样一种解释，即修辞术所处理的是人类的讲辞，简而言之，它处理任何人关于任何事物所说的一切；但高尔吉亚的实际意思似乎是讲辞也是一种事物，而修辞术是关于讲辞的学问。亚里士多德的《工具论》（*Organon*）或许是这种学问的一部分。不管怎样，高尔吉亚并不想使修辞术太过泛化，以免沦为某种手段。为了进一步限定修辞术的范围，苏格拉底举了医学的例子。医学在传授医学知识、说明病症以及解释患者为何好转时使用自己的言辞。医学既包括诊断也包括治疗。如果用修辞术来和医学做类比的话，那么它要在传授、诊断和治疗灵魂的疾病时也使用同一套言辞。这样的修辞术很符合苏格拉底在《智术师》（*Sophist* 230b4–d5）中写到的，爱利亚陌生人（the Eleatic stranger）所完美描绘的灵魂的净化（soul-cathartics）。苏格拉底无疑会对某种看似能规范其实践的学问感兴趣。只要高尔吉亚为了简洁的缘故而继续保持神秘，他就会被误认为与苏格拉底相一致。高尔吉亚的修辞术的核心就是苏格拉底的辩证法。然而当这一核心变得烦冗时，它就成了"所谓的修辞术"。

高尔吉亚认为修辞术和其他任何技艺都不同，因为它不涉及手工制作和双手的劳动;它全部的行动和合法性都使用讲辞(*dia logōn*)。"使用讲辞"这个短语拆解了 *dialegesthai* 这个词,苏格拉底最开始把这个词当作表演讲演术的反义词,稍后又将它当作珀洛斯的修辞术训练的反义词。[①] 然而,高尔吉亚并没有把"手工制作"(*kheirourgia*)这个词拆解开,因此"使用双手完成的工作"这个短语严格的对应物不是"使用讲辞",而是"使用嘴(说的话)"。但手势和姿态对于讲演术来说并非无足轻重,我们不清楚高尔吉亚为什么不用身体的某个部分来表述修辞术。当苏格拉底说没有别的技艺也能依靠讲辞来完成所有的事时,他似乎赞同了高尔吉亚所作的区分。苏格拉底将技艺分成几个组,放置在从沉默到讲辞的整个范围中,并最终以一个完全的悖论作结。在这条轨迹的一端,是一些可以在完全无声的状态下开展的技艺(如绘画和雕塑);再往前是一些只需要一点儿讲辞的技艺;然后是一些讲辞和行动所占比例相等的技艺(例如七弦琴弹唱),最后则是绝大部分依靠讲辞,甚至几乎不需要行动的技艺(如算术、逻辑学、几何学以及下棋等)。由于在几何图形中行动其实是必不可少的,[15]因此苏格拉底的划分也就显得有点可疑(《王制》527a6-b1);但即使不考虑几何学的问题,人们也看不出为什么数学家不能和画家一样被划分到完全沉默的那一档去。好像"使用言辞"一开始意味着"使用说出来的话",然后就直接变成了"使用推理"之意。只有当人们认为,雕塑艺术不能借助讲辞来完成它的工作,而算术则可以完全通过讲辞来完成时,苏格拉底的划分才可以成立。于是,在所有不依靠手工制作的技艺中,修辞术成了特殊的一个,因为它只能通过说出来的话做事。因此,高尔吉亚的修辞术将再一次成为苏格拉底的修辞术的对手,而且他似乎同样否认这样一个

---

[①]　当泰阿泰德(Theaetetus)没有认识到言语是灵魂检验存在与不存在、相似与不似、相同与相异等东西的工具时,他犯了一系列错误(《泰阿泰德》185c4-e2)。

观点:书写可以取代活生生的声音。不管怎么说,苏格拉底和高尔吉亚此时的对话不再需要从高尔吉亚的修辞术中拆解出来了。它的敌手是数学。数学似乎是一门比辩证法更没有讨论余地的技艺。

苏格拉底区分了高尔吉亚想要(*boulesthai*)说的和他实际(*tōi rhēmati*)说的。高尔吉亚表面上是说,数学与修辞术属于一类。数学的言说方式似乎必须是一种能在字面上理解的讲辞方式;它必须准确地说出自己的意思而不留下进一步质疑的空间。然而,修辞术则似乎必然不能按字面意思来理解;它的说服力可能就在于它从不说出其具体含义。当然,高尔吉亚作为修辞术教师不得不用直白的方法来讲授如何含蓄地讲话。就像亚里士多德所做的,他将对一种以部分来借代的比喻样式做出说明,指出既然酒碗对于酒神狄俄尼索斯(Dionysus)来说就像盾牌对于战神阿瑞斯(Ares)一样重要,那么就可以说酒碗是狄俄尼索斯的盾牌而盾牌是阿瑞斯的酒碗(《诗学》1457b16-22)。如果修辞术是一门技艺的话,那么在某种意义上苏格拉底正在迫使高尔吉亚遵循修辞术的言辞。他在教高尔吉亚如何传授修辞术。如果他的教学工作成功的话,那么他将证明修辞术是一门技艺,而且它可能会被用来服务哲学以成就哲人王(philosopher-king)。因此,苏格拉底必须要么证明存在着他对高尔吉亚的教学所不能达到的高度,要么显示出他的教学工作可以证明修辞术是一门技艺(但并非无所不能)。当这篇对话结束时,我们很难说苏格拉底是不是已经证明了上述两点。

当苏格拉底谈及各种数学学问的定义时,他对逻各斯(*logos*)一词的使用就越来越不小心。他先是提及"在讲辞中";然后在谈到算术时用"使用讲辞";而谈论逻辑学和天文学时则使用"依靠讲辞"(451a6,b1,c6);到他定义天文学——言说关于星星、太阳以及月亮的运动及其相对速度的学问——为止,逻各斯都是一个多余的概念,或者说它只意味着种种技艺都是一些理论。[16]至少高尔吉亚是用这样的方式来看待它的,因为当他描述修辞术所处理的那些对象时,他说它们是人类所有的事物中最伟大、最美好的。他并未将修辞术的诉求放置在运用口头语言上,而是放置在了它对人类最高、最重要的善的关注上。现在,高尔吉亚有了其他的竞争对手——医学、体育以及理财——它们中没有一个主要通过言辞来完成。于是,修辞术是非常独特的技艺,因为它在两个不同领域的标准下都享有很高的地位,一个标准是某种技艺实践在多大程度上包含着逻各斯;另一个标准则是人类的善(human good)。这时,修辞术最主要的对手就是诡辩术了。在解释修辞术时,苏格拉底也提到了这一点;但当苏格拉底再向卡利克勒斯提及这些时,后者只是表示出了对诡辩术的厌恶。卡利克勒斯认为修辞术最大的敌人是哲学。

　　苏格拉底引用了一首祝酒歌来展示出其他人对高尔吉亚所说的修辞术的不同意见。一首祝酒歌本身是无足轻重的;但如果修辞术是一门可以说服任何人的技艺的话,那么只有高尔吉亚相信酒会上的人能听自己说话,他才有能力运用修辞术。苏格拉底只从一个方面注意到了这首歌中的健康、美丽和财富的顺序;他设想三个分别代表着那三种善的匠人按照歌中为他们安排好的顺序依次发言,而他自己则作为最高的善的代言人。根据苏格拉底自己的规划,正如医学劣于体育、正义劣于法律的技艺一样,健康也劣于美丽。但更可能的情况是,苏格拉底所想象的那些工匠没有一个会同意他的看法。医生会用一个修辞术式的问题来为自己辩护:"还有什么比拥有健康更好?"教练没有把自己摆在高于医生或商人的位置;他仅仅是在高尔吉亚表示自己的技艺远高于他时显出惊异的神色。接下来,他也会像医生那样使用修辞术的小技巧。商人让苏格拉底来判断自己和高尔吉亚究竟谁更好。他觉得财富无可争辩的是最高的善,但他自己又想知道高尔吉亚会认为什么东西比财富更宝贵。在表现出各个匠人或多或少的自满情绪后,苏格拉底向高尔吉亚提了这样的建议:修辞术应该以给每种技艺提供便于记忆的讲辞和有说服力的套话为己任,以便让它在善的市场上占据更大的份额。如果一个代理人可以同时处理这三个账户的话,那么就没有什么利益冲突了。因此,如果修辞术不仅仅是推销的技艺,它就应该对不同的善做出评估并以权威的方式来判定它们的地位。它们之间对于谁是第一的争执说明需要一种判断价值的技艺。

　　高尔吉亚似乎很清楚苏格拉底的论述想让他说什么。[17]他是"真正最伟大的幸福——因为它给全人类带来自由,也给每个人带来控制他自己国家的其他人的自由"的创造者(452d5-8)。高尔吉亚用了"真正"一词——在后面很远的地方,苏格拉底回应称自己或许是唯一运用"真正的政治学"的人(521d7)——暗示他不能公开反对关于善的等级的既定观念。他并没有试图取代祝酒歌。修辞术比起那些以它为原因、由它提供自由和统治的东西来说,是一种更高的善;但无论是珀洛斯还是卡利克勒斯似乎都不同意他的观点。高尔吉亚自己在"逻辑的"学问中找到了立足点,但是在他的两个门徒那里,却难以找到修辞术这一理论维度的痕迹。修辞术是在任何政治集会中都能通过语言来说服别人的能力。修辞术既带来自由也带来奴役;它的工作是:让人心甘情愿地被奴役或接受暴政。修辞术使得在城邦内部不再需要强迫。演讲者通过说服使听众甘居从属地位。现在被动态的动词"说服"(peithesthai)很难与其现在中性态(即"服从")相区别。苏格拉底在总结高尔吉亚的话时做了两个改动,但没有人对此提出异议。他毫不理会高尔吉亚对修辞术的限定——说服群众,并且把说服发生之处换成了"在灵魂中"。如果说柏拉图想让苏格拉底暗指他在《王制》中关于城邦的阶级结构与灵魂的结构之间的复杂对比的话,那么完全可以说,像此处这样简洁的表述在别的地方是找不到的。不管怎么说,高尔吉亚并没有觉察出这样的替换有什么不对。在此我们只是想知道高尔吉亚是否认同城邦与灵魂的对应关系。它们之间这种可能的对应关系,会不会与在 *peithesthai*［说服］中服从和说服之间的一致性有关呢?

在提下一轮问题——这些问题试图进一步限定修辞术的范围——之前,苏格拉底提出了第一条告诫,它关于高尔吉亚如何理解苏格拉底是谁以及苏格拉底正在做什么。苏格拉底的第一次陈述包含着一个错格句:"那么听着,高尔吉亚,我,很清楚,就像我试图说服我自己的,假如有个人正与他人讨论问题,想知道这里面包含的逻各斯究竟是什么,我也是他们中的一个,而我敢说你也一样。""我也是他们中的一个"不符合句法结构;它本来应该是"很清楚我也是他们中的一个",但插入的说明"就像我试图说服我自己的"不再是一个独立于主句的短语,而是引导了整个句子结构。因此这个主句既有可能是一个以"我是想知道这件事的人中的一个"开头的简单句,加上一个插入的辩解——"很清楚正是如此",也有可能这两个短句本应该结合在一起。不管是哪种情况,[18]苏格拉底都以声称自己希望高尔吉亚弄清楚他是什么人为始,并以使自己相信自己是特定的某类人为结。这句符合语言习惯却又语法结构松散的话,表明苏格拉底为何不想去怀疑而只想弄清楚高尔吉亚所说的修辞术说服的含义。苏格拉底在这里做了三重区分。首先,可能某个参与谈话的人想知道自己到底在说些什么;其次,苏格拉底想让高尔吉亚知道自己根本不知道他在说什么;苏格拉底相信自己属于前面一类人。苏格拉底接着对以下两点做了区分,一是他清楚自己并不知道修辞术是什么以及高尔吉亚的意思是什么这两点,二是他不清楚自己渴求知识。我知道我是无知的,苏格拉底说到;我想要去获取知识,但对此意愿我却一无所知。苏格拉底对自我的劝导暗示出可能存在着这样一种修辞术——它可以令人相信自己意愿的真诚。这种说服针对的是意愿而不是知识。就道德行为来说,施动者会说:"我知道什么是对的;我想做正确的事;但我不知道我想去做正确的事的原因是否在于这件事是正确的。"修辞术如果是将这个行动者的疑虑变成了对道德行为所包含的道德的确认,那么它大概就不能算是善;而那种试图抑制人们做正确的事的坚定意愿的修辞术,则正是抑制自以为是中包含的正确性所需要的。

这样一种修辞术是否存在还完全不清楚。"我劝我自己"这个短语暗示某种不受外界影响的状态。高尔吉亚能让苏格拉底相信他并未说服自己吗?谁能让苏格拉底不再说"我劝我自己",而是说"我知道我自己"呢?苏格拉底是在用一个站不住脚的观点来劝自己吗?这些难题要求我们特别留意苏格拉底两次对高尔吉亚所说的——"很清楚"。这个短语与知无关;而只是"被说服"的另一种说法。高尔吉亚被这样一种观念说服,即苏格拉底要么是自己想要去了解,要么是被劝服而认为自己有这种意愿;既然苏格拉底把高尔吉亚引为同道,那么高尔吉亚也是一个想去了解,或被说服认为自己有这种意愿的人。因此,不管是这两种情况中的哪一种,高尔吉亚都不可能知道什么是修辞术的说服。苏格拉底不想去猜高尔吉亚不知道什么;他希望高尔吉亚把自己的无知显露出来。

苏格拉底的话越说越复杂。他告诉高尔吉亚:"对我并不十分明白这一点很清楚;然而,对我理解的、你关于修辞术说服是什么及关于什么的说法,我确实表示怀疑。"在这里,苏格拉底再次使用了一个委婉的插入语——"我理解的"——来决定句子结构,由此,[19]苏格拉底表示他怀疑的是他理解的高尔吉亚的意思,而不是说直接怀疑高尔吉亚的意思。他是在猜疑自己的理解。如果我们简化苏格拉底的话并把他的"我怀疑"和"我理解的"都换成"我不知道",那么苏格拉底就是对高尔吉亚说他不知道自己不知道高尔吉亚的意思。这个插入语在表达上的不确定性掩藏了其背后的信念,以至于尽管它看上去表达了某人想要摆脱其只是猜测的认知的意愿,但是实际上它却表明了他信念的坚定不移。接下来,一方面苏格拉底在主句中加上"就像我说服自己的那样",以此告诉高尔吉亚他不知道自己是不是想要知道,另一方面他又在由"我怀疑"统领的从句中加上"我相信",以此告诉高尔吉亚,他不清楚自己对于高尔吉亚意思的质疑,是否表示出了本该有的怀疑态度。于是,高尔吉亚面临着说服的两个困境。在第一种困境中,他似乎无法让苏格拉底不再怀疑自身的真诚,在第二种困境中,他必须试图化解苏格拉底坚持用试探方式表达出信念时的固执。然而,苏格拉底的严谨并不是为了高尔吉亚,而是为了逻各斯——为了尽可能讲清楚逻各斯为了什么才存在。苏格拉底主要关注的是修辞术;对高尔吉亚的意思的透彻了解非常有助于这种关注。苏格拉底并没有解释这两件他所不知道的事之间的联系可能是什么。然而,人们倾向于猜想修辞术就是高尔吉亚所说的那样(参见454c1-5),并且,要是高尔吉亚没变得更聪明的话,修辞术就会借他为世人所知。逻各斯自身就可以使修辞术简单明了,而不必借助于高尔吉亚的愿望和意图。

　　为了让高尔吉亚明白修辞术不是说服的唯一技艺,因而他对修辞术的定义太笼统了,苏格拉底提到了宙克西(Zeuxis)。假如高尔吉亚说画家宙克西是个画画的人,那么苏格拉底就会问他画什么样的画,在哪里画。高尔吉亚的回答只有在宙克西是唯一的画家时才适用。宙克西的画以不表现性格而知名(亚里士多德《诗学》1450a27-29)。他的画将面庞与身形画得十分美丽,没有一处违反他选择出来的模特的样子。然而苏格拉底为什么要选择宙克西呢?苏格拉底把画家(*zōgraphos*)这个词分解为"画 *zōa* 的人"。*zōa* 是个涵义模糊的词。它既可以指生物,也可以指生物的形象以及别的什么事物的形象。而画家的工作就是说服观画者相信他所看到的形象就是那些形象所指代的东西本身。*zōa* 就是

zōa。修辞学家也可说是将一些形象放在了灵魂当中，[20]并让人们误以为它们是真实的东西。zōa 就是 zōa——可被看作修辞术说服的模型（参见《斐德若》275d4–9）。尽管苏格拉底的问题——宙克西在什么地方作画——直接指向了之前他所假定的"在城邦中"与"在灵魂中"之间的对应关系，但他却并没有利用自己的这个例子。

　　苏格拉底问高尔吉亚，是否一个人不管教什么都是以其所教的事物进行说服，高尔吉亚回答说，他就是在说服，没有什么比这个更清楚的了。对话在此处的转向表明，苏格拉底区分了一门技艺的传授和它的成果，这样我们就可以说，作为绘画的传授者，画家所传授的也就是他试图去说服（别人相信）的东西。画家在传授表象的同时是否必须同时传授本质，还是说他只传授表象就可以了，这个问题也是修辞术的问题（参见《斐德若》259e4 – 260d2）；但苏格拉底既没有向高尔吉亚提这个问题，高尔吉亚也没有要求澄清。苏格拉底用他关于算术的例子来避开这个问题，即算术在教学中使用的说明语言，和它用于运算的语言是一致的。算术中的问题和定理都遵守相同的规则。苏格拉底通过论及教导性的说服（instructional persuasion）来强调这一点（453e6）。因此我们并不清楚是否说服（persuasion）与教导（instruction）是相继出现的，而教也就意味着劝，还是说服与教导可以同时发生，于是教本身就是劝。苏格拉底让高尔吉亚接受了后一种可能性。说服是一个宽泛的范畴，包括信（trust）和知（knowledge）这两个类别。于是，修辞术似乎就像绘画一样，在传授时给人以知，在展示时给人以信，但算术和其他理论学问则从来都跟信无关。

　　在高尔吉亚表达了他的看法——修辞术是一种在法庭上和民众面前进行说服的技艺，它涉及正义与不义——之后，苏格拉底在谈话中插入了另一段评论。他告诉高尔吉亚他已经证实了自己的怀疑。无论教导和说服的真实情况是什么，苏格拉底对他现已了解的东西都不再抱有怀疑。怀疑并不是某种大范畴,里面包含着臆测与知识。知识会取代怀疑。接下来,苏格拉底问高尔吉亚对他来说知和信是不是同一个东西;高尔吉亚说他相信它们是不同的;苏格拉底对他的想法表示赞赏,并告诉他一旦他意识到存在着正确或错误的信但却不存在正确或错误的知时,他就会明白知和信确实是不同的。因此,高尔吉亚开始时只有正确的信而没有知;苏格拉底提供了证明,现在高尔吉亚也就获得了知。很难说高尔吉亚是现在才同时拥有了信与知,还是苏格拉底在教育高尔吉亚时就说服了他,[21]因为高尔吉亚在苏格拉底告诉他信与知不是一回事之前就已经被完全说服了。由此,高尔吉亚不应该说算术家说服别人相信他所教的东西,因为要是那样的话,学生就会同时得到正确的信与知。所以当苏格拉底列出两种说服,把其中一种指认为仅提供信不提供知时,他并没有把另一个看作是提供信的同时也提供了知,而是认为它只提供了知本身(参见454e7–8)。

　　发生了什么?高尔吉亚坚持认为,说服的力量实际上就是最大的善。如果说服囊括了全部的知和信,那么高尔吉亚就拥有了一个有说服力的证明。于是,苏格拉底便在不限定用于法庭的修辞术的情况下,向高尔吉亚说明他这种说法的后果。他已经让高尔吉亚根据自身的前提假设来推导出其逻各斯的结论,但高尔吉亚对此并不知晓。高尔吉亚没有看到,苏格拉底已经在错误的假设和结论中间放入了一个正确的证据,而他自己处于误信修辞术说服的境地。根据这种误信,苏格拉底可以提出如下观点(高尔吉亚也必须承认):无论是谁,只要他知道什么是正义,那么他就是正义的,因为一个人如果知道什么是正义,那他就已经被说服了(454e1),而被正义是什么说服并不算什么,除非人们能按照他们所信服的符合正义的做法去做。修辞术成败与否取决于它所占据的有效力量;一旦知识成了说服的一种,那么除非高尔吉亚能够让他的学生都遵照正义行事,否则他就不能声称自己可以教学生什么是正义。如果高尔吉亚收回他说的话，并反过来肯定地说自己是教导学生让他们变得正直，那么他的境遇当然也不见得更好，因为这样的话，即使没有他那特别的假设，只要有一个学生没成为正直的人，他都会被看作是骗子。一个有原则的人就是一个按照自己的信念行事的人，高尔吉亚不能说他的学生是没有正确信念的人，要不然他就得承认自己的修辞术所做的并不是说服，或者说，他的修辞术是劝人做错误的事。于是，我们需要得出这样的结论：美德即知识这个所谓的苏格拉底式命题只不过看上去像是属于苏格拉底的，它也并非高尔吉亚无意间认可的假设，而根本就是高尔吉亚的假设——它直接联系着那种由两个部分构成的说服。在这里，我们第一次捕捉到当苏格拉底说修辞术是正义的幽灵幻象时，他所说的意思。

高尔吉亚私下里承认，可能存在着一种关于正义的教导性的说服，而在公开场合，他却宣称修辞术实践在法庭和其他公众面前可以进行有说服力的说服。他进一步接受了苏格拉底在解释为什么修辞术不能进行教导时所列出的三个理由：听众太多了、时间太短了以及事情太重大了。[22]高尔吉亚肯定知道他和苏格拉底不是在与世隔绝的状态下进行谈话。那么在哪一个临界点上听众就算是太多了、时间就可以说是太短了，而事情就称得上是太重大了呢？这些显然是修辞术需要去解决的适宜问题（参见《斐德若》271d7-272a4）。我们知道，苏格拉底认为，在雅典流行的一日首领制使得他在面临审判时无法证明自己的清白（《苏格拉底的申辩》37a5-b2）。《高尔吉亚》有足够的篇幅把某些东西谈清楚。如果这个东西指的是修辞术的话，那么或许它并非什么需要在一大群听众面前处理的大事，但如果是为了解释修辞术究竟是什么东西的幽灵幻象的话，可能就需要较长的时间和较少的听众。

苏格拉底承认，他还不明白自己说的是什么。他脑中所想的困难可能与修辞术的教与信这两个层面之间的转换有关。如果专家应该但却不能在雅典的集会中就港口和城墙建设提出建议的话，那么他们那教导式的说服便未能、也不能去说服公众，而修辞学家就需要知道怎么使别人的知识转变为具有一种可以赢得各种集会信任的形式。然而，为什么专家们自己不能做这项必要的工作呢？普及化的过程需要更多的因素介入，而不仅仅是简单化。将知稀释成信必然从本质上改变知识本身。高尔吉亚并不反对苏格拉底举的例子：赛米斯托克勒(Themistocles)①和伯利克勒斯所提的建议表面是技术上的，但本质上却是政治的，而造船专家和建筑师并不比一般人更懂政治。此外，假如有人将苏格拉底提到的军事事件与他的第一个例子——如何选出医生——放置在一起思考的话，那么他就不得不想到瘟疫——在伯利克勒斯领导下人口过多的雅典城里，它的后果尤其严重。在修昔底德记载瘟疫的章节中，他表现得像是个诊断专家，却没有给人们留下什么实际的建议；而伯利克勒斯的演讲——它只是让雅典人暂时忘了他们正遭受的疾病——也毫无科学性(2.47–64)。苏格拉底并不是在暗示，这种情况下医生的讲辞会比伯利克勒斯的更好。难道那些医生作为医生，就必须建议无条件投降以便降低传染率吗？不管怎么说，高尔吉亚既没有否认学问有处理一切应该处理之事的能力，也没有为政治这门学问划定专门的知识领域。如果修辞术对高尔吉亚来说只是政治学的代称，那么高尔吉亚就必须规定修辞术要就哪些事情提出建议，以及哪些事情它必须知道。在苏格拉底掌控了整个论证过程的时候，高尔吉亚本来可以看似有理地提出城邦派出的外交家应该由修辞学家来选择；[23]但他忽视了自己一贯的功能而去为修辞术近乎万能的力量辩护。他放弃了知的权能而转向了信的力量。他为苏格拉底向珀洛斯出示的论据——非理性的力量是无力的——提供了基础。

――――――――――――

① ［译注］赛米斯托克勒(Themistocles)，雅典政治家。

　　高尔吉亚的谈话分解为了两个部分,它们很难统一起来。第一个部分夸耀修辞术的力量;而第二个部分则为它辩护。第一个部分关心实践的问题,第二个部分则关注修辞术的传授。这两个部分又分别拆解为了两小段。高尔吉亚在第一小段中给出了证据;在第二小段中则沉溺于自己的想象;第三和第四小段他为自己进行辩护。在稍稍意识到第二与第四小段之间、修辞术的力量与它符合正义的运用之间存在着些许龃龉之后,高尔吉亚不得不承认也许只有在以不义的方式来运用修辞术时,苏格拉底才能感受到其力量。只有在修辞学家愿意冒着被处决——这是高尔吉亚自己建议的刑罚——的风险时,修辞术才不仅拥有想象性的力量。无论如何,高尔吉亚都没能完整地介绍修辞术,而只是说:看看要是苏格拉底知道修辞术拥有几乎全能的力量并且君临一切时会受到怎样的影响。他沉迷于修辞术的力量;一旦他要让别人相信修辞术的力量时,他就变得结结巴巴了。修辞术看起来真是软弱无力的。

　　高尔吉亚谈话的第一和第二小段之间的联系是医学。高尔吉亚说,经常是当他的兄弟或其他医生不能让他们的病人接受治疗时(病人不愿意吃药、动手术或接受烧灼术),他却用修辞术而不是别的什么技艺成功地说服了病人。高尔吉亚首先让自己服务于另一种技艺,并且成功地使病人克服了恐惧,不再因实际的或想象的痛苦而抵制治疗。接下来,他假设一个医生和一个修辞学家来到某个苏格拉底可以任意指定的城邦中,为了争夺一个医生的职位在公众面前进行演讲。那么医生,他说,根本就没有机会登场。就这样,高尔吉亚的讲话从真实的情况——修辞学家和医生是不同的,转变到一个想象的状况——修辞学家以庸医的身份现身。当高尔吉亚和他兄弟在一起时,的确可能扮成一个医生,但这并不是必然的;而在第二种情况中,修辞学家则无论如何都必须假扮一个他本来不是的角色。如果不把这两种情况并列在一起,我们可能会说高尔吉亚作为修辞学家的影响在于他有能力缓解病人的痛苦并带给他康复的希望,同时高尔吉亚喋喋不休的谈话一方面让治疗失败的几率降低,另一方面让病人痊愈的可能性大大增加。假若高尔吉亚与他的兄弟对峙,[24]那么他受到更多信赖不是由于病人把他当作一名专家,而是因为他对病人说了些患者愿意听的话。因此,高尔吉亚没有在对情感的欺骗和对专业知识的造假之间做出区分。他因而暴露了这一事实:他不知道是什么让他能说服别人。他认为既然城邦会把他选为医生,那么就是因为他是一个医生,而不是因为他那夸大其词的承诺。由于城邦集会没能把到底是什么打动了他们说清楚,使得高尔吉亚误以为他们口头上说的打动他们的东西就是真正打动他们的东西。高尔吉亚被称号欺骗了。他对着其修辞术之镜自照,并相信看到的一切都是真的。

高尔吉亚接下来让修辞术与拳击等其他体育锻炼作详细对比,并以此开始为修辞术辩护。高尔吉亚使用的这种方式是从苏格拉底那里来的,即将医学、体育这两个与肉体相关的技艺,和法律、正义这两个与灵魂相关的技艺相对照;但是在他自己的论述中并没有对医学和体育做同样的处理。医生是高尔吉亚既帮助又伤害的人;而体育教师则被高尔吉亚当作榜样。高尔吉亚认为如果一个学生学会拳击后把自己的父母打了一顿,那么他的拳击老师既不该遭人厌恶,也不该被城邦放逐。但高尔吉亚没有意识到的是,那个孩子其实用不着非得上一堂拳击课来掌握殴打父母的技巧;而我们从阿里斯托芬(Aristophanes)的《云》中知道,斐狄庇得斯(Phidippides)学了苏格拉底的"辩论术"后,声称自己有殴打父母的权力(1321-1446)。如果高尔吉亚想从体育竞赛中得到什么支持的话,那么他就应当提议修辞学家们在节日碰面,一较高下。我们所谓的意外杀人和希腊人之间合法的谋杀(dikaios phonos)在体育竞赛时常常发生;但修辞学家并不需要为这些法律允许的行为辩护。与此相比,对于修辞术来说,失败者的羞耻——不管胜者如何残酷地施加于他——都是失败所带来的巨大痛苦的一部分,并且除了他自己以外没有人承担这个责任:他本来就不该与这样强大的对手为敌。因此,只有在高尔吉亚剥夺了修辞术全部的政治力量以后,他才能彻底地为修辞术辩护。除非修辞术丧失了攻击性,否则它就不会是正义的。

当高尔吉亚开始把那个经过训练的打父亲的人的想法挪用于经过训练的修辞学家——他可以但不应该剥夺医生的名声(doxa)——身上时,他不仅义正词严,还建议处决没有正确运用修辞术的人。看来这个人实在是太想保住自己的性命了,以至于拼命要在别人面前充当首席检察官。他的道德立场使他看起来非常荒谬。如果修辞学家拥有高尔吉亚所声称的那种力量的话,那么只要不义的修辞学家被允许为自己辩护,[25]那么陪审团就不会发现他的不义。当高尔吉亚证明医生是个骗子时,他让修辞学家显得很强大;但当高尔吉亚面对别人指控他误判医生为骗子而开始为自己辩护时,他却让修辞学家显得软弱无力。高尔吉亚无法让正义与力量在修辞术中并存。这二者与修辞术之间的关系,如同哲学之于权力那样疏远。

当高尔吉亚的技艺是正义的时,它总是让人陷于痛苦;而当高尔吉亚的技艺是不义的时,它的目的就在于使人蒙羞。苏格拉底在论证前以展示自己在做什么为开场白,其中,他在反驳别人也被别人反驳的过程中感到愉悦,而被他反驳并剥夺了 doxa [名声]的人则要么感到愤怒,要么感到羞愧。Doxa 在这里不仅指名誉,也指观点,而苏格拉底承认要是不除去错误的名誉,消除错误的观点是不可能的。他的开场白等于是质问高尔吉亚:他是否愿意抛弃这两种错误的东西。高尔吉亚不愿意向苏格拉底屈服主要是因为下面两重疑虑,一是他怀疑苏格拉底想要算计自己,二是他怀疑苏格拉底由于妒忌自己在世界上的地位,所说的都与即将发生的事情无关,而特别与高尔吉亚有关。苏格拉底也承认,怀疑他人持有恶意这一点是难以根除的。无论苏格拉底可能说什么,他的表现都让他的话大打折扣。只有当高尔吉亚和他是同一类人时,他才能有兴趣继续追问高尔吉亚。苏格拉底先前就说过,他曾说服自己相信他是那些想去了解到底什么是逻各斯的人中的一个。但现在他却没有用任何方式来使自己符合这一身份指认。他属于这样一类人,他们在下述两种情况下感到同样快乐,一是当他说错了,被别人反驳时,二是当别人说错了,他来反驳别人时。苏格拉底用这样的方式暗示出,假如他在反驳别人或被别人反驳时不觉得快乐,却仍然想要去谈话的话,那么他就会将上文提到的"我劝我自己"变成"我知道"。快乐是获得自我认识的阻碍。修辞术从听众那里得到的满足,在苏格拉底的自我放纵中有与这种满足相仿的东西,它让苏格拉底不能判断自己的求知欲是否真诚。修辞术和辩证法均以快乐为鹄的,那么到底是取悦公众的高尔吉亚还是自我放纵的苏格拉底更好,就取决于对象是苏格拉底的同道还是高尔吉亚的公众。不管怎样,苏格拉底认为,比起反驳别人来,他更喜欢被别人反驳,因为与让别人摆脱罪恶相比,让自己摆脱罪恶是更大的善。苏格拉底把自己的善放到了比别人的善更高的位置上。他也不是彻底正义的。在帮助高尔吉亚摆脱错误观念时,苏格拉底的正义并不是以为高尔吉亚做好事为旨归的,而是为了他自己的快乐;同时,苏格拉底希望高尔吉亚也是如此。这样高尔吉亚要么在纠正苏格拉底的时候获得快乐,[26]要么在苏格拉底反驳他时不觉得难过并获得更大的善。因为如果一个人反驳别人,那么正义就会与快乐同时存在;而如果一个人被别人反驳,那么快乐就会与善同时存在。

　　苏格拉底视有关他和高尔吉亚正在讨论之事的错误看法为最大的恶;但他没有告诉高尔吉亚哪些看法是他意图令高尔吉亚改变的,以及哪些看法的消解将使高尔吉亚受益、苏格拉底快乐。到目前为止,除了修辞术既可以产生关于正义的讲辞,也可能被人不义的运用外,高尔吉亚就再没跟苏格拉底谈过别的有关修辞术的问题了(460e7)。由于哲学同样产生关于正义的讲辞,因此高尔吉亚暗示哲学也可以是不义的。认为探究正义的含义本身就是不义的,这个错误观念中包含着人类可能犯下的最大的恶。苏格拉底刚刚向我们说明,如果高尔吉亚和他就辩驳一事持有同样的看法,那么高尔吉亚就不会坚持认为哲学可能是不义的;同样,如果高尔吉亚对自己的失败耿耿于怀,并说服听众站在自己一边的话,那么苏格拉底会同意哲学也会像是不义的。在任一种情况下,苏格拉底都可以使高尔吉亚受益,却无法洗刷掉哲学的坏名声。苏格拉底建议说,如果高尔吉亚声明和自己是同一类人,那么对话就可以继续;而高尔吉亚则回答说他就是那类人,更准确的是,他说"我说,我就是你所描述的那类人中的一个"。不管他心里想的是什么,高尔吉亚都要让自己在整个辩论中都表现得好像他并没有生气,同时还得克制自己不要对苏格拉底说刻薄的话。高尔吉亚保证不诋毁苏格拉底并谈了他对正义的看法。

虽然高尔吉亚愿意言不由衷地效仿苏格拉底,但他在私下里似乎并不愿意被驳斥。他认为应该在开始之前先听听他们面前的听众的意愿。苏格拉底已经将听众当作未来的学生给了高尔吉亚,而高尔吉亚显得很公正,他很热心地要求他们不要站在自己一边。当然,我们不能说高尔吉亚的热心可能是对他优雅的撤退的掩饰——当他不能证明自己刚才所讲的话时,他就可以道貌岸然的说这不是我的错。不管怎么说,可能的情况是拥有民主精神的凯勒丰代表着所有人、包括他自己,而卡利克勒斯也同样热心。凯勒丰品评自己的优点,卡利克勒斯则大谈他的快乐。在苏格拉底那里是一个整体的东西,在这些人那里却被拆开了。这些听众中似乎没有一个人可以在快乐中发现善,或在自己的善中发现快乐。做一场辩论的旁观者和参与其间并不相同。

高尔吉亚很快就为自己选好了位置，即保持自己正义的声誉——在他已经承诺回答任何人的问题之后，此时退出就是不光彩的——[27]而不是让别人了解他在被苏格拉底反驳后是不是变得更好了。对于高尔吉亚来说，修辞学家的名声没有他正义的声誉或是他自己的进步重要。高尔吉亚对于我们来说是难以理解的，就像听众对于高尔吉亚也是难以理解的一样。他同意苏格拉底的结论——既然在无知的民众面前，修辞学家比拥有知识的人更有说服力，那么修辞学家相对于无知的人来说是有知识的。根据苏格拉底自己的解释，医生会说健康是最大的善，而所有的修辞学家为了表现得比医生更懂得善而非健康，就不得不煞有介事地说其他各种善加起来要比健康这单独一种善更好。高尔吉亚没有考虑过这种可能性。也许他知道自己无法让无知的群众相信这样的事——最大的善实际上就是说服那些无知群众的能力。不管怎么说，高尔吉亚没能区分下面两件事——是什么令无知者信服无知者、以及是什么使他有说服力，这让他既不能弄懂自己的修辞术，也无法明白苏格拉底不了解其诚意的原因。高尔吉亚既不了解自己，也不清楚苏格拉底不了解他的原因。这两种情况中，高尔吉亚的无知是建立在同一基础上的。当高尔吉亚对快乐一无所知时，他看上去是非常有道德的。

在赞扬修辞术和为修辞术辩护时，高尔吉亚已经暗示修辞术在本质上是竞争性的；现在，他问苏格拉底，如果无需学习任何技艺但却在这些方面不比其他工匠差，修辞术是不是就并非过于简单。高尔吉亚相信，修辞术是一门自我完善的技艺，它让人看上去显得有知识。优越性的唯一头衔就是知识，而最高的头衔则是知道怎么显得有知识。但苏格拉底暂时没有讨论优越的问题，转而问高尔吉亚如果修辞学家对其他技艺所做的事一无所知，那么他是否对正义与不义、美与丑以及善与恶也同样无知。高尔吉亚承认存在懂得这些的人。事实上，除非珀洛斯和高尔吉亚把他们自己算作是有知识的人，否则前者很难说修辞术是所有技艺中最好的，而后者也不能说修辞术是最大的善；若非如此，很难解释为什么高尔吉亚假定在无知群众面前讲话的是懂得美、善和正义的人（459e1）。由于苏格拉底很快从谈论公开演讲转而讨论私下教导，我们几乎没有时间去追问修辞学家知不知道正义与不义这一点究竟能造成怎样的区别。如果了解正义的人与医生相较量，那么他的知会让他在无知者面前显出无知；[28]而如果是修辞学家——不管他知不知道正义是什么——却可以通过修辞术假装知道。于是，我们本以为苏格拉底的问题会是：高尔吉亚是否在教他的学生怎么让无知的人相信修辞学家所理解的正义就是正义本身。事实上，他只是问了一个看上去更简单的问题：高尔吉亚的学生是否需要知道"那些事情的真相"，或高尔吉亚是否一无所知却让自己在众人面前显得拥有知识，他是否看上去是善的但实际上却不是。在接下来的论述——高尔吉亚承认一个人就是他所知道的东西——开始之前，"善"只意味着"一位好的修辞学家"（449a7）。于是，苏格拉底正在问高尔吉亚是否要让一个好的修辞学家看起来像是个好的修辞学家。如果高尔吉亚说是，那么修辞学家就不能看起来像其他东西了；如果高尔吉亚说不是，修辞学家完全转变成了他所宣称他是的那类人，那么当修辞学家去谈论美、正义和善的时候，又是怎样的一种欺骗呢？如果高尔吉亚真的搞清楚了苏格拉底的问题的涵义，那么他就会把政治看作是美、正义以及善的领域，并宣称修辞学家看上去是真正的政治家；或者他会说这些东西与哲学相关，而当修辞学家试图假扮成哲学家时，他就成了一个智术师。

　　高尔吉亚面临着下述困境。如果修辞学家用不义的方式使用修辞术必然受到处罚，那么一方面是城邦裁定他的行为是不义的，而另一方面则是他未能说服城邦相信他了解正义，或者说，他是正义的。城邦一定认为他知道什么是正义却没有按照正义的要求去做;然而高尔吉亚说修辞学家是按照他所知道东西去做的,而他所知道的东西就是怎样才能让人看上去是正义的。于是,高尔吉亚就必然会谈到修辞学家那种与实际的正义标准相冲突的不义。城邦必须完全知晓这个标准,否则,高尔吉亚就不能提出建议,要求处罚不义的修辞学家。高尔吉亚当然可以说,知晓正义的修辞学家并不总能成功地利用自己所知来让自己显得有知识,而一旦城邦对这位修辞学家进行审判,那只是因为他的行为从表面上看是不义的。于是,民众就会像面对其他任何技艺时一样,都成了无知者,但高尔吉亚式修辞术也将不再是那种停留在表面伪装的技艺了。如果修辞学家受到指控,要么必然是因为城邦掌握了修辞学家所不知道的东西,要么就是修辞学家并未掌握一门真正的技艺。还有另一种可能性。城邦对正义的了解并不比修辞学家对自己技艺的了解更多,由于他们双方的无知,修辞学家有时无法猜测城邦会怎样裁定究竟什么是不义。

[29]苏格拉底的论证并没有为自己开个好头。他让高尔吉亚的学生要么之前就知道,要么就是之后了解到关于正义和不义的事(460a5-7)。如果他的论证有道理,那么这些学生就既是正义的又是不义的;如果苏格拉底的论证是可以接受的,那么"正义"就和"医生"处在同样的逻辑之下,正如后者不能通过他的知识让自己保持健康,前者也不能通过他的知识让自己变得正义。于是,是正义的就有了新的含义,即去了解正义与不义的真相(459e8),同时,知识不等于美德,而唯一的美德就是知识,同样,唯一的罪恶就是无知(《智术师》228d6-11)。如果修辞学家没有暴露其不义的话,那么苏格拉底需要高尔吉亚接受的就不仅仅是所谓苏格拉底式的主题(460d2-e2)。苏格拉底论证的第一步是学习某种知识的人就是由该知识塑成的那类人。这一点在高尔吉亚那里也是有效的,因为他承认说服包含着知与信,而拥有知识的人已经被劝服去与他的知识保持一致。接下来,苏格拉底的论证

步骤是这样的：

    1. 一个知晓了正义之事的人，是一个正义的人。
    2. 正义的人会做正义之事。
    3. 修辞学家有必要成为正义的人，而正义的人有必要去做正义之事。
    4. 正义的人不会想做不义之事（成为不义）。
    5. 论证的基础是修辞学家有必要成为正义的人。
    6. 修辞学家从来不会想做不义之事（成为不义）。

    第四、第五步肯定看上去像是多余的，但只有在第三步中的修辞学家和正义的人是同一个人时，这两步才真的多余。第三步中出现了两种人物描述——一个关于修辞学家，他因为自己的知识而是个正义的人；另一个关于正义的人，他因为想按正义行事而是个正义的人。后者想按正义行事便按正义行事，不管他的实际行动是正义的还是不义的，他都是一个正义的人。所以他永远不会成为不义的人，或做不义的事。然而，修辞学家通过知识和信念而成为正义的人。与正义的人不同，修辞学家永远不会成为不义的人、或做不义的事的原因是，他不能做不义之事的同时又是正义的。如果没有第四、第五步，第三步中的修辞学家和正义的人之间的区别就不是很清楚。由于这两步的插入，我们很清楚苏格拉底要在第四步中处理正义的人、在第五步中处理修辞学家。对于修辞学家来说，第六步减弱了高尔吉亚自己所坚持的观点，即知识和信念是同一的；但对于正义的人来说，第四步是关键的定义，如果没有它，那么他就可以始终在行动上和意愿上同时是正义的（参见《法义》864a1–9）。

    苏格拉底的论证质疑了高尔吉亚讲话中的两个部分的同一性。如果第一部分——修辞学家可以用政治手段打击任何人，

[30]"要是他想要的话"(456c2)——是真的,那么第二部分所说的情况——修辞学家会因为他的不义而受到惩罚——就永远不会出现。珀洛斯的论述起点是按照苏格拉底的论述,接受了高尔吉亚的第一部分而舍弃掉其第二部分。苏格拉底已向高尔吉亚展示如何保留第二部分,以使得修辞学家始终保持正义并仍会因不义而受到惩罚——假如他愿意舍弃第一部分并否认对修辞术拥有全权的话。如果高尔吉亚走得更远些,把修辞术完全抛弃,那么他的位置就会完全降到苏格拉底的位置上,他也就在关于正义的讲辞中践行了正义。他将由此成为一个正义的人,这既不是因为他拥有正义的意愿,也不是因为他关于正义的知识,而是因为他得到了快乐以及他从他为了探索正义的真相而做的讲辞中得到了好处。苏格拉底接下来会让珀洛斯同意美可以存在于快乐和好处的结合中。如果高尔吉亚和苏格拉底是同一类人,那么这种结合是前者为后者提供的。

# 第二章　珀洛斯（461b3–481b5）

　　[31]苏格拉底目前还不会说出他与高尔吉亚谈话时心里在想什么。但珀洛斯却认为自己知道苏格拉底的想法并指责了他。这一指责不是因为高尔吉亚的自相矛盾，而是因为苏格拉底利用了高尔吉亚的羞耻感。珀洛斯承认不仅高尔吉亚有这种羞耻感，所有修辞学家都有这种羞耻感。他完全否认苏格拉底在努力确保自己没有把一个字强加给高尔吉亚。珀洛斯肯定忽视了处在高尔吉亚的位置时所面临的根本难题——教人如何说服的教师是令人尊敬的，但接受其教诲的人却没有能力说服尊敬这个教师的城邦——并相信如果自己否认高尔吉亚知道或传授美、正义以及善的话，他所面临的困难都能得到解决。珀洛斯漏掉了有关美、正义以及善的反面的知识。珀洛斯暗示苏格拉底不相信他所说的：每个人都知道修辞术有权有其不义的用途。苏格拉底缺乏礼貌地坚持让高尔吉亚承认自己不义或对不义之事无动于衷。苏格拉底应该为自己使高尔吉亚感到羞愧而汗颜。只有当一个人对自己做了某件事后，他才有权对别人做同样的事。珀洛斯站在高尔吉亚的立场的介入肯定是基于他的道德准则。正如苏格拉底承认的（461d2），只有珀洛斯所理解的正义才能解释为什么他会愿意帮助高尔吉亚并纠正苏格拉底。珀洛斯希望让他们受益，甚至不管

自己可能得到的好处。

　　苏格拉底只在一个前提条件下愿意接受珀洛斯的纠正。虽然身处拥有最大程度的言论自由(但并非完全的言论自由)的雅典,珀洛斯却不能把自己想说的都说出来。珀洛斯必须放弃长篇大论。如果他不这样做,苏格拉底有权离开,不听珀洛斯的话。于是,不管肉体上或精神上的治疗或惩罚依据的是什么,接受话语纠偏的人都清楚自己的立足点在哪儿,也不需要通过所有可能的方式来纠正自己的错误,尽管他并不知道什么对他来说最好——他毕竟没有掌握真理。接下来,当苏格拉底与珀洛斯之间的话题过渡到不义的人应该接受纠偏性的惩罚时,并没有提到惩罚的分量该有多重;而在卡利克勒斯体验到讨论的主题是惩罚时,他就不再接受苏格拉底的任何善意了,[32]此时,苏格拉底并不仁慈(505c1-4)。随着对话的进行,苏格拉底的道德热诚似乎越来越强烈,而他自己也不再是改革者的目标。在《高尔吉亚》结尾的故事中,不可救药的罪行遭受了永恒的惩罚。

　　过了好一段时间,珀洛斯才平静下来,好让苏格拉底有可能给出修辞术的定义,即使是完全的阐述,也需要高尔吉亚介入并做简短应答。苏格拉底和高尔吉亚将珀洛斯的急躁控制在他们中间:前者的方式是劝珀洛斯迁就他,而后者则是将珀洛斯抛在一边,只关注苏格拉底的意思是什么。高尔吉亚遵守苏格拉底在讨论中定下的规则;苏格拉底则将他对修辞术的描述放入这个对话情境之中。高尔吉亚希望变得理性;苏格拉底则想要修辞术的恩惠。苏格拉底否认修辞术是一门技艺,并说它是一种经过验证的、产生某类恩惠与欢愉的方式;珀洛斯则想知道,苏格拉底是不是同意产生了恩惠与欢愉的东西就是一样好东西。于是,苏格拉底希望珀洛斯给他帮个忙,即要珀洛斯问他一个关于烹饪的问题。烹饪最终变成了苏格拉底的修辞术图式中身体部分的对应物。珀洛斯对苏格拉底的迁就有助于推进对话,以及让高尔吉亚默许苏格拉底在不开他的玩笑前提下,开一开修辞术的玩笑。于是,苏格拉底利用珀洛斯来化解了一场可能的尴尬。珀洛斯这个老练的和事老预先防止了苏格拉底和高尔吉亚之间的冲突。他给苏格拉底的真理包上糖衣,并使高尔吉亚愿意听从理性。当然,这些并不是珀洛斯依靠技艺来完成的,而且这其中或许也不存在美的事物,但是它确实有效,就像它对于消除愤怒情绪与清除可能造成误会的氛围来说是公正而必要的一样。一个在脚手架上的工人把一件工具落在地上,他让其他人帮个忙把那件工具递给他;另一个人觉得身上有个够不到的地方很痒,让别人帮忙给他挠痒;或者,在没有镜子的情况下,领带可能需要别人帮忙弄直,把身上的污点去掉也都算是帮忙。灵魂同样可能有某种不便处理的疼痛,必须由旁人来对付它:宽恕可能就属于这一类型。如果人们总是为上天所保佑、从不犯错,或者事物总是被安排妥当得既适应于任何情境,也适应于我们当下的能力,那么就用不着有所迁就。因此,苏格拉底对技艺和经验所做的彻底区分似乎过于苛刻。他马上要暗示,理性的伴生物是痛苦,而不是快乐。通过对话,他已经对这一暗示表示怀疑。

在苏格拉底对修辞术的分析中,明显缺失了两个元素。无论是说服还是讲辞,对修辞术来说都不是必不可少的。[33]人们可以说,奉承取代了说服,而由于讲辞能够提供解释(*didonai logon*),现在它便像是任何一种技艺的特征,它不会让自己拆分为一个理性的部分和一个非理性的部分。苏格拉底相反的修辞术定义不仅仅是证明了高尔吉亚的修辞术定义——即修辞术是一门技艺——无效,它甚至让修辞术脱离了讲辞与概念——前者构成了修辞术的名字本身,而后者并不是完全无效。如果珀洛斯可以保留修辞术的权力,那么他似乎非常乐意牺牲其理性,同时他清楚奉承被鄙视,只能用来糊口而已。珀洛斯相信这是苏格拉底表述的弱点;但无论是他还是高尔吉亚似乎都没有意识到苏格拉底表述中非常晦暗不明的东西。苏格拉底对话部分的简明特征,似乎使它们难以扩展到恰当的篇幅;然而最终构成了恰当篇幅的,是《高尔吉亚》自身,它也许可以说成是对苏格拉底的连续比对(continuous ratios)的烦冗解释。《高尔吉亚》中的对话参与者使用着苏格拉底解释修辞术的讲辞。不管他们看上去与修辞术相距多远,他们都遵循着苏格拉底的模式。《高尔吉亚》中的对话者心甘情愿,并已经完成了这篇对话录的情节对他们的严格要求。

苏格拉底对修辞术的解释分为两个部分。第一个部分很简略,其中奉承可以分为四小部分;第二个部分则更长些,其中要求高尔吉亚接受身体与灵魂之间的区分以及看似与就是之间的区分。尽管可能会不够清晰,苏格拉底也足以用那个较短的解释来回答珀洛斯的问题——修辞术是否是美的,一旦珀洛斯这么问了,那么苏格拉底就会回答修辞术是奉承的哪个部分。作为政治学某一部分的幽灵幻象,似乎从它自身的定义就可以推导出修辞术不是善的。仅仅通过了解一事物是什么,人们就可以知道这一事物属于哪一类。本质和特性构成的答案不是两个而是一个。这两个答案在修辞术中合二为一,表明在任何真正的技艺与学问中都不存在这样的一致性。诡辩术与修辞术固有的卑劣品质并不能决定政治学的等级。惩罚的技艺或许不可避免地是丑陋的(《法义》860b1-8)。

奉承的四个组成部分是由苏格拉底命名的,这些名称当中却并不包含奉承自身。它们很明显并没有穷尽奉承;献给神的牺牲和祈祷如果采取虚假的形式,就会降格为奉承。无论如何,奉承都可能因为过于缺乏固定形式,而不能装作是一个表述清晰的整体;不过,苏格拉底同样没有给真正的技艺那四重领域指定一个统一的名称。苏格拉底给了法律和正义这组技艺一个名称,但未能命名体育与医学这组技艺。由于没能命名综合了身体和灵魂的技艺,《王制》中明显的主题就变得十分可疑,这个主题是,真正的城邦(在其中各种技艺环环相扣以满足身体的需要)与哲人王的城邦彼此能够紧密结合在一起。[34]苏格拉底的连续比对倾向于隐藏整体的问题。部分之间互相匹配,而没有对整体的预先设定。高尔吉亚要为此负部分责任。他接受了苏格拉底的观点,即不仅身体与灵魂是各自独立的两个部分,而且它们都存在着某种好的状况(euexia);但他未能问出、苏格拉底也未能说明,是不是个人也存在着某种好的状况(参见464c1)。苏格拉底后来指出,要是没有灵魂照顾身体,健康和快乐就会彼此混杂;但他并没有说当灵魂管理身体时,灵魂的两种技艺是否管理身体的两种技艺,如果是的话,是否存在一种包括全部四种技艺的单独的技艺,而它可以规划安排好人类总体或者每个个人的幸福。面对苏格拉底的沉默,很难弄明白他在讨论不义时提到的关于苦难的教诲。

　　高尔吉亚承认了身体、灵魂的状况是看上去好与相对的真正好之间的区别;但他没有追问,是不是这个区别也同样存在于身体、灵魂的看上去坏与相对的真正好之间。图2说明了身体和灵魂之间可能出现的全部状态,包含了"真正的"或"看似的"、"健康的"或"患病的"、"美的"或"丑的"与身体或灵魂的所有组合。人们或许会认为,完美的人就是表里如一的美与健康,而最糟糕的人则是表里如一的丑与疾病。也许并不是每一种结合都是可能的,例如一具表面美的身体,就不可能结合着所有表面与实际上的丑与疾病。如果我们简单地回想起关于苏格拉底的各种事情,那么他本人似乎就结合了灵魂真正的美与丑、灵魂表面上的丑与健康以及身体真正的与表面上的健康(参见西塞罗《图斯库兰谈话集》[Tusculan Disputations] 54.37.80)。能够进行如此精细划分的灵魂诊断学问自身便十分不寻常,但它似乎不可能同时成为用于治疗的诊断学问。除非灵魂健康的学问——对苏格拉底来说即是正义——可以获得美的学问以及灵魂的力量的指导,它才能治愈灵魂的疾病,不然的话,它会在引出灵魂中真正的正义的同时,也引出其真正的丑陋与缺陷,而这样的情况下,灵魂的体操就不能予

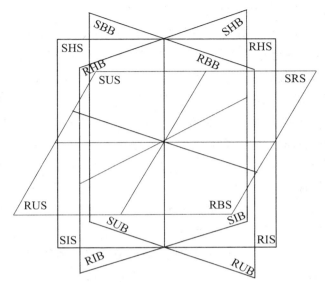

RHB：身体真正的健康　　　　RBS：灵魂真正的美
SHB：身体看似的健康　　　　SBS：灵魂看似的美
SIB：身体看似的患病　　　　SVS：灵魂看似的丑
RIB：身体真正的患病　　　　RVS：灵魂真正的丑

RBB：身体真正的美　　　　　RHS：灵魂真正的健康
SBB：身体看似的美　　　　　SHS：灵魂看似的健康
SVB：身体看似的丑　　　　　SIS：灵魂看似的患病
RVB：身体真正的丑　　　　　RIS：灵魂真正的患病

**图2　身体与灵魂的美与恶**

以纠正。如果所有美好的品质是整一的,那么就不会发生这类冲突;但要是所有美好的品质都是整一的,苏格拉底就不可能在一开始分辨出灵魂的健康与美之间的不同。

　　苏格拉底没有为灵魂之体操填上任何内容,没有人质疑他这一点(参见470e6-470a3)。[35]对于政治学或其两个部分(法律与正义)存在着诊断层面或者治疗层面这个说法,也没人向苏格拉底提出质疑。苏格拉底呈现出了自己对政治哲学或其某些版本的发现,就好像它已经恰如其分地完成并得到了公认一样。由于修辞术是正义的幽灵幻象,所以它必须假装自己就是正义。它必须猜对正义的情形并披上正义的外衣。在刚刚与苏格拉底的对话中,高尔吉亚就是这样做的,而珀洛斯就此提出了抗议。在对苏格拉底的政治技艺一无所知的情况下,高尔吉亚已由苏格拉底引导着说了些关于双重苏格拉底的幻影的话。对他自己来说,[36]他让修辞术成为了不义的;而在苏格拉底那边,修辞术是正义的。在苏格拉底式对比的语境中,"正义"(*dikaiosunē*)是一个令人吃惊的字眼,而传统中有部分是具有符合预期的 *dikaiosunē* 的——正义或惩罚的技艺。然而,为了分开高尔吉亚和珀洛斯,这一点很重要——借由知识与美德相结合而成的正义,苏格拉底第一次解释了修辞术并告诉高尔吉亚他所经历的事情。苏格拉底对修辞术实践的最初描述是它不具备技艺性,其特征是善于猜测的灵魂——具人性而自然地精于人类交往,这完全是在假冒苏格拉底时的高尔吉亚的剪影。苏格拉底说他自己属于某种特定类型;而高尔吉亚说自己也是这样的人。

苏格拉底暗示技艺之于体验,就如同知识之于感悟一样(464c5-6)。奉承察觉到两种身体技艺与两种灵魂技艺的四重图式,于是也把自己拆分为四个部分。由于奉承这么做的时候只是在猜测,因此这四个部分之间会出现重叠之处,就像苏格拉底所承认的,不但诡辩术和修辞术会在它们之间产生混乱,也会混淆其他的部分(465c3-7),而且身体会强行介入法律和正义的虚假样式、灵魂会强行介入烹饪和美容。如果奉承总是用愉快作为伪装的手段,那么灵魂就不能排除在外,因为"身体的愉快"的命名是错误的(《王制》442a8)。身体如何在修辞术中展现出来,可以说是《高尔吉亚》的一个主要论题。然而,在这一时刻,更重要的是去强调高级的善(各种真正的技艺的目标)与愉悦(它们的仿制品的手段)之间的区别。在第一种解释中,奉承不会自己宣称善就是愉悦;它在用愉悦来进行诱惑的同时,说着善的语言。奉承是享乐主义的,但并非享乐主义本身。烹饪和体育之间的竞争是关于食品好坏的。在健康与愉悦之间的公开竞争中,如果恢复健康所需付出的代价太高的话,那么可能不仅仅是儿童会选择愉悦。于是,很难说提供美食的烹饪是否说过它是善的。烹饪或许勿须开口便诱发了这种信念。美容是一个更难说明的例子。美容让人们看起来更美;它用不着声明自己提供的美是人们真正拥有的。同样很难说它所提供的甜蜜是否曾被使用者感知到。它所做的是说服人们,看似的美比拥有真正的美要容易得多。它的效果来得更快,在某种程度上比任何通过体育锻炼得来的成果更引人注目。在这个意义上,美容是在纵容人们;但仍然不确定的是,人们化妆出于无耻还是羞耻。[37]也许社会习俗让人不去冒犯自己的邻居,并说:"很高兴见到你。"某个人(可能是柏拉图或是其他人)曾写过:并不存在柏拉图的著作,那些被说成是他的著作实际上是属于已变得年轻美貌的苏格拉底的(《书简》2:314c1-4)。难道柏拉图是个化了妆的艺术家,他因为优秀的感知或糟糕的品味而没有为我们呈现出真正的苏格拉底? 不管苏格拉底在多大程度上严格按照其实际的样子被表现出来,苏格拉底在他的再现中必然是快乐的。那些对话者们可能受到指责;我们却观赏并享受着面前的表演。

技艺和经验之间的对立就是善和愉悦之间的对立;但没有人追问苏格拉底,经验(珀洛斯认为它有利于技艺)是否可以被完全取消,而技艺是否仅依靠理性就可以获得理性。严格的理性似乎先于严格的道德,并为后者让路;善与愉快的分离(苏格拉底在与高尔吉亚对话时已凭自我描述克服了它)和身体与灵魂的分离、经验与技艺的分离一样让人生疑。苏格拉底先是因奉承以愉悦为目的而批评它;但他说奉承是非理性时,给出的理由则是它无法解释自己的本性,并因此不能说出每件事情的原因。于是,一门技艺就由它治疗的目标和关于原因的知识组成。它明白其使用的手段与其追求的目标之间的因果关系。这种区分肯定会让人想到,存在着一些技艺，它们既以提供愉悦为目标，也知道愉悦的原因。苏格拉底在后面也会说同样的话（501a3—b1）。他早已通过"就像我劝我自己那样"暗示出，愉悦会限制自我认知的可能；但在治疗和奉承之间还是可能找到折中的办法，使得理性的根源不会受到贬抑。

知道某个事物的原由似乎就等于知道了它究竟是什么，知道它属于哪一类型以及知道它是否善。在设定其比对中，苏格拉底似乎就已经使用了修辞术的方式进行论证。在正义获得阐释之前，它便已经是一种善了，而在人们了解正义的技艺究竟知道什么、该技艺究竟是能产生出正义还是仅仅探测出正义之前，正义便已经是一门技艺了。人们不得不怀疑，苏格拉底的类比所做的，是在它们自身之中建构起立法与正义这些未知技艺的特定结构。于是，苏格拉底对正义的解释就会受到肉体性（即它的对应物所处理的对象）的影响，并因此暴露出修辞术的伪装。正义被模仿它的修辞术所扭曲的程度，恰恰决定着修辞术在多大程度上可以成功地脱去其伪装。无论如何，珀洛斯完全陷在了这一点上。他声称赞成苏格拉底的论题，它们对他来说只是修辞术自身的讲辞。

[38]那种混淆——它涉及到诡辩术和修辞术，并首先在苏格拉底将说服分割为教与信当中得到了暗示——对它们所对应的真实事物来说并不适用。法律的技艺从正义中分离了出来，并与它有所区别。倘若法律的有效性可以说是《王制》的主题之一的话，那么就不需要正义了：当阶级结构起作用时，就不需要正义来推动它；而当灵魂结构状况良好时，智慧就会取代正义。不过，如果正义仅仅是用来纠正错误的惩罚，那么它是否也会消失就不是很清楚了。体育非但没有取消医学，而且永远需要后者作为补充。另一方面，烹饪和美容也不能简单地看作是一对。不管诡辩术在等级上高于修辞术的真正意义是什么，美容似乎都比烹饪破坏性更小，价值也更小。相反，美与力量都不能离开健康，因而展示给别

人看的美所带来的愉悦就不同于展示给自己的健康所带来的愉悦。烹饪和美容似乎不管是内部还是外部都极端分裂——它们不仅各自独立行事,而且也在它们的主体之中产生了一个无法弥合的私人经验与公共自我之间的裂隙。内在是暴饮暴食,而外在却富于魅力。我们不太清楚修辞术和诡辩术是否会造成与此类似的分裂;但正像苏格拉底所说,如果它们之间有混淆之处,那么人们可以预见到的事实是:修辞术对某事物的外部所起的效用,非常不同于这种效用被感知的方式。珀洛斯和卡利克勒斯的讲辞应该加上一个开头,而它确实是在表达,但同时又没有表达他们的意思。高尔吉亚的追随者们应该放弃言说和意义之间的一致性,而这正是苏格拉底对高尔吉亚本人提出的要求。

在珀洛斯和苏格拉底的辩论中,论题很快从修辞学家的威望过渡到他们的权力;而一旦论题是权力,那么僭主就取代了修辞学家;但不管僭主的权力是真是假,都不能仅仅靠耍嘴皮子。珀洛斯在开始时是为自己的职业而发言,但最终却变成了那些未请他代言的罪犯的传声筒。他最初提到僭主时只是举了个例子:"难道修辞学家,"他说道,"不像僭主那样,可以随意杀人吗?"但珀洛斯太执着于这个关于僭主的例子,以至于它不再用来说明论题,而是变成了论题本身。看起来,僭主比修辞学家自身更强有力地证明着后者的权力与声望,甚至于他们战胜了修辞学家并暴露出后者的弱点。珀洛斯把威望等同于权力,而把权力等同于杀戮、抢劫和放逐。他没有像格老孔那样再加上这一点——有权与任何他想要的人睡觉(《王制》360c1)。对于珀洛斯来说,只存在自我克制的政治愉悦。有权势就意味着拥有超过别人的权力,[39]而不是人们会预期一位修辞学家这样说、而高尔吉亚也已经说了的观点,即与让一个人服从命令相比,杀了他更能表现有权势。珀洛斯本应说,真正的权力就在于让别人(即城邦自身)去谴责和杀死其指定的任何人;但正如败坏医生的声誉对高尔吉亚来说是个极端的例子,杀戮对于珀洛斯来说也是一样的,它并不是修辞学家经常去做的事,因为它本身就会限制说服的力量。修辞学家想要将一位城邦居民拉向自己一边;但因为他不能让后者按自己的意愿行事,便杀死了后者。在这样的情况下,杀戮或许是必要的;但很难算得上是善。倘若珀洛斯将性的满足列为修辞学家的特殊待遇之一,那他也会把杀戮的快乐看作是权力的好处之一;但为了使修辞术免遭奉承的恶名而为它辩护时,珀洛斯似乎是受制于合理性。珀洛斯在僭主的例子中迷失了,他只能从外部来想象一个没有内心的僭主。刚开始与珀洛斯对话时,苏格拉底问他究竟是想要演讲还是提问题(466b1),稍过了一会儿,他又怀疑珀洛斯究竟是在表达自己的想法,还是在向他提问(466c3-5)。苏格拉底并没有仅仅由此就强迫珀洛斯认识到夸夸其谈和提问之间的区别,但他指出这样一种可能性,即珀洛斯的演讲并非表达他自己的想法,而只是以修辞术的方式进行奉承,他还指出如果珀洛斯意识到他所说的只是修辞术手册上的细枝末节,那么修辞术才会是一门被珀洛斯完全掌握的技艺。苏格拉底必须证明:修辞学家将修辞术作为一种手段使用时,无法像理性或其他技艺控制其手段那样有效。只有在修辞术完全容纳了修辞学家时,修辞学家的修辞手段中的非理性成分才能消除。每当珀洛斯用修辞术式的吁求来反驳苏格拉底(后者总是为此责备前者)时,我们就会想到如果珀洛斯是个把修辞术当作技艺的修辞学家,那么不管支持珀洛斯的论点多么糟糕,苏格拉底都没有机会说出对修辞术的主要看法。这样的话,珀洛斯将被看作是一个可怜的修辞学家,或者其诡计遭到了苏格拉底的强烈抵制,但珀洛斯就不会自己反驳修辞术。苏格拉底要求珀洛斯证明僭主和修辞学家的强大权力,或者承认他们已经丧失了权力。语词被用来成就或否认僭主。修辞学家是不能拒绝这样的挑战的;但对他来说接受它却是毫无意义的。

　　对合理与随心所欲之间区别的讨论,是讨论正义与幸福区别的前奏。苏格拉底让珀洛斯同意,权力对于任何拥有它的人来说是善的,但当某个人随心所欲而毫无意义地使用权力时则是恶的。[40]这些说法暗示的是苏格拉底先前对技艺的描述,即它根据善来运作并且知道自己产生影响的原因;但合理性与善的结合并不会形成权力,因为看上去可能没有一种技艺(赚钱的技艺除外)是关心工匠的利益的(《王制》341c4-342c7)。现在,苏格拉底所说的是技艺的承受者而非使用者的作用。因此,他所说的就是不受一些特定知识掌控的合理性。在这个讨论中,只要合理性为善服务,那么它就不会对手段有任何限制。虽然这一点并不是从一开始就正确,但只要苏格拉底一提到事物的善、恶以及中间状态,结尾就受名词限定,而平常的部分则由动词或名词限定。珀洛斯承认的善包括智慧、健康和财富。在祝酒歌中,智慧取代了美,这显然是建立在苏格拉底的灵魂体操术或法律技艺的基础上的,但其原因无疑是珀洛斯对美和人们为了拥有美而采取的行动毫无感知。在任何情况下,愉悦都不存在于诸善当中。苏格拉底提到的行动要么是麻烦而痛苦的,要么是不好不坏的;航海也像这类行动一样(467d1,468a2)。他那带有目的性从句的典型句式是非常简单的;如果这些句式更复杂些,就无疑有这样的可能,例如,“我统治得当是为了让我不受制约地进行杀戮、惩罚并发泄自己的憎恶”,没有了目的从句,它就立刻简化成了珀洛斯所接受的三种真正的善之一了。于是,似乎遭到排除的是这样一种句式,“我走路是为了走路”,或者“我杀戮是为了杀戮”。短语“只是为了取乐”通常表达的是随心所欲之意,它也隐藏了两个从句中同一行动的加倍。很难说“只是为了取乐”是否就意味着“为了愉悦的原因”;如果苏格拉底想让我们推断出,正义的人是为了做正义之事而去做正义之事的话,那么根据苏格拉底的说法,想做正义之事的正义的人也同样是非理性的。符合道德的结果的纯洁与僭主意愿的随意看上去是一样的,而只有正义不是一门仅仅为别的技艺服务的技艺的话,这二者才能彼此区分。

珀洛斯承认理性的权力和做看上去是好事的权力之间有区别,但他认为这种区别是微不足道的;同时他确定苏格拉底在城邦中会选择后者,并会羡慕任何可以随意杀戮、抢劫以及逮捕别人的人。他提出了一个比他拥有的知识有趣得多的问题。要是苏格拉底突然获得了这种政治权力会怎样呢? 他会拒绝它并服从那使他远离政治的 *daimonion* [神明]吗(《苏格拉底的申辩》31d2-5)? 或者,一旦对他生命的威胁消失了,*daimonion* 就不再阻止他了? 珀洛斯从来没有说明僭主具有什么善的品质;[41]无论是他还是卡利克勒斯都未曾将政治上的荣耀看作是可能的善(参见486c2,526d5)。珀洛斯已经与实际的善——智慧、健康、财富——过于紧密地联系在一起了,以至于很难再去考虑表面上的声望,而卡利克勒斯则变得太过沉溺于自由自在之梦,以至于不能待在实际政治生活之中了。苏格拉底没有回答珀洛斯的第一个问题——他是否会选择哲学与权力的结合,而是把精力集中在第二个问题——他是否羡慕某个在城邦中可以杀戮、抢劫并逮捕别人的人。珀洛斯暗示当苏格拉底看到他自己可以更好地运用的权力掌握在别人手中时,心中肯定会充满无助的愤怒。苏格拉底回答说,这要看杀戮是不是正义,但不管哪种情况都不值得羡慕。由于珀洛斯的话太随便,也没有对说服城邦处决自己对手的修辞学家与或许会亲自消灭对手的僭主作出区分,因此并未涉及关于这种城邦不值得羡慕的本性的问题。我们知道,雅典每年暂停处死那些已经被公正判决的罪犯,这种暂缓处决是以众神的名义进行的,好像众神希望雅典公民意识到他们拥有的权力并非真的属于他们(《斐多》58a10-b7)。在僭主权力的背后,城邦自身的合理性正处在危险关头。它想要什么样的真正的善? 它知道那种善的原因吗?

珀洛斯认为杀戮是否正义并没有什么区别。就像高尔吉亚一样,他也承认可能存在正义的杀戮。假如一个人的率性而为恰恰符合于城邦的正义，那么他就值得称羡。他在城邦的支持下做他自己想做的事。要是珀洛斯一直忠于修辞学家，而不是改去讨论僭主，他就可以沿着这些线索进行论证，通过让城邦相信他所意欲的就是正义的这一点展示修辞学家的力量。因此，珀洛斯原本可以让高尔吉亚和忒拉绪马霍斯结合在一起，并顺理成章地提出"什么是正义？"这个问题。珀洛斯认为僭主的不义理所当然，甚至有权按意愿去行动也是不义的（469c5-7）。珀洛斯非常尊重习惯。他认为没什么能够让僭主成为代替混乱的令人不悦的选择。因此，他在赞扬不义之力量的彻底非理性的同时，保持了其对说服形式（不管它多么糟糕）中的理性力量的信念。为了拉拢珀洛斯，苏格拉底必须做的就是辨别珀洛斯的信仰理性与赞美僭主之间的差异。在珀洛斯没有更加靠近正义的知识的前提下，苏格拉底成功地让他形成了自我的统一。珀洛斯变成了一个想要做正确之事的正义之人。

如果有人对照苏格拉底在高尔吉亚面前的说法——人能够做的最严重的恶是关于他们这次讨论话题的错误观点，[42] 和他对珀洛斯所说的不义是最严重的恶，那么苏格拉底与珀洛斯的论辩有多大的漏洞就很清楚了。在最初的语境中，苏格拉底的两种主张意味着，相信哲学可以不义这一观点本身就是不义的。否认哲学的正义性是所有不义的核心，这是一个不好理解的说法。卡利克勒斯赞扬不义并攻击哲学的行为，多少肯定了这一点。然而，在目前情况下，除了自己的所作所为，珀洛斯可能很难理解苏格拉底所说的不义还指其他东西；但在那个例子中，不管动词 *adikein* 的含义是指成为不义的还是指行为不义，它似乎不能等同于错误的观念。认为观念要么是一种状态、要么是一个行为的说法，只有在高尔吉亚的假设（即一个人就是他所知道的或他被说服而相信的东西）下才能成立，因为如果没有阻力，人所相信的东西就必须在行动中得以体现，而灵魂不可能设置任何针对自身观念的阻力。

现在,苏格拉底的观点或许难以为继了,因为他刚刚才让珀洛斯赞同所有行为都是为了善的缘故;因此甚至僭主都不可能想做不义之事,不管他的行为可能有多么不义。僭主或可能成为僭主的人也许对构成自己幸福的东西有完全错误的看法,但他绝不会简单地相信不义的好处。不过,珀洛斯却必须让僭主相信专制的好处,只有这样,僭主愿意成为的人和愿意做的事就会总与他内在的不义相协调。珀洛斯问苏格拉底,相较于作恶,他是否更愿意被不公正地对待;但其实没有人会愿意多行不义,除非像珀洛斯所假设的那样,僭主在各个方面都不义。专制在珀洛斯眼中浸透了不义,这样,僭主就不可避免地受到珀洛斯的看法的感染。真正的僭主对珀洛斯来说是完全无法理解的;珀洛斯用一个想象中的人来代替僭主,这样他可以嫉妒这个人的幸福并谴责其不义。专制的本质就是珀洛斯所设想的样子。他那错误的观点建构起了不义本身。

珀洛斯认为受恶比作恶更糟糕。因此,被剥夺某种好处就应该比夺走别人的好处更糟糕;但是另一方面,每个人都不是简单地把好处夺走,而是想要拥有那些好处。苏格拉底说他两个都不想要,但如果必须在二者之中进行选择,他将选择受恶。比起抢劫别人更情愿自己被抢劫,这并不难,或许比起逮捕别人更情愿自己被逮捕也不难,但是,比起杀人来说更情愿自己被杀害,这种选择只可能出现在僭主许诺如果你为他杀人他便会保你性命的专制政权当中。然而,为什么应该相信僭主呢?在三十僭主——他们想要通过尽可能的地扩大自己的罪行来保护自己——的统治下,苏格拉底曾接到命令和其他人一起去逮捕某个人;[43]虽然他一走了之,但他并没有因为逃避而被处决(《苏格拉底的申辩》32c4-d7)。由于珀洛斯提出的严酷抉择并不会经常出现,他便把问题推衍到极端:苏格拉底不想成为僭主吗?珀洛斯不知怎么地感觉苏格拉底不会认为不义是最大的恶,除非不义是不分等级的,或者说不义意味着完全的不义。然而,珀洛斯不再让苏格拉底在完全不义的执行者和受害者之间做选择。由此,他将不义带来的好处绝对化了,而没有列出非专制的优点。通过专制而给获取智慧和健康带来的方便是很难维持的,而无论是珀洛斯还是卡利克勒斯都没有谈及这个僭主拥有的特殊好处——财富。

面对苏格拉底想象出来的情境——他打算以在拥挤的市场上杀死某人作为专制权力的证明,珀洛斯的回应既不是说苏格拉底肯定疯了,也不是去问他心中的善是什么,而是声称他必须为此承受某种损失,或是惩罚,或是罚款(zēmiousthai)。于是,珀洛斯暗示着,伴随专制而来的是践行不义却不受惩罚的权力,而由于他非常肯定苏格拉底在犯罪后无法逃避惩罚,那么专制所保证的,就是公开违背正义的权力。在这一点上,修辞学家与僭主不同,因为前者之所以能够受到豁免,原因是他的不义无法确证。珀洛斯也打破了和忒拉绪马霍斯之间的联结,后者允许僭主来决定什么是正义。就像珀洛斯举的阿凯劳斯的例子所表现出来的,他更关心的是如何获得专制统治而不是专制本身。借由幸福这条非正义的路,可以通向不义。因此,苏格拉底的例子便是最有力的。那个敢于在光天化日之下犯罪的孤立个人,给珀洛斯留下了深刻印象。在珀洛斯那里,卡利克勒斯的想法已经处在萌芽状态了。

这场辩论到目前为止建立在两个词之上——"善"和"正义",其中"善"要么是真实的、要么是虚幻的,而"正义"则不受观念的支配。珀洛斯举出阿凯劳斯的例子证明有很多人是不义而幸福的。苏格拉底听说过这个人但却不了解他;而珀洛斯听说过关于他的一切并且知道他是幸福的。幸福这种善如此真实,以至于听来的东西就可以是知识(470d5)。于是,正义与幸福变得过分植根于观念之中,以至于人们不需要去了解它们二者或其中之一。阿凯劳斯既不义又幸福。苏格拉底表示阿凯劳斯若是不义的,那么他就是不幸的;但除非他接受的是某种特定类型的教育,否则不管他多么正义也仍然不会幸福。根据苏格拉底的几何学比例和诡辩术对教育的要求,我们可以说阿凯劳斯的幸福取决于他在多大程度上摆脱诡辩术转而跟从法律的技艺。正是在这一点上,《高尔吉亚》和《普罗塔戈拉》(Protagoras)先是彼此交汇,[44]而后又分开了。这时,苏格拉底开始撇开教育状况来谈论正义。因此,合理性输给了正义。在苏格拉底给出了关于正义的简单测试以判断行为是更好了还是更坏了时,合理性便开始退却了。这个测试之所以简单是因为对珀洛斯来说正义不成问题。按照珀洛斯的说法,正义会让阿凯劳斯成为阿凯塔斯(Alketas)的奴隶,因为前者的母亲是后者的奴隶;而阿凯劳斯犯下的最大恶行是谋杀自己的主人,并拒不交还他父亲佩狄卡斯(Perdikkas)最初从其兄弟那里夺得的权力。珀洛斯不但认为奴隶制的规定——女奴和自由人所生的后代仍为奴隶——是正义的,而且知道阿凯劳斯不仅没有竭力为自己受奴役的母亲复仇,其把权力交还给自己叔父的计划也是个骗局。就像他知道阿凯塔斯并没有计划去杀死自己的奴隶一样,他也知道当阿凯劳斯对克勒俄帕特拉(Cleopatra)说她七岁的儿子在追一只鹅时落井而死时,也是在说谎。即使珀洛斯重新描述的事实都正确,他又怎能知道阿凯劳斯现在不为自己的罪行而悔恨,或至少因自己可能被暗杀而无时不刻不生活在恐惧中呢?对珀洛斯来说,听说的东西是事实,事实也是事实,而这些都是没有经验过的事实。珀洛斯不需要知道他人的任何经验;他用对正义的确信来弥补自己的无知。

　　珀洛斯对阿凯劳斯进行指控,就好像他把后者带上了法庭,并且像发起诉讼的律师一样不得不尽力夸张后者犯下的罪行。他竭力把人们的道德义愤上升到最大限度,然后通过刺激人们去嫉妒被告的幸福,再把那种愤怒提升一些。他以这样的方式同时激起怨恨和愤怒,既让观众享受到巨大的邪恶所带来的恐惧,又让他们向自己描绘这种邪恶收获的快乐。珀洛斯通过一次演讲完美地表现了修辞术的力量,但他却把这当作是真实的。就像高尔吉亚曾

经看起来很像苏格拉底,并为其对修辞术的解释提供了第一个证据
一样,深深沉迷在修辞学家的限定范围中的珀洛斯,证明说当修辞
术称赞它的对手时,它就是在用正义最尖锐的声音说话。它为人们
严苛的道德准则而奉承他们,并且放纵他们热爱专制带来的幸福。
对从对话开始到现在所发生的一切可以做如下说明。苏格拉底提
出了两个四重模板(图3)。高尔吉亚通过自己对知识和正义的同

**图3　技艺的模板和它们的幽灵幻像**

一的理解来确认修辞术采用了正义的外观。接下来,珀洛斯沿用了
高尔吉亚式的正义,并让它成为修辞术讲辞的内容或辨认幸福与专
制的框架。这一内容则从修辞术的身体对应物——烹饪——那里
获得其特征。修辞术的结构到目前为止是这样的结构(图4)。

[46]现在,高尔吉亚构成了外框;而内框则是珀洛斯。珀洛
斯同样假定了关于正义的全部知识,并以此来维护高尔吉亚,但是
此时这种知识不再是修辞术教学的部分,而是它所扮演的部分,在
其中,没有知识的人在其他无知者面前说出自己已经知道的东西。
苏格拉底接下来打算与珀洛斯一起,通过医学这个正义的相似物,
来找到修辞术的相似物。让修辞术重新与一门真正的技艺连接起
来,会像苏格拉底让高尔吉亚转变为其代理人一样成功。修辞术
将仍然带着烹饪的痕迹。

苏格拉底试图让珀洛斯赞同这么两个论点。一个是不可能不
义而幸福,另一个是如果一个人不义,那么不被惩罚相较于被惩罚
更不幸。珀洛斯对苏格拉底第一个论点的驳论并非如人们所猜测
的那样,是不义与幸福可能同时存在,而是不义之人如果没有受到

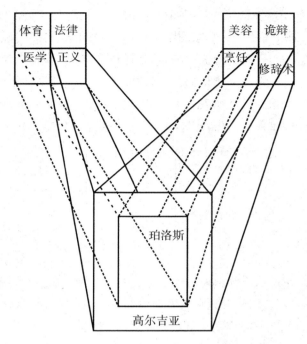

**图 4　珀洛斯的构成**

惩罚就是幸福的（472e1-2）。苏格拉底的方案要求不义被惩罚，或者更为字面的说法是，获得正义必然意味着要么成为正义的，要么变得少做坏事。然而，苏格拉底从来没有把这一点清晰地表述出来，所以珀洛斯是在通常的意义上来使用惩罚一词。如果苏格拉底坚持自己对修辞术的理解，那么珀洛斯对苏格拉底的惩罚概念的解释必然只是这个概念的幽灵幻象。当苏格拉底式的惩罚映照在修辞术的幽灵之镜上时，它就会让不义更加严重而不是使情况好转。珀洛斯对阿凯劳斯罪行的夸张好像发展成了他的洗心革面。修辞术看到他的不义上的疮痂，并给了他一张健康证明。于是，针对同一个讲辞，苏格拉底与珀洛斯所表达的意思的差异，要远大于苏格拉底与高尔吉亚之间的差异。在高尔吉亚那里还保留着的理性的副本,在珀洛斯那里最终消失了。由此,珀洛斯为卡利克勒斯和哲学的突然出现做了准备。

苏格拉底和珀洛斯在每个领域有三个论点:

苏格拉底(1):作恶要比受恶更糟糕。

珀洛斯(1):受恶要比作恶更糟糕。

苏格拉底(2):不义之人是可怜的。

珀洛斯(2):除非受到惩罚,否则不义之人是幸福的。

苏格拉底(3):没有受到惩罚的不义之人最可怜;而受到惩罚的不义之人则好一些。

珀洛斯(3):那些受到惩罚的人最可怜。

珀洛斯用来反驳苏格拉底(2)的是阿凯劳斯的例子;用来反驳苏格拉底(3)的则是一个想象酷刑的例子。在珀洛斯的例子当中施加于不义之人的这些酷刑,与僭主施加给正义之人的酷刑没什么区别。事实上,[47]格老孔在推测表面上的不义和真正的正义时用了珀洛斯所举例子的另一版本(《王制》361e3-362a3)。然而,珀洛斯从来也没有说过僭主会使用酷刑。施加痛苦的能力并不是僭主的幸福的一部分。对珀洛斯来说,酷刑只是正义的惩罚工具。他在表示惩罚的短语 *didonai dikēn* 中,保留了 *dikē* 的字面意思——正义(参见476a7-8),尽管在通常的用法中,那个短语早就已经不再被限定为正义的惩罚了。① 此外,珀洛斯没有以一个最终被推翻并受酷刑的成功僭主为基础进行讨论;相反,为了让例证尽可能彻底,他选择了一个计划要当僭主,并在做不义之事之时被抓住的人。由于珀洛斯的例子没有涉及那个阴谋家的任何不

---

① 希罗多德有六次使用这一表达,有五次是出现在他者口中,只有一次是希腊人在用(6.11.2),还有一次是在报告波斯人在想什么时用的(8.100.1)。

义行为,这似乎表明他对动词 *adikein* 的歧义并不关心,那个词既表示不义的行为,也表示不义的状态。在复述珀洛斯的话时,苏格拉底含蓄地区分了以正义的方式成为僭主和以不义的方式成为僭主(473d5),但对于珀洛斯来说,二者没什么不同。珀洛斯所想象的酷刑既包括身体上的,也包括精神上的:那个想当僭主的人被放到架子上,阉割、弄瞎,接下来,在目睹了自己的妻儿所受到的折磨后,他被钉死在十字架上或被浇上沥青而死。珀洛斯没有解释为什么他已经瞎了却还能去看:要么是僭主,要么是珀洛斯,具有一种活跃的想象力。就像僭主的幸福仅仅由僭主自身的经验所决定一样,僭主的不幸也与他受到的折磨没有关系。像苏格拉底所说的,珀洛斯谈的是一个妖怪。它仅仅是为了反驳苏格拉底——好像后者计划要统治雅典似的——才出现,而不是用来防止专制的野心,因为如果是那样的话,它肯定会损害人们对幸福的追求。

　　珀洛斯先是用那个妖怪来反驳苏格拉底;接下来,当苏格拉底认为无论是那个不义的阴谋家还是成功的僭主都不幸福,并且后者更加可怜时,珀洛斯笑了。苏格拉底想知道嘲笑是否是反驳的另一种形式;而珀洛斯认为如果没有人——包括在场所有的人——会支持苏格拉底的观点的话,那么他就已经受到了反驳。嘲笑和谈论恐惧是反驳的武器;但它们应该不是疗救创伤的手段。珀洛斯现在似乎有了辩论和制造噪声的手段,这些手段让修辞术成为医学的对应物。在那个可能的罪犯的例子中,[48]修辞术要么会让他遭到普遍的蔑视,要么会把他吓疯。它会让他相信所有人都迫不及待的要折磨他或让他在轻蔑中度过余生。于是,修辞术可以发展成良心的一种还说得过去的版本,它可能会非常有效。因此对珀洛斯来说,用这些手段来对抗正义的支持者真的很荒诞。苏格拉底对此并不害怕,他对喜剧场面也有免疫力。他知道珀洛斯在开玩笑。接下来,珀洛斯说明了修辞术如何从用于纠正错误的正义那里借来一些东西,再混合上医学中的烧灼术与外科手术,但之后他就感到了困惑，不知道接下来该做什么。珀洛斯从高尔吉亚那里继承来的正义的框架（它包括了珀洛斯那个妖怪和嘲笑），在与苏格拉底辩论时消失于无形。因此，珀洛斯作为接收人十分成熟。他可以改变方向去对抗那些他有能力去处理的事物。他可以被改变方向，但却不能被改造。他成了正义的惩罚的有限性的证据。

　　为了让珀洛斯不再征求公众的意见，苏格拉底向珀洛斯承诺会去证明珀洛斯也认同他的观点；但他宣称他要做到的东西更多，还包括：所有人也会相信他们相信的东西。苏格拉底提出了另一个悖论。一种能够被普遍接受的关于正义和惩罚的信念是苏格拉底自己不能证明的，因为他甚至不能跟大多数人进行交谈，更不用说劝他们坦承自己的信念了。有些信念是不能在公民投票中显现出来的。它们也不被任何设计好的调查问卷诱导出来。苏格拉底为完全的道德立场感到害羞的那个所谓理由，是他试图从多数人那里获得选票时招来的嘲笑。苏格拉底引为例证的是，公元前406年对将军们进行审判时，他不知道怎样在会议上投票。苏格拉底似乎在没有必要地含混其辞。怎么能够把一种可以简单学会的程序和苏格拉底无法让观众——不管他们发出多大的笑声——赞同道德联系在一起？在那场审判中，苏格拉底抵制立刻处死所有将军的非法程序；既然人们后来为他们的非法行为感到悔恨，苏格拉底当时本来应该做的是更有说服力些，或更幸运一些以维护法律，而拯救那些将军则并非必要。程序问题隐藏了苏格拉底和雅典之间分歧的一个更深刻的来源。将军们之所以受到审判，是因为他们在以极大代价取得胜利后没有营救在战斗中落水的人；部分落水而死的人在临死前让幸存者向人们告发那些将军，说他们没有营救这些已经被证明是最能代表自己国家利益的人（色诺芬《希腊史》1.7.11；参见《默涅克塞诺斯》243c6）。是不是苏格拉底拒绝与人们谈话激发了葬礼的议题？［49］是不是对哈伊得斯的信仰使得苏格拉底没能在一个普遍一致的话题上获得全票通过？对哈伊得斯的信仰建立在对身体与灵魂的某种混淆之上，因为没有这样的混淆，葬礼和来世就不可能建立联系。苏格拉底早已暗示诡辩术和修辞术之间也存在着一种类似的混淆。因此，珀洛斯是一种普遍信仰的典型，只有这个假冒技艺的合理性的人能将这种信仰表达出来。现在，珀洛斯想知道苏格拉底将要说什么（4742c2-4；参见467c3-4）。

　　现在，苏格拉底在"善"和"正义"之外增加了第三个术语。既然珀洛斯提出相较于被错误地对待，作恶是更好的，虽然这更丑陋或更可耻，那么苏格拉底就必须区分"善"与"美"。他先是提及所有美而且高尚的事物，如身体、形状、声音以及行为等，但他没有提到灵魂。他举出的事物只与肉体有关，而他的主要例子是身体。在谈到美的事物时，苏格拉底问珀洛斯，他是否会把目光从别的东西上移开，而盯住某种他称之为美的东西。苏格拉底这里说的"称"（*kalei*）和"美"（*kala*）是双关语（参见《克拉底鲁》416b6-d11）。与此同时，他不是在字面意义上使用动词"看"（*apoblepein*），这暗示着美是个语言现象。通过"称"（*kaloun*）这个词的主动态可看出，"被称"的就是*kala*。于是，丑和可耻是不可言说之物，它们位于语言的边界之外；它们也处于可见的范围之外。它们同时被视觉和语言放逐了。法律要为这一双重放逐负主要责任。因此，丑陋就潜伏在法律的边缘，并很有可能也存在于法律内部，但由于法律特别的有效性，丑陋之物可能不为法律所注意，也没有被法律命名。卡利克勒斯认为珀洛斯拒绝承认不义美且高贵时犯了错误，而且认为苏格拉底像这样操控自然和法律，是为了击败珀洛斯。卡利克勒斯对珀洛斯或苏格拉底的看法可能对，也可能错，但苏格拉底提醒我们注意这样一种可能性，即珀洛斯称为美的事物可能实际上是丑的，但因为丑无法看见也无法命名，它可能会被他忽略。

　　身体是美的，这是因为它要么给观看它的人提供好处，要么提供愉悦,也可能两者都提供。苏格拉底需要将好处和愉悦区分开来,这样就使得作恶的人与伤害相关,而受恶者则与痛苦相关;然而一旦引入比较,这一区分就会使论证出现严重的漏洞。如果一件东西让人愉悦但却不提供好处,而另一件东西是有好处的但却无法让人愉悦,二者哪一个更美呢? 或者,一件东西让人痛苦但却不伤人,另一件东西伤人但却不让人感到痛苦,又哪一个更丑呢? 此外,由于这一论证建立在行动和效果上,而与它们的主体无关,因此一个正义的人很可能在做不义之事时比被他伤害的人感到更大的痛苦。[50]珀洛斯说受恶要比作恶更糟糕,而他的意思肯定是受恶意味着承受更大的痛苦;而由于作恶受到的痛苦要小,因此它的危害性更大。但珀洛斯又是怎么知道作恶者没有受到伤害呢? 珀洛斯保留了"美"与"丑"表面上的整一,但却同时允许它们各自所代表的东西彼此分离。珀洛斯以阿凯劳斯开始他的论证,后者的不义和幸福同样不证自明;而他不能在保留不义的情况下抛弃不义之丑陋,因为假如阿凯劳斯代表了愉悦和好处的统一,而这又恰恰是美的特征,那么对珀洛斯来说阿凯劳斯的不义就消失了。如果阿凯劳斯不是不义的,那么他就不值得歆羡。然而阿凯劳斯事实上除了不义以外在前面两个方面都是美的,因为如果珀洛斯对阿凯劳斯的公开谴责取悦了听众,那么阿凯劳斯获得好处的同时珀洛斯也传达了快乐。他伪装成了僭主。

　　苏格拉底为了拆分快乐和善(二者共同构成美)而进行了一点点夸张,并将理论上的愉悦或者实践上的善算作美。僭主不能感到什么理论上的愉悦,因为修辞学家虽然颂扬僭主,但僭主本人却并不反观自身。相应的,在珀洛斯的演讲中,存在着对僭主之快乐的隐瞒和对僭主之不义的宣扬。如果珀洛斯以这种模式推论出作恶更为丑陋,那么他就不得不说承受恶要么是一种好处,要么是一种沉思的痛苦,这可以理解为做不义之事比被不义之事伤害更痛苦。珀洛斯没有如此微妙地讨论一个论点,而是让苏格拉底的讨论从沉思的层面转移到经验的层面(475c2)。然而,在珀洛斯已经承认丑陋是痛苦的、具伤害性的、或二者兼具之后,苏格拉底以伤害来开始他的讨论,那么珀洛斯肯定会说受恶的危害性更大,然后他会被迫得出结论说作恶者更为痛苦——而这一点只有在沉思的层面上才成立。此时,一个将结论建立在充满已知术语的秩序上的论证只能是错的。不可能将愉悦和好处拆开。因此,修辞术暴露出它同样也是辩证法的幽灵幻象。它把在一起的东西分开,把分开的东西合起来。

当珀洛斯犹豫着是否要说自己愿意选择更坏和更丑的事情时,苏格拉底用这样的话来催促他:"这样做不会伤害你,而是服从高尚的逻各斯(*logos*),就好像去看医生,回答我。"苏格拉底为珀洛斯提供了治疗。这种治疗就存在于让珀洛斯不再说不义即幸福当中。就苏格拉底消除了珀洛斯谴责不义但却颂扬僭主的前后不一致而言,这种治疗是理性的,但因为没有一个字谈到不义对灵魂造成的伤害,[51]它只存在于嘴上而没有深入到灵魂之中。然而高尔吉亚仍会对此印象深刻。他自己就依赖医生,并不得不规劝他兄弟的患者遵照他兄弟开出的药方吃药;但苏格拉底让珀洛斯遵照他自己生成的逻各斯去做。通过在逻各斯当中形成双重的自我——就像逻各斯独立于他一样——苏格拉底可以做一个关于正义言辞的演讲,并同时具有修辞学家和医生的身份。早些时候,当苏格拉底和高尔吉亚谈话时,他希望高尔吉亚不要怀疑苏格拉底想算计他,而是持有开通的想法,即他们共同做的一切都是"为了逻各斯的缘故"(453c3)。不管怎样,现在珀洛斯有了其他野心。逻各斯已经不再仅仅是诊断了,它还被用来进行疗救。它一度已经破坏了道德愤怒与不义的邪恶联盟。

苏格拉底与珀洛斯交谈的第二个阶段建立起了道德和修辞术之间的联系。这并不好。珀洛斯先是明确承认,他从一开始就认为受到惩罚(*didonai dikēn*)意味着,如果某个人不义,那么他就被

公正地予以惩戒,而接下来,经过彻底检查后,他认为所有正义的
事物——就它们是正义的而言——都美。在苏格拉底最初的图式
中,政治技艺的目标是善,而它的两个组成部分的目标分别是美和
正义(图5)。而在新的图式中,正义自身折叠上去与美重叠,然后
又被分为善和愉悦两个部分(图6)。修辞术的非理性实践在美之

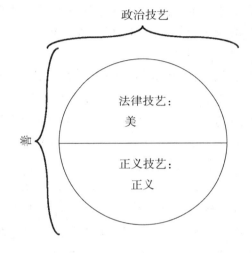

**图 5　正义,美及善**

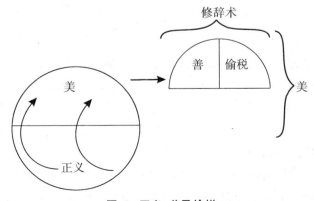

**图 6　正义,美及愉悦**

中包含了正义和美,并将愉悦当作善。修辞术看上去要比正义更好。它提高正义的地位,这样正义便成为了某种必要的事物。将修辞术明显而专断地限制为在法庭上使用的修辞术,这是修辞术的真相:无论是审议的还是富于辞藻的修辞术都为正义服务。

苏格拉底以一般陈述——每个施动者都必然有一个受动者——开始他的论证;但他并没有像他应该的那样谨慎。他让施动者做某事(*poiein ti*),但却没有添上这件事的受动者。如果 *poiein* 意味着"去做",那么双宾语是不必要的;但如果行动是打(*tuptein*),而且我们想象施动者是阿喀琉斯(Achilles),那么"阿喀琉斯打赫克托尔(Hector)"就描绘了阿喀琉斯的意愿,但"赫克托尔被打"既没有发生在《伊利亚特》的语境中——在其中众神让阿喀琉斯的行动失效;也没有发生在现实中——阿喀琉斯确实在打一个人,但那个人是否是赫克托尔则还需要讨论(《斐多》115c6-d2)。如果说阿喀琉斯的行为有什么不光彩的地方,那么是他的意愿造成了那些傲慢无礼的行为,而不是别的人或事。无礼的行为只发生在他的意愿中。因此,苏格拉底所展示的,是在惩罚的合理性的伪装下,[52]意愿的所作所为。简单说来,在利用人们不了解自身意愿这方面,修辞术是非理性的。如果情人说"我非常爱你",没有人,尤其是听者,会认为这句话必然说明"你被深爱着"。不过,如果不是那个情人,而是别的什么人说"他非常爱你",那么这句话的被动型态似乎也可以成立。于是,修辞学家步入这一情境,来说服听者相信其所说"我非常爱你"和别人说的"他非常爱你"产生同样的影响,即"你被深爱着"。因此,修辞学家在客观形式中展示意愿,在这一形式中,意愿消失了,而虚假的真诚仿佛是不言自明的真相。

苏格拉底对限制所修饰动词的副词的分析——受动者所体验到的施动者的行为方式——似乎是成立的;但公主和豌豆的故事足以提醒人们对此保持警惕。她所说的"我被硌得很厉害",可以变成主动语态"它们把她硌得很厉害",但除非人们补充说它们试图把所有的公主候选人都硌得很厉害,却只在她身上成功了,不然就不能按照从施动者到受动者的方式说。"你深深地伤害了我",这句话可以意味着身体上的伤害,但通常并非如此,[53]它允许施动者既可以回应他的言辞,也可以回应他的行为——"我只是把你蹭伤了"。在外科手术的例子中,医生可以说"我为了健康割伤了你",但病人同意这一点却仍然说,"我很痛苦地被割伤了"。如果这将是正义惩罚的模版的话,那么抛开事实,痛苦和好处之间必然可以建立起彼此的关联。修辞术是非理性的,因为它依靠直觉将惩罚的痛苦和惩罚的好处放在一起,但却没有考虑到另外一种因果分析,即惩罚的痛苦可能导致对进一步惩罚的恐惧,并且它仍把不义这种疾病放在那里完全不予治疗。

苏格拉底对接受惩罚便是获得好处的论证分为八步,其中对珀洛斯来说真正决定了结果的两步给整个论证蒙上了阴影。

1. 受到惩罚就是受到影响。
2. 被施刑者惩罚。
3. 正确的惩诫就是正义的惩诫。
4. 正义的惩诫就是做正义之事。
5. 正在遭受惩诫的受罚者是在承受正义之事。
6. 他在经受美之事。
7. 他在经受善之事。
8. 他获得了好处。

施动者在第六步必须做美的事,而在第七步则必须做善的事或愉快之事。因此,惩罚者要么让他自己或别人感到愉快,[54]要么使他自己或别人得到好处。惩罚的景象既可能是令人愉快的,也可能是一种威慑,也有可能兼具二者。图7是对苏格拉底头脑中的情况的描绘(在多大程度上它适用于《高尔吉亚》本身的情况,可以暂时搁置不谈)。

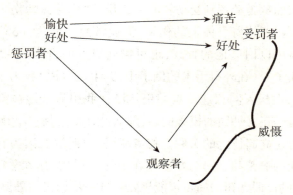

**图 7　惩罚者,受罚者和观察者**

在这个图式中,修辞学家的角色是说服受罚者相信其所经受的惩罚和惩罚者想做的完全一样。他把受罚者变成了观察者:珀洛斯在那个有关妖怪的演讲中已经这么做了。珀洛斯相信惩罚是高贵的,然而是在惩罚过程中所感到愉快使惩罚变得高贵,而不管受罚者究竟承受了什么。因此,受罚者只能被引诱着去相信惩罚者意愿的传达。[①] 苏格拉底预先排除了受罚者弄明白惩罚者意愿的可能:快乐阻碍着知识。于是,修辞术必须去证明那个谚语 *pathei mathos*——"先要受苦,才获真知"。这对修辞术来说有点儿悲惨。

为了让珀洛斯明白灵魂的邪恶所带来的不是最大的痛苦,而是最大的伤害,苏格拉底问珀洛斯是否成为穷人或病人要比成为不义者、无节制者、懦夫或傻瓜更痛苦。珀洛斯接受的是这样的观

---

① 　在拉丁文中,*animadvertere* 或 *animum advertere* 的字面意思是"让某人想到",或更笼统的说法"注意",有着专门的意思——"去惩罚"。这是一个惩罚者的意愿与惩罚完全相同的例子。

点:比起一个生病的乞丐来说,[55]害怕被抓到的罪犯、过于愚蠢而必然会被抓住的罪犯或一个不能让自己远离犯罪的人承受的痛苦会更小。忒勒福斯(Telephus)在阿喀琉斯帐篷中承受的显而易见的痛苦,让珀洛斯不能描绘灵魂所承受的痛苦;然而,他确信彻底打击那无助的邪恶者对他来说只有好处。另一方面,苏格拉底暗示最大的伤害和痛苦可能是错误的惩罚或折磨;但珀洛斯对此则并不知晓。因此,高尔吉亚听了两堂课。他不仅知道了不要预先怀疑意图真实性的重要程度,与此同时,也目睹了修辞术犯这个错误时的所作所为。医学、体育和烹饪、美容,以及法律、正义和诡辩术、修辞术全都搅和在一起,将这个混合物加热烹煮出来的东西对高尔吉亚来说肯定是难以下咽的。这也许对他有好处。

　　动词 kolazein 的意思涵盖了从抑制到惩罚之间的全部意义;而形容词 akolastos,即"不受束缚的"或"放荡的",常常被用作 sōphrōn(就其意思是"欲望的节制"而言)的反义词。如果没有惩罚的话,那么惩罚中包含的那种痛苦就会呈现为快乐。去惩罚(kolazein)就是去掉 akolastos 的否定前缀。于是,痛苦似乎是纠正所必需的附属品,因为无节制生活中的可能的痛苦,被这种生活和限制这种生活的东西之间的否定关系有效掩盖了。卡利克勒斯认识到选择快乐的生活就是去选择痛苦的生活(494b1-5)。因此,痛苦本身不会使灵魂进步。痛苦无疑伴随着进步,但除非惩罚带来的痛苦与罪恶带来的痛苦彼此不同,否则珀洛斯脑中的惩罚不可能被灵魂理解。受罚者只是不得不相信他的解释。

　　苏格拉底通过一个粗暴的双关语让珀洛斯重新回到作为一门技艺的正义。他迫使珀洛斯同意正义就像赚钱的技艺消除贫困,医疗的技艺祛除疾病一样,因此 dikē 消除的是不节制和不义。苏格拉底假装 dikē 这个词的最后三个字母和 khrematistikē、iatrikē 这两个词的后缀是一样的,因此 D-ikē 就好像是"关于 D 的技艺"或"关于第四个字母 delta 的技艺",因为 delta 在字母表中排第四位,而正义对毕达哥拉斯学派（Pythagorean）来说则由数字四代表。似乎《克拉底鲁》中的苏格拉底一时间侵入到《高尔吉亚》严整的界限之内了。幸运的是，英语中有些东西和苏格拉底的双关语很像，这至少可以帮助人们大概了解苏格拉底在说什么。我们所使用的"医学"（medicine）一词既指医术，也指药物；所以"接受治疗"（to take one's medicine）这个短语，撇开其基本用法的话，也同样有上述两种意思。因此，如果 dikē 既是惩罚也是惩罚的技艺，那么服从其中一个就等于服从另一个，而学习就等于受苦。[56] 学习即受苦是知识即美德这个高尔吉亚式假设的真相。这是从高尔吉亚所承认的事实，即说服包括学与信中得出的倒数第二个结论。

珀洛斯认为，就如同病人要被送到医生那里一样，不义和放荡的人也要被送去找 dikastai，他们既是陪审团成员，也是法官；但不管这两种情况中的哪一种，这些法官都不能执行他们判处的惩罚。为什么珀洛斯不能看出其中的区别？他似乎在设想一种新型的法官，其对惩罚的评估可能本身就是惩罚。苏格拉底以一种看似草率的方式回答了这个问题。他先是让珀洛斯相信灵魂中没有邪恶的人最幸福，而其次幸福的则是正在祛除灵魂中的邪恶的人，即"受到告诫、指责和惩罚的人"。动词"去告诫"（nouthetein）的字面意思是把想法给某人，而动词"去指责"（epiplēttein）的字面意思是去打。在柏拉图著作出现 epiplēttein 的 24 处例子当中，这是唯一一次使用被动态，而且没有使用一次过这个词的字面意思。身体与灵魂的混淆（这是苏格拉底与珀洛斯之间的全部论证的基础）反映了肉体意义渐渐向非肉体意义延伸的语言现象。于是，修辞术就不是一门技艺而是一种几乎所有语言都会渐渐拥有的经验：动词"去指责"的词源同样是动词"去打"。这样，苏格拉底就可以讨论腐朽的灵魂了（479b8）。在关于是什么支持着修辞术主张的讲辞中，他的表达暗示真正有效的修辞术本应经验地再现语言自身在历史中的变化。修辞术本来应该从手的控制力转移到头脑的理解力，从背后的袭击转移到厚颜无耻的指责，从鞭挞的伤痕转移到道德感的折磨。在与珀洛斯的辩论中，苏格拉底已经向我们展示了这类转移如何以相反的方向发生——因为苏格拉底论证的开端，是将高尔吉亚的虚假合理性看作自己技艺的幻象。由于苏格拉底总是控制着对话，这种转移自始至终都充满了思想的痕迹；但语言上从身体到心灵的转变却是无规律的，而为了自我扩展以包容更多思想，这种转变并不由心灵引导以获得某种善。它确实十分经济，但并不合理，因为尽管它通过这种转移认识到了身体与灵魂之间巨大分裂的虚假性（这也是高尔吉亚承认的），但它并没有理解身体与灵魂之间真正的关系。用因果关系来解释这种转移，其基础必然错误。身体会控制灵魂，甚至阿那克萨哥拉学派（Anaxagorean）的思想介入进来也不会有所帮助。

纠偏性惩罚的概念所遭遇的困难，不仅体现在苏格拉底已经说出的东西里，也体现在他没能说出的东西里。[57]珀洛斯同意治病并不是愉快的事，而那些被治疗的人也没有快乐可言（478b8）；但苏格拉底的词组（*khairousin hoi iatreuomenoi*）让一个分词插进来（*khairousin [iatreuomenoi] hoi iatreuomenoi*）后，改变了珀洛斯的回答：“那些正接受治疗的人［在治疗中］是喜悦的。”此外，病人在接受治疗时肯定会同时感到疾病的邪恶和治疗的痛苦；因此不义之人，至少在他最初接受惩罚时，比没有被惩罚的人更不幸。为了否认他更为不幸，有必要引入治疗的方向或目标，要么通过客观的方式——我们判断说他的不幸较轻；要么通过主观的方式——他有希望。违背病人意愿而成功地治疗他的身体，要比同样成功地治疗不义更容易想象。苏格拉底将同样不愿意接受治疗的病人和不义之人放在一起以进行对比。不义之人努力逃避告诫、谴责，或者不服从 *dikē*；他就像一个罹患最严重疾病的病人那样，想尽办法不因自己的身体问题而接受 *dikē* 并治愈，还像孩子那样害怕烧灼术和外科手术，因为二者都很痛苦（479a5–b1；参见奥卢斯·格利乌斯 10.8）。医学成了标准，但苏格拉底通过谈论身体犯的错误，来让身体变得好像有理智一样，而同时他又通过谈到病人拒绝接受 *dikē*，让医学带有了正义的意味；然而他所做的双重调整——即让理智及其纠正从属于身体及其治疗——并没有完成。疾病是身体的错误，但不义却并非灵魂的错误，因为如果是那样的话，就不如用教导替代惩罚了（《苏格拉底的申辩》26a1–7）。苏格拉底没有办法隐藏切割和烧灼的原初意义。他不能通过说惩罚行为具有科学性来让它们得以实施，因为不义的病人就像孩子一样，根本不知道学问是什么。于是，必然要面对那些不情愿的病人的修辞学家同样也不能用学问的方式进行言说。他只得说服不义者从道德角度而不是字面或学问的角度来接受他所说的话。道德就存在于文字表层和学问之间的灰色地带当中。它在修辞术中有一个盟友。道德和修辞术都要处理"所谓的灵魂的美德"（《王制》518d9）。

为了证明惩罚是合理的，苏格拉底用下面的方式来说明身体与灵魂需要合并到什么程度。他谈到那些拒绝治疗其不义的人，即 *hoi tēn dikēn pheugontes*（479b5）。这些人"逃避正义或惩罚"；但 *hoi pheugontes* 在标准的阿提卡方言中表示被告，而当"罪行"被添加到所有格当中时，*pheugein dikēn* 的意思是"面对指控"。因此，为了将罪犯表现为懦夫，苏格拉底再次将动词 *pheugein* 按字面意思理解。[58]犯罪意味着逃跑。而逃跑则意味着恐惧。这里是在影射 *phobos* 一词的作为逃跑的原始意义和作为恐惧的引申意义，而这种影射可能是因为苏格拉底使用那个动词来表达病人与不义之人之间的平行关系而造成的。他认为那些逃避惩罚的人所做的事可能（*kinduneuousi*）和那些逃避治疗的病人是一样的。*kinduneuousi* 的字面意思是"去冒险"或"在危险中"，但大多数情况下它是以一种似乎很有道理的方式来表达逻辑推理。于是，苏格拉底在重新激活 *pheugein* 一词的原始用法的同时，却不能以同

样的方式使用 *kinduneuousi* 一词,因为如果那样的话,逃避正义的人确实会冒更大的风险,但苏格拉底却要付出在讨论中否认结论有效性的代价。道德的说服力完全建立在它使身体与灵魂彼此融合以符合人们的经验的能力。正是因为这个原因,苏格拉底看上去才是自相矛盾的。只有在消解了道德表面上的好状态后,苏格拉底才能为哲学找到立足之地。

由于每一种行动都会变成同种行动的对象,所以道德义愤的程度和种类决定了不义行为的程度和种类。邪恶实际上的隐匿性被不义经验中的道德确定性所取代,后者可以从不义产生的效果反向推导出引致这种不义经验的是哪一种邪恶。由于并不清楚不义是什么,道德谈到它时只从它做了什么以及它带来什么经验的角度进行讨论。既然已经设立了最初的比对(医学之于正义来说相当于健康之于正义),那么就发生了两件事。医学成了恢复健康的唯一途径,而不义成了一种疾病。相应的,灵魂成了另一个版本的身体,而比对变成了一致。比对和学问之间的一系列相似之处成为了修辞术和道德之间未经识别的隐喻。惩罚作为正义是正义的幽灵幻象。它只在快乐和痛苦的范围内单独运作。

现在,苏格拉底的立场是重新安排修辞术让它无法复仇。他建议修辞术公开揭发某个人自己以及朋友的不义。他放过了阿凯劳斯。此时,珀洛斯已经接受了僭主的幸福与不义之间的分裂,他可以反过来揭发自己是潜在的僭主。实施惩罚的快乐和被惩罚获得的益处最终会集中在同一人身上,而这应该是真正的美。无论如何,在关于修辞术和惩罚之间关系的提议的真正对应物中,苏格拉底被反驳时的快乐和反驳别人时的快乐是相等的,但他在被反驳时可以获得更多益处。在幽灵幻象中,某个人放弃了谴责、殴打别人的快乐,并代之对自己真正的悲惨境遇的想象图景。[59]自我谴责用来摆脱其他人时是很温和的,但用来对待自己时则是一种勇气;但这种勇气却建立在无知之上,因为无论要接受什么样的惩罚,什么人的惩罚,他都必须闭上眼睛(480c6)。于是,自我谴责就对应着带有惩罚性的有意公开某人意见(480c4,d5;参见453c4)。自我谴责抑制了谴责别人的意愿并揣测他们的不道德之处,就此说来,在未去猜测高尔吉亚的意思的情况下,它在道德上保留了苏格拉底的自我约束中的某些东西。因此意愿(*boulesthai*)成了意义(*boulesthai*)的幽灵幻象。这是珀洛斯不能在关于特性的问题前回答关于本质的问题的真正意义。道德就像修辞术一样,跳过了意义而直接抵达意愿,并不相信意愿是晦涩的;它通过自身来了解别人的所有意愿。然而从意愿的盲目性到意愿的盲目性却是治疗的开始。对正义是什么的无知导致相信惩罚的有效性。某人像个男人一样接受惩罚,而且并因此变得更好了。

　　苏格拉底可以激发复仇意愿的本性,但他把它无害化了,因为如果它被用来直接针对某个人的敌人的话,那么正义的惩罚只能被看作是有益的。于是,没有惩罚被证明有害;没有惩罚是对惩罚的欲望的惩罚,也就满足了惩罚的欲望。没有惩罚完全得到了满足。苏格拉底暗示说,或许对于谴责自己祖国的不义方面,修辞术还是有用的。它会为殴打、束缚、处罚并最终杀死某个人的祖国提供方法。[①] "祖国"(*patris*)这个词的渊源在"父"(*patēr*)中弱化了,它代表着不存在(参见修昔底德,4.95.3,7.69.2)。[②] "祖国"是修辞术在道德上的个人在政治上的对应物。它的修辞术力量离不开它的模糊本性。它在人们的脑中唤起了一些东西,这些东西开始于祖先的坟墓,而结束于城邦之根伸向冥府。土地的神圣性给了它灵魂。因此"祖国"表达了珀洛斯部分的主旨。一个无足轻重

---

① 西塞罗谈到祖国的杀父者(*patriae parricidium*),《腓利比克》2.7,17;参见13,31。
② 修昔底德著作中 *patris* 出现了二十四次,只有三次是他的(2.68.3,4.41.2,6.4.6),每个都指的是一个人从前的国家,其他的在演讲中(无论是引用还是报告)。*Patris* 最经常出现是在第六卷和第七卷中(分别出现七次和四次),并且大多数是出自尼西阿斯(Nicias)或阿尔喀比亚德(Alcibiades)之口(分别是六次和四次)。

的、不可能做错事的人，会因为做了错事而被谴责。苏格拉底在《普罗塔戈拉》中评论说，只有邪恶的人才会欣然展现他们父母或祖国的邪恶，并且既不试图去掩藏他们的缺点，[60]也不觉得应该赞扬他们（345e6-346b5）。苏格拉底作为一个真正的政治家无法应对这样寡廉鲜耻的控诉。他放弃去攻击那些本来并不存在的东西。他怎么可能因为无法谴责自己的国家而获得快乐呢？尼采指控苏格拉底杀死雅典肯定是搞错了（参见521b4-c2）。

# 第三章　卡利克勒斯[上]（481b6-499b3）

[61]卡利克勒斯部分最清晰的分界点出现在499b4-8,在那里卡利克勒斯承认有些快乐更好,而有些更坏。与其相一致的是谨慎和智慧的完全消失(至少是在499a2处)以及勇敢——作为节制的直接后果在结尾处出现了2次——在事实上的消失(507b5,c2)。节制成了唯一的美德,甚至正义也被纳入其中:"节制"和"适度"出现了37次,只有6次出现在504d3之前。卡利克勒斯自己定义了谨慎和勇敢,他提出这二者是为了反对他所理解的苏格拉底的正义,但这两个概念并没有在论证过程中持续出现。虽然它们很明显是更高的美德,且并非每个人都能拥有,但卡利克勒斯敏感得足以去分辨各种快乐时,却并没有紧紧抓住它们。当他的例子变得更有说服力时,他放下了武器,不再对其进行论证。是不是卡利克勒斯经历的某些东西迫使他承认自己无法占到上风？是不是苏格拉底不顾卡利克勒斯的反对就把他的底细弄清楚了？

卡利克勒斯与苏格拉底之间的议题牵涉到经验,这一点不仅被苏格拉底——他详细地比较了两个人各自喜爱的事物——认识到,也为卡利克勒斯所接受。他问凯勒丰,苏格拉底究竟是严肃地讨论问题还是开他的玩笑;凯勒丰说,这一点不如去问苏格拉底本

人。凯勒丰这么说是在暗指卡利克勒斯之前所说的话,当时苏格
拉底在问高尔吉亚究竟是愿意谈话还是继续自己的修辞术表演
(447c5)。卡利克勒斯似乎觉得自己刚刚听到的并不是苏格拉底
的意见,而是一场对修辞术的戏谑剖析;但他不能非常准确地指出
苏格拉底与他的论点之间的区别。他看到了一旦珀洛斯承认不义
更丑或更无耻就会得出的那个论点,但他没有意识到道德在多大
程度上对修辞术至关重要,也没意识到作为修辞学家的珀洛斯不
能不承认这些。当卡利克勒斯说苏格拉底把本性和法律搞混了
时,他甚至是对的;但他没有看到这种混合是出现在修辞学家所理
解的美中,而不是出现在苏格拉底的分析中。卡利克勒斯找到了
美和正义的同一性,[62]但没有发现道德和快乐之间的关系。他
相信,如果他可以让美——就像它在智慧和勇敢中展现的那
样——与正义的自我节制和公正分开的话,那么他就能让讨论重
新变得清晰起来。这种划分其实是卡利克勒斯对苏格拉底所说的
政治被划分为两种技艺的理解,通过这一划分,卡利克勒斯试图在
不考虑灵魂健康的情况下赞同灵魂的美与力量。不清楚为什么卡
利克勒斯不能举出一个与正义——这让他特别厌恶——无关的灵
魂的健康形态。然而可以肯定的是,在卡利克勒斯城邦里的那个扩
大了的辩论场所(他邀请苏格拉底到此)中,无法找到他为了证明其
辩护的伟大之物所需要的东西。是不是卡利克勒斯所拥有的关于
灵魂之伟大的经验没有珀洛斯所拥有的关于阿凯劳斯之幸福的经
验那么多? 是不是卡利克勒斯同样除了修辞学家外什么也不是?

　　卡利克勒斯承认他无法判断苏格拉底是否严肃,而发现这一
点很重要。他将苏格拉底态度的严肃与否和他所说的正确与否联
系起来。这一关联具有四种可能性,他提到了其中一种,即苏格拉
底的态度是严肃的,而事情也正像苏格拉底告诉他们的一样;但他
肯定也在暗示着另一种可能,即虽然苏格拉底是严肃的,但事情并
不像苏格拉底所说的那样。卡利克勒斯将苏格拉底看作是布道

者,后者认为我们正在做的事与我们应该做的事正好相反,并且尽管他说人类生活是颠倒的,但它其实是正面朝上的。在另外两种可能性中,一种没有什么意义,即苏格拉底的态度不严肃,而且他也说错了;但如果苏格拉底的态度不严肃,而他所说的却正确又会怎么样呢? 人类生活可能颠倒,但我们却不必与我们应该做的事背道而驰。卡利克勒斯太想去面对这样的可能性了。他对待苏格拉底太过友好,因此没能提出这样的问题——苏格拉底的感觉是否和他自己的一样。苏格拉底告诉卡利克勒斯,他把卡利克勒斯看作自己的试金石;并且让卡利克勒斯得出这样的结论:苏格拉底觉得他就像一块黑色石英那样没有价值。

　　苏格拉底没有直接回答卡利克勒斯;相反,他努力让自己变得更能被卡利克勒斯理解。他们都是有爱欲的人,都爱着某种对他们来说是美的东西。对他们来说,美就体现在美丽的身体中,至少他们看到它就会感到愉快;而且我们可以说,他们都爱上了可能让他们获得好处的抽象之物。苏格拉底告诉卡利克勒斯,关于他突然想到的两个自己钟爱的事物的经历使他认识到,他为它们献身的渴望并不取决于它们谈到的真理。一种纠偏性的修辞术要么不得不破坏卡利克勒斯的信念,要么不得不让卡利克勒斯对皮里兰佩(Pyrilampes)之子德摩斯(Demos)或雅典民人(demos)说的话稳定下来。现在,坚定的信念和变化的看法之间的区分反映了对道德与知识的差异的一般理解,[63]根据这种理解,人们有知识这件事和人们所获得的知识本身,都没有对行为造成什么影响。甚至在卡利克勒斯谈及自己的立场之前,苏格拉底就告诉卡利克勒斯,后者要说的话就是德摩斯和雅典民人所说的话,并且他应该了解得更多些。他预测卡利克勒斯的演讲不时地会像街上的人一样有道德或浸满了道德感。卡利克勒斯就像珀洛斯一样在很大程度上是个代言人:珀洛斯代表着每个人都相信但却不会说出来的东西,而卡利克勒斯代表着城邦中的乌合之众会说而一般人不说的东西。另一方面,苏格拉底只在哲学范围内说话,而这是从不改变的。卡利克勒斯被鼓动去反驳哲学,并结束公民的反复无常状态。但公民是不能被驳倒的。反其道而行之的人大概只能责罚公民或让公民闭嘴。

苏格拉底在早些时候用"美"和"召唤"（kalon 和 kalein）来做双关语。而恰好构成卡利克勒斯名字的两个部分之间也出现了同样的双关。"卡利克勒斯"这个词包含着"美"（kallos）和"美的命名"①。他的名字非常符合苏格拉底的双关语的真义。苏格拉底说卡利克勒斯爱的两个事物使其不断的前后矛盾。他对"人民"这种演讲方式的热爱（这种方式似乎与"祖国"的演讲方式相同）,与对德摩斯的热爱二者结合了起来。德摩斯与柏拉图自己的家庭有关系,因为柏拉图的母亲嫁给了他的舅舅——德摩斯的父亲皮里兰佩②。德摩斯属于雅典社会的最高阶层。他的名字（Demos）非常少见,可能反映了他父亲想要讨好雅典民人的愿望。卡利克勒斯倾心于德摩斯及其名字所代表的事物。他热爱着一具身体和一个指称着伯罗奔半岛战争期间雅典政治中的特定构造物的名字。雅典的民主以贵族领导制开端,并一直到伯利克勒斯去世都未曾中断。随着克里昂（Cleon）权力的上升,在人民的代表与不能说自己源于人民的人之间发生了一场斗争。在阿里斯托芬的《骑士》中,推翻克里昂是由德摩斯——他招募那些拥有超常天赋的平民来为他服务——的高等奴隶策划的,而这出戏以德摩斯——像卖香肠的人一样真实的角色——重新恢复自己在马拉松时代的年轻貌美结束。③ 于是,卡利克勒斯的两种热情似乎将组成雅典的两个部分结合了起来。他对勇气和智慧的赞颂来自上层；[64]

---

① Klēs 这个后缀与表示光荣的词（kelos）具有相同的词根,但很早就被 kalein 这个词弄得变味儿了。

② J・K・戴维斯:《雅典的贵族:公元前 600-300》,（牛津大学,2007）,页 329-333。

③ 参见 L・施特劳斯:《苏格拉底与阿里斯托芬》（纽约,1966）,页 109-11。

而他对节制和正义的轻视却否定了那个名字以及他所热爱的另一件事物的实质。无论如何,卡利克勒斯完全不能允许自己谴责民人。而除了苏格拉底,没有人曾提到那个词。

苏格拉底和卡利克勒斯每个人都热爱两种事物;但苏格拉底通过使用双重表达使描述变得复杂起来。他让卡利克勒斯和他自己变成了两位有爱欲的人,分别爱着两种东西(erōnte … duion),然而他在双数分词 erōnte 和双数宾语 duoin 之间又插入了另一个双数分词——duo onte,即"成为一对中的两个"。他们所爱之物的双重性似乎如实反映了他们自身的双重性,就好像苏格拉底因为自己对阿尔喀比亚德(Alcibiades)和哲学的双重热爱而被一分为二,更不用说热爱双重意义上的民人的卡利克勒斯了。阿尔喀比亚德和德摩斯属于相同的社会阶层,并与卡利克勒斯一样爱着民人(《会饮》216b5)。苏格拉底同样属于雅典贵族,但转移他的注意力的是哲学而不是雅典民人。可以很简单地说,卡利克勒斯和苏格拉底已然各自体验到了他们自身被分解为肉体与灵魂,但苏格拉底的身体性的爱针对的是那个热爱雅典民人的人,而卡利克勒斯的非身体性的爱则针对着雅典民人。苏格拉底的位置一侧与民人有两段间隔,而另一侧则与民人完全分开;但卡利克勒斯两侧都紧紧挨着德摩斯。苏格拉底爱着智慧之爱。阻碍着他直接成为爱智慧的人的东西,似乎是他在反驳别人和被别人反驳中都能获得的那种快乐;不管怎么说,他知道哲学是智慧之爱,因此她不能反过来爱他(《吕西斯篇》,212d8)。雅典的民人同样不能反过来爱卡利克勒斯。卡利克勒斯的爱似乎比苏格拉底的爱更无望。而且如果他的爱是一种不敢说出其名字的爱的话,这种无望会更加严重。

卡利克勒斯的演讲分为两个部分(482c4 - 484c3,484c4 - 486d1)。它们彼此之间并不完全保持一致。第一部分宣告本性拥有的权利;而第二部分则谴责哲学以及苏格拉底将自己暴露给卑劣的原告的方式。卡利克勒斯同样相信不义更为丑陋。在第一部分中，他为强大的人辩护，对抗由低劣的人所组成的城邦；接下来，他攻击苏格拉底，因为苏格拉底没有在卑劣者面前为自己辩护。他先是指控苏格拉底为多数人辩护；然后他又提醒苏格拉底说，多数人中会有人毁了他。苏格拉底的罪行在第一部分中是煽动群众或庸俗的道德感，在第二部分中是缺乏男子气概的哲学。因此，卡利克勒斯就不得不在第二部分与多数人站在一起，而在第一部分中却攻击他们。他在第一部分利用哲学来攻击城邦，在第二部分又以城邦的名义攻击哲学。哲学因其高尚的弱点而需要修辞术——不是为了给自己辩护，而是为了更长远的政治抱负。卡利克勒斯想要将教育与不义放在一起讨论。[65]就苏格拉底展示了城邦刚好具有的必要性以及城邦对哲学的不义而言，可以说他在《王制》中也做了同样的事。"高等文化"与享乐主义在一起并非罕见。它们很难为政治留下空间。事实上，政治也常常以突然袭击的方式来侵扰它们。

　　卡利克勒斯讲辞的两个部分之间的分裂，让人想到高尔吉亚在颂扬修辞术力量的同时为修辞术的正义进行辩护所面临的困难。卡利克勒斯推出一只有无限胃口和力量的狮子，以代替修辞术的无限力量；他用谴责哲学的缺陷的方式，来代替修辞术自身需要去辩护的缺陷。根据两篇演讲各部分之间的对应，我们可以说，哲学是真正的无助，而修辞术只是假装无助；反过来说，修辞术是真正的虚弱无力，大力士赫拉克勒斯（Heracles）在他面前所向无敌。然而赫拉克勒斯对哲学又做了什么呢？更准确地说，赫拉克勒斯对卡利克勒斯做了什么呢？卡利克勒斯并没有声称自己是个本性超出常人的人。他说他是众多奴隶主中的一个，如果有人打破卡利克勒斯和其他奴隶主对奴隶施加的锁链和符咒，那么他和其他人都会成为这个人的奴隶（483e4-484a6）。如果卡利克勒斯能看到这种满足是建立在丧失他靠不义而获取、运用的权力的基础上的话,那么他真的正义。卡利克勒斯的语言回应着阿里斯托芬的《蛙》,在这部作品中,冥府的埃斯库罗斯(Aeschylus)向雅典人提供关于阿尔喀比亚德的建议:"人不应该在城邦中饲养狮子的幼仔,但如果它长大了,那么人就应该为它服务。"(1431-32)于是,卡利克勒斯在他讲辞的第一部分颂扬了阿尔喀比亚德,然后为了表现自己是多么无私,他表达了对苏格拉底可能会受到的侮辱的愤怒。卡利克勒斯既不爱阿尔喀比亚德,也不爱苏格拉底,然而他期待着阿尔喀比亚德降低他的位置,并且他不能忍受苏格拉底被抽耳光后还保持冷静。在苏格拉底看来,嘲笑不是反驳的适当方式;但没有当面嘲笑卡利克勒斯的苏格拉底所表现出的克制,则必然令我们感到钦佩或者沮丧。难道不是苏格拉底对卡利克勒斯太严肃了以至于他从中得不到任何好处了吗?

　　珀洛斯认为作恶要比受恶更好,只是前者更可耻;卡利克勒斯想要辩称作恶是崇高的,然而他却以受恶在本性上的不光彩作为辩护的开端。在卡利克勒斯感兴趣的事情中,作恶只排在第二位。向不义屈服对真正的人来说是更丑陋的;这是属于奴隶的经验,而对奴隶来说,活着不如死了的好,因为在面对侮辱时他不能保护自己或自己关心的人。看起来,侮辱的语言很自然,而颂扬的语言合乎习俗。[66]人们可能会说,正因为讲辞将铲子称为铲子,因此它的下流之处就在于自然在习俗边缘发出光亮的方式(参见521b2)。真正的人是这样一类人,人们侮辱了他的话,在有生之年一定会感到后悔。卡利克勒斯并没有说明:是不是真正的人就不会去侮辱别人,而如果他侮辱了别人的话,他是不是不义。人们可能会猜测,卡利克勒斯觉得天生的奴隶不值一提,而如果有和他平级的人的话,那么去冒犯这些人也不会是他的长处。当然,如果卡利克勒斯是在暗示真正的人在与所有人比赛辱骂的话,那么生活就太凶险了,几乎不值得活下去。另一方面,如果他的意思是真正的人通过设计出对付每个人的绝佳冒犯方法,来暴露出自己的

缺点的话,那么苏格拉底就是这样的人;很难想到有谁能打败苏格
拉底。阿里斯托芬试图这样去做,但几乎所有人都相信他做不到。
无论如何,卡利克勒斯不得不相信不带冒犯性的东西就不会好笑;
而且人们不会嘲笑自己钦佩的人。卡利克勒斯是非常严肃的(参
见485b2,4,c1)。人们很难想象他会出现的阿伽松(Agathon)的
聚会上。

　　一旦卡利克勒斯从受恶转移到作恶上,他的论证就不那么确
定了。他在分析法律的平等时以"我怀疑"开始。只有真正的人
才值得活下去。由于让那些不值得活的人全都去死不现实,因此
卡利克勒斯认为那些更好的人应该比多数人拥有更多的东西。更
好的人应该被允许以多数人能够理解的方式炫耀他们的优越性,
而如果不是因为有法律,多数人就会暴露出来他们的缺陷。就像
卡利克勒斯不能将平等与抽耳光相提并论一样,他也不能在反对
谋求暴利时对侮辱免疫。为什么优越者不应该比多数人拥有的东
西更少呢?或许人们应该因为自己的低能而获得补偿。苏格拉底
在《王制》中所提出的共产主义式的构想说明了这一原则。越是
优秀的人就越是应该拥有更少的东西。卡利克勒斯对荣誉保持沉
默,这虽然令人惊讶但却必要,因为如果多数人不愿意承认自己应
该被处死的话,那么他们肯定不愿意为强者唱颂歌。城邦的众神
从他们的崇拜者那里获得必要的谦卑和赞美;但没有人可以作为
人从同类那里获得类似的东西。卡利克勒斯在引用短语"遵照本
性的法则"(483e3)时以宙斯的名义发誓,并且以宙斯的儿子赫拉
克勒斯作为天生权力的例证。卡利克勒斯承认自己不知道品达
(Pindar)的诗。他意识到诗人对于什么是天生的这一问题并非最
好的见证者。

　　有些城邦统治着其他的城邦,这个事实验证了强者具有天生
的权力;并且虽然一些城邦比其他城邦更强大,但它们都由天生的
弱者组成。于是,真正的强者一定是那些更强大的城邦的统治者。

卡利克勒斯提到了大流士和薛西斯(Xerxes),二者都发动了失败的远征。[67]大流士和薛西斯验证了一条真正普遍的法则:每个人都想拥有更多东西(参见希罗多德 7.8a),但却不能验证第二条法则:强者有权去拥有更多东西。卡利克勒斯不知道谁可以验证第二条法则。城邦以及它那非天然的力量已经让天生的强者变成了非人,但是在其魔力之下,人们采取了平等的形态。如果某个在城邦中出生并长大的人抵制城邦的魔力,那么他将发现自然的正义。于是,城邦成了天然权力必不可少的试金石。只有在城邦以最严格的方式落实平等时,才能适当地检测出天生的优越性。如果本性只能通过它的法则才能显现出来的话,那么城邦必然要符合本性。卡利克勒斯似乎满怀期待地寻找某个可以证明他正确的人。要是苏格拉底不是个哲学家该多好啊!赫拉克勒斯以及像赫拉克勒斯的人表明本性所支撑的东西优于城邦和它的法律所建立的东西,但那些曾将暴力合法化的人已经屈服于了法律的力量。*Kreittōn*[更强壮]一词的原始涵义已经随着时间的流逝减弱,并获得了另一种力量。卡利克勒斯既需要这种引申义,同时又要让原始含义没有任何损失。他相信自己已经在高尔吉亚那里找到了它。现在,苏格拉底是他最后的希望。

老派抒情诗人品达阐明了前政治(prepolitical)的权利;而新派悲剧诗人欧里庇得斯(Euripides)则阐明了政治的权利。赫拉克勒斯抢牛的行为①让步于关于音乐与武器之间的政治辩论。劳动分工已然出现,并允许人们追求卓越。专业化无论如何都是一种阻碍。不过,最大的阻碍则是哲学,它对于在普通人中塑造出不寻常的统治者来说占有一席之地。过度接受哲学训练会使人在所有与人关系密切的事物上缺乏经验,这些事物不仅包括快乐和欲望,也包括城邦的法律和集会上的讲辞。于是,哲学家摆脱了法律但

---

① 赫拉克勒斯曾把巨人革律翁(Geryon)的牛抢走。——译者

却没有破坏法律。如果他恰好可以被调整到城邦的方向，那么只有他有能力破坏法律。卡利克勒斯的理想形态不再是狮子，而是被驯服的狮子，它有足够的力量避免羞辱，但却不能让自己免于被嘲弄。每个人都取笑他所不擅长的地方，而卡利克勒斯不想在任何地方露面。他相信如果有人想要自由并分享高尚与美丽的话，那么哲学是有用的，但就它本身而言，却天真而幼稚。哲学使人对世界运行的方式一无所知，而用偏见的眼光看拥有哲学恶名的阿尔喀比亚德的话，那么哲学就像口齿不清的成年人一样畸形（阿里斯托芬《马蜂》44–45）。哪怕只有这两个缺点中的一个，哲学家就应该挨打（485c2，d2）。卡利克勒斯本来可以帮助苏格拉底清理有关政治的问题，但他的口齿不清却需要诉诸于一顿简单明了的责打。这顿打是为了传递这样的信息——"成熟点儿!"苏格拉底必须迅速摆脱他孩子气的说话方式。[68]他对生活中的艰难一无所知，而这一点需要通过一顿责打——这本身就是生活之艰难的例证——使他明白。卡利克勒斯希望把一些道理敲进苏格拉底的脑子里。他认为这样一种近似于"把道理敲进某人脑子里"的联结身体与灵魂的教训，将其字面意思和比喻义的结合了起来。卡利克勒斯从苏格拉底与珀洛斯的争论中发现了责打的引申义——指责，并将它重新用在哲学家那里，而不是用在不义那里。他接受了这样的观念，即惩罚传达了惩罚者的意图，但他净化了它并认为在哲学家这个特殊例子中，信息是靠棍棒来传达的。卡利克勒斯相信责打对苏格拉底有好处。他认定苏格拉底能够分辨出他的责打和一个无赖的耳光之间的区别。他是不是和珀洛斯一样，没觉察到自己可能从中获得愉悦呢？

　　希腊语中表示勇敢的词的字面意思是"雄性气概"（andreia），在将真正的人推荐给苏格拉底时，卡利克勒斯希望将人应该有的所有品质都涵纳入 andreia 的概念中。正是借由这种雄性气概的概念和它自然的成长，卡利克勒斯的讲辞才没有断裂开来。卡利克勒斯本人来自阿提卡(Attica)最大的德谟(deme)①——阿卡奈(Acharnae),该地以其重甲步兵的数量和强悍闻名于世(修昔底德,2.19.2,2.20.4;阿里斯托芬《吕西斯忒拉忒》62)。苏格拉底显然早已预感到这种可能性,因为在与珀洛斯谈话时他就扩展了对一位绅士的描述,即"美与善"(kalos kai agathos),以将一位女性也包括进来(470e10)。② 如果本性不仅包括事物的形成,也包括世代相继的话,那么雄性气概的自然属性就不再是一以贯之的了。卡利克勒斯要借助城邦让雄性气质这种自然属性变得不再自然,并按照单一的方向加以完善。阿里斯托芬关于纯粹男人的神话——在不考虑繁衍的前提下他们的本性得以持续下来,同时他们成熟后会进入政治领域——会对卡利克勒斯十分合适(如果他能相信的话);然而,不考虑这个神话的肉体形式,阿里斯托芬不得不牺牲肉体的本质而使它成为雄性气概的象征。只有在冥府中相爱的人们才真正合二为一(《会饮》192d5-e4)。对于理想形态,卡利克勒斯没有阿里斯托芬想得那么深。作为雄性气概的支持者来说,他太过敏感了。

那三种卡利克勒斯被怀疑拥有的品质使他成了苏格拉底的一个很好的试金石,卡利克勒斯既没有知识,也不坦率,但他却似乎有良好的意愿。他正义但却十分虚弱。如果外力开始进逼,他就不会帮助苏格拉底;[69]但卡利克勒斯的宽容——这种宽容代表了雅典的社会氛围——足以保证苏格拉底的安全。卡利克勒斯肯定不会因为要教训苏格拉底就把他杀了。苏格拉底区分了卡利克勒斯的经验(他可以据此理解苏格拉底)和卡利克勒斯的品质(苏格拉底可以用它们考验自己)。苏格拉底可以通过卡利克勒斯对哲学精确涵义的拒绝,来确认自己对哲学精确涵义的选择。卡利

① 古希腊阿提卡的行政区——译者。
② 多兹(Dodds)在此处谈到,就他所知,再没有其他的段落将"美与善"用在女性身上。

克勒斯对苏格拉底的恐吓以及处死一个可笑人物的例子，只不过是珀洛斯所说的妖怪和笑料的另一版本，但这一版本十分温和，以至于它更像是对苏格拉底能够长时间生活在雅典的保证，而不是对他的生活方式恰如其分的考验。卡利克勒斯必须为哲学之生命揭示出一些他和苏格拉底都认同的东西，它们不光适合腐败的雅典，并以此证明《高尔吉亚》在这部分所用的篇幅是必要的。或许，正是卡利克勒斯对苏格拉底不断增长的怒气，以及他良好意愿的迅速耗竭，才致使这部分对话这样长。或许，正是苏格拉底在卡利克勒斯这块试金石上没留下任何痕迹，才成就了卡利克勒斯对苏格拉底自我认知的贡献。或许，宝贵的是卡利克勒斯的沉默。

　　苏格拉底十分怀疑卡利克勒斯是否能影响自己的看法。首先，卡利克勒斯比高尔吉亚或珀洛斯都直率地假设了这样一种可能，即当卡利克勒斯把高尔吉亚和珀洛斯不得不被迫自相矛盾的原因归因于羞耻心时，他说对了；但苏格拉底说，要是这样的话，当他们当着大量听众的面在重大问题上表现得自相矛盾时，那这种羞耻心会击溃他们。卡利克勒斯认为自己的前提当然就是高尔吉亚和珀洛斯的前提，尽管这在某种意义上是真的，但它可能也不支持他们为修辞术辩护的那个方面。由于没看明白高尔吉亚与珀洛斯所支持的东西是什么——这种似是而非的修辞术迫使他们以自己的名义为它代言而缺乏那种由知识产生的距离感，卡利克勒斯对他们这边持有某种个人性的保留态度，这让他误解了修辞术的道德。于是，卡利克勒斯只有在自己真正拥有知识并且没有沉湎于修辞术所带来的经验时，才能变得坦率。苏格拉底无意中听到的卡利克勒斯与朋友们的对话很清楚地表明，他们在猜测应该什么时候给哲学下禁令。他们的小心谨慎表明他们缺乏自我认知。至于说，他们随意限制哲学的可能性会给苏格拉底这样的败德者设定标准，到目前为止，这只是卡利克勒斯的梦想。苏格拉底确实非常认真地承诺要改变自己的方式，条件是卡利克勒斯能够从警告转变为示教,但他拒绝让卡利克勒斯责打他。如果卡利克勒斯晚些时候发现苏格拉底违背了他的协议,[70]那么就会觉得苏格拉底是个毫无价值的傻瓜。苏格拉底预先防止了责打。他愚笨到了不值得一打的地步。

　　卡利克勒斯必须为三个有关自然权利的论点辩护:(1)强者通过武力或暴力把弱者的东西抢走;(2)较优秀的人统治较低劣的人;(3)上等人比下等人拥有更多的东西。这三个论点不仅代表了在社会和道德意义上从"更强"到"更好"扩展的历史,也代表了"更弱"滑向并覆盖了与之相对的地面。卡利克勒斯需要这三个论点的同一性和非同一性。如果他们之间相互分离,因而分别变为"力量是权利"、"美德创造权利"以及"教育创造权利",那么无论在实践上还是在理论上,他在保持它们之间的均衡时都会面临很大压力。此外,卡利克勒斯在第一和第三个论点中谈论财产,在第二个论点中谈论统治。第二个论点是高尔吉亚所宣称的修辞术的另一个版本,并且只有在所有臣民都是统治者的财产时,它才可能如第一和第三个论点那样讨论那个相同的关联。因此,卡利克勒斯对哲学的拒绝仅仅因为它的精确性,而不是别的什么东西。如果他受到了束缚,那么他就输了。卡利克勒斯那段很长的话给人留下了某种深刻印象,但这种印象在讨论中弥散了。比起高尔吉亚和珀洛斯这样的专家来说,卡利克勒斯在修辞术中陷得更深。

　　几乎从一开始,这场辩论就对卡利克勒斯不利。问题本来应该是善与权力之间的关系。看上去,既不可能否认善的权力(不然善对任何东西都没有好处),也不能认为善与权力彼此同一(不然所有事物就都是有秩序的了)。苏格拉底在提议理性地使用权力时就已经请珀洛斯考虑这个问题了;但卡利克勒斯已经将理性降到了普通教育的程度,它所坚持的更多的是人而不是人的权力,并且在任何情况下它都不大可能让多数人相信是它给予统治以权利。苏格拉底很容易说明多数人自然要比一个人强;但卡利克勒

斯没能发现苏格拉底论证中的缺陷——既然强者的合法统治具有
天然的美，那么在建立平等的正义的多数人也能证明它是天生的。
卡利克勒斯本来可以回答说，并不是说强者制定的东西就美，而是
说，强者让制定下来的东西符合其本性，因而无论他制定什么都
美。立法过程符合卡利克勒斯的原则，但立法的结果并非如此，而
苏格拉底也没有说立法的结果符合卡利克勒斯的原则。事实上，
卡利克勒斯本来可以争辩说，要么多数人所拥有的东西比他们在
其他情况下应当得到的更多，而他们所说的平等是指分到更大的
份额，要么就是像抛出平等那样抛出正义的下等人是在按照本性
行事。多数人不知道是什么允许他们制定法律——那其实是他们
的集体力量，[71]而他们所制定的法律则符合他们每个人本性的
弱点。于是，民主法律在其制定之时拥有高贵权力的美，但在其发
布时却染上了低贱之丑。它言不符实。如果卡利克勒斯以这样的
方式论证，那么下一个问题就会是：有没有一种法律能体现其基础
原则。卡利克勒斯似乎相信占有欲的正义可以制定为一种法律，
这样人们在遵守法律时也就是在服从法律背后的力量。遵守法律
就是去听一场演讲，并按照它告诉你的去做（参见488c2）；但是关
于法律的讲辞之所以成为可能，其原因并不是讲辞自身，而是某些
力量。所以，法律本身包含了从身体到灵魂的整个范围，因而卡利
克勒斯需要将赫拉克勒斯与高尔吉亚放在一起。事实上，卡利克
勒斯使用的是 *iskhurizesthai* 这个词的字面意思"成为强壮的"
（489c6），而没有注意到这个词的另外两种意思——"维持"和"在
演讲中坚持"（参见495b8）。法律是套在铁拳上的天鹅绒手套。
因此，卡利克勒斯的例子似乎表达的是语言和法律的本性。正如
对珀洛斯来说惩罚的正义漫溢为惩罚的经验，对卡利克勒斯来说
法律上具有优越性的正义则漫溢为任何法律规定的东西的正义。
品达是对的：法律让最暴力的事物合法化。法律的魔咒之下，掩藏
着对权力的非理性使用。

在《伊利亚特》中,阿伽门农(Agamemnon)想把已经赐给阿喀琉斯的女奴再要回来。阿喀琉斯就是那个更强并更好的人,直到那时他获得的要少于他应得的。阿伽门农的行为等于是扇了阿喀琉斯一记耳光。这种打阿喀琉斯耳光的方式是安全的,虽然要不是雅典娜的干预,阿喀琉斯可能已经把阿伽门农杀了。看上去,卡利克勒斯是从这样的情景开始论证的,进而错误地解释了它。他错把那个女奴当作了现实生活中的人物,但她其实只是个符号。卡利克勒斯用瑟赛蒂兹(Thersites)的语言为阿喀琉斯辩护,瑟赛蒂兹把自然权利和继承权利之间的斗争当作了战利品之争(《伊利亚特》2.225-242)。[①] 卡利克勒斯用瑟赛蒂兹来为阿喀琉斯辩护的错误从他谈到狮子时就已经开始了。狮子本来应该代表着灵魂用来抵抗法律魔咒的力量,但卡利克勒斯却将它当作了酒色之徒那难以满足的欲望。卡利克勒斯似乎是从外在标准看待狮子,并根据自己的生存所需来衡量狮子的。他完全不知道狮子的本性;他只看到它吃掉了多少东西。

一旦卡利克勒斯承认"更强"和"更好"并不相同,那么他所争论的东西将不再是事实而是原则,而他应该把修辞术视为在大多数人的力量和少数人的善之间进行谈判的必不可少的手段。[72]苏格拉底以医生消耗大量食物和饮料、纺织工戴着一大堆漂亮的斗篷以及鞋匠穿着最大的鞋散步等例子来表现法律和正义的幽灵幻象,卡利克勒斯对这一狡猾的行为非常愤怒(参见老塞内加, *Suasoria* 2.17);但伴随着他对烹饪和美容的拒斥以及对勇敢和智慧的颂扬的,是在不考虑事物实际的消耗和使用的情况下,来赞美它们的享受。卡利克勒斯认为在智慧和权力之间用修辞术加以调节没有必要,因为他想要用被统治者的口味来满足统治者。放纵的修辞术已经从背后占据了修辞学家。这就是已经发生的

---

① 参见莱辛,《拉奥孔》,第16章。

事。谨慎和勇气(如果不用在不义之处,它们就等同于灵魂的体操)被卡利克勒斯加以吹嘘并用来与正义和节制相抗衡。后者的幽灵幻象是满足。卡利克勒斯不再把满足看作是多数人的抚慰,而看作是善的奖赏。这些如果用图式来表示,那就是图8。卡利克勒斯为了揭示统治者的愉悦,便已取消了珀洛斯寄寓在惩罚中的愉悦,并代之以被统治者的愉悦。享乐主义看上去比残暴更值得尊敬些。它之所以更值得尊敬是因为在城邦中维持法律和秩序(这一点只引起了珀洛斯的关注)已经让位给了卡利克勒斯在雅典征服其他城邦方面的经验,而这正如他谈到过的波斯扩张一样,和正义没有一点儿关系。卡利克勒斯的吹毛求疵——表现在他对财产的轻蔑中——表达了帝国式城邦之扩张带来的个人经验,它的巨大并非是肉体的增大,而是灵魂的自我膨胀(518e3)。帝国

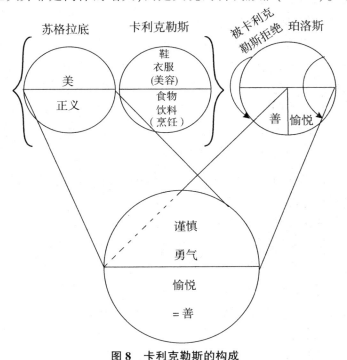

**图 8　卡利克勒斯的构成**

式城邦维持自身并发展所需的美德——谨慎和勇敢——是他们在个人经验中增加胃口与愉悦的成功动因。卡利克勒斯对统治者和被统治者的看法的混淆，是他将自己看作帝国人民中一员的必然结果。某人像德摩斯那样在勇气与智慧上都胜过了敌人，却又像普通人一样沉浸在自己的胜利中。卡利克勒斯完美地表达了伯利克勒斯的葬礼演讲在赞扬半僭主化城邦时表现出来的雅典居民的个人经验（参见《默涅克塞诺斯》234c2-235c5）。

由于柏拉图的目的与修昔底德不同，因此他不能让珀洛斯变成雅典的克里昂（此人会表达惩罚那些背叛了雅典的城邦的愉快，就好像这种愉快十分明智似的），然后让他与卡利克勒斯一起代表祛除了报复的欲望。与此相反，苏格拉底将卡利克勒斯看作一个向珀洛斯提出的完美问题。既然苏格拉底知道珀洛斯有惩罚的意愿，那么他是否掌握了惩罚卡利克勒斯的技艺呢？有什么办法能说服卡利克勒斯不去拆解生养自己的城邦而接受治疗吗？在接下来与卡利克勒斯进行的辩论中，[73]苏格拉底与高尔吉亚、珀洛斯讨论了阻碍他们成功治疗卡利克勒斯的东西。一方面，支持卡利克勒斯的城邦给予了他太大的力量，使他难以离开这个城邦，另一方面，他太虚弱了，这使他不能靠自己挣脱控制。他既不够聪明，也没有足够的魄力去承担一切后果。

卡利克勒斯对苏格拉底表面意思的不满，就是城邦对其完全满足身体的需要和欲望的能力的不满。帝国式城邦以其野心的夸张想象为生，与此同时它也获得了提供给其居民长远生计的方法（参见修昔底德6.24.3）。格老孔也曾有过卡利克勒斯的这种不满情绪，[74]当时他称苏格拉底那真实而健康的城邦为猪猡的城邦；但因为战争的威胁以及士兵需要保卫狂热的城邦从邻居那里抢来的领土，他没有像卡利克勒斯那样陷入无节制的欲望。不过，卡利克勒斯不会再有那样的需要了。在城邦当中，放纵的修辞术在没有一个字谈论放纵的情况下，就已经开始流行了。

帝国式城邦可以做任何它想做的事，这必然让每一居民都体验到他们有权做任何想做的事。民主的平等只在书本上存在，而支撑专制的东西却扎根在每个人心中。苏格拉底无意让卡利克勒斯清醒过来；对他来说，证实自己的诊断并把治疗方案交给别人就够了。

苏格拉底所提到的自我控制令卡利克勒斯突然爆发。他的爆发在对话中对应着他对取消所有限制的过度赞扬。他说话一直很随意，就像他现在倡导无知一样，而他为了意识到自己的意思究竟是什么，就需要苏格拉底提到的自我控制了。苏格拉底的问题非常简单：如果谨慎和勇敢更好，而不谨慎和怯弱更坏，那么快乐和欲望不就必然是非理性的、怯懦的并且屈服于某人谨慎而勇敢的控制吗？于是，卡利克勒斯称苏格拉底是愉快的（hēdus），但在习惯用法中他的实际意思却是"愚蠢"，而他也证实了苏格拉底的观点。接着，他称节制是愚蠢的，但"节制"（sōphrones）的字面意思是"有判断力"，于是他否认节制（sōphrosunē）的明智与谨慎（phronēsis）相关。在整个演讲中，卡利克勒斯没有一次使用表示真正的男人的词（anēr），但却四次使用了"人类"（anthrōpos）一词。他说如果某个人是任何别的东西的奴隶的话，那么那个人不可能幸福；如果某个人要想正确的生活，他必须尽可能地让野心膨胀，并使自己有足够的能力满足它。获得幸福便意味着既获得自由又成为一个奴隶。失败似乎对人类的幸福来说是必要的，因为只有在某人面对不确定的欲望感到无能为力时，他才能确定这样的欲望是最大的欲望。大流士和薛西斯的失败对卡利克勒斯来说不可避免。如果某个人正在成为他应该成为的人，要是他没有事先进行安排，按照自己的能力来调整欲望的话，那么欲望肯定会自我膨胀并以非理性的方式来引导他。卡利克勒斯只有毁坏自己的例证，才可能去命名任何一种愉悦。无限的渴望不能被具有有限需求的本性所束缚。卡利克勒斯拒绝自我控制，是因为无论统治者还是被统治者都没有自我。"自我控制"这个词的常规意义暗示着,自我在本质上是不受控的欲望和快乐。卡利克勒斯接受了这样的暗示,并由此消解了自我。他用"人类"代替"男人"并不是因为他意识到雄性气概的片面性,而是因为他需要一个不具本性的欲望载体。

[75]卡利克勒斯对放纵的赞扬十分极端且模糊,因而减弱了它与不义之间的关联。苏格拉底为卡利克勒斯指出了剥夺那些不配拥有财产的人的财产的乐趣;但是根据卡利克勒斯对权力的讨论,那些不受控制的人似乎会在失去资源的情况下继续下去。卡利克勒斯的庸俗本身并不庸俗。雅典帝国主义的印记是如此直接地刻在他的灵魂上,以至于绕开了支撑着它的金钱。当他注视着处女雅典娜(Athena Parthenos)的雕塑时,他看到的并不是用于紧急储备资金的黄金(修昔底德 2.13.5)。苏格拉底说,那些没有需求的人可以被看作是幸福的;卡利克勒斯则称,如果是这样的话,石头和尸体就会是最幸福的。苏格拉底的回答很复杂。他先是说卡利克勒斯推荐的生活同样可怕,"你知道,如果欧里庇得斯所说的'有谁知道死就是生,生就是死?'是对的,我也不会感到奇怪;因为我们可能真的死了。"在苏格拉底用双关语和典故织成的网的背后,是达那伊得斯(Danaids)的故事,她们在冥府中受到的刑罚是永远用筛子往水罐中盛水。这些死人不悲惨,因为她们已经死了;她们是悲惨的,因为她们有欲求。很难把她们与卡利克勒斯所说的最有活力的人区分开来。于是,生便等同于死。卡利克勒斯需要冥府,因为只有在冥府中才可能有绝对的无私的自我。人只有在没有身体时才是真正自由的。冥府既是一个提供无限满足的场所,也是一个充满无尽折磨和痛苦的地方。卡利克勒斯的想象将惩罚的快乐和被惩罚的痛苦结合起来——在珀洛斯那里二者是分开的——成为同一个不重要的东西。珀洛斯通过施动者的意愿和受动者的抵抗之间的区别,令惩罚的快乐和被惩罚的痛苦彼

此分离；然而一旦受动者不再把施动者的意图当作自己的，那么受动者就变成了自身苦难和愉快的施动者。卡利克勒斯认为自己正在谈论的是愉快和欲望；但他实际上谈的是犯罪与惩罚。不需要哄骗卡利克勒斯去向纠偏性惩罚屈服；他自己就已经屈服了，而这并没起什么作用。

　　苏格拉底对欧里庇得斯之谜的解释包括四个要素。第一个要素是我们的身体是一座坟墓或一个符号，而不管欲望处于灵魂的哪一个部分，它都很容易动摇并被说服；第二个要素引入了灵魂的那个部分和一个水罐之间的相似之处，而那个毫无意义的水罐是漏水的；第三个要素称如果冥府中的灵魂必须用筛子往一个漏水的水罐里盛水的话，那么他们是最悲惨的；第四个要素则将愚蠢的灵魂比作一个筛子。这些夸张的比喻不是别的，正是卡利克勒斯为了他实现最好的人类生活的构想所需要的东西。只有当它们在字面上真实时，[76]人类生活才符合卡利克勒斯的条件；至于这种人类生活是好还是坏，则是另一个问题了。卡利克勒斯式的享乐主义是个神秘的准则。它是如此神秘，以至于卡利克勒斯成为它的拥趸时还没有了解它呢。对道德和修辞术来说至关重要的字面含义极大地消失了，因此，除非卡利克勒斯首先清醒过来，否则他都不会感到受威胁。卡利克勒斯才是那个应该让人把一些道理敲进脑子里的人。

　　苏格拉底论述的开端是用符号和坟墓(sēma)来代替身体(sōma)。一块墓碑标示着"某具身体/某人"的存在，也标示着"无身体/无人"的存在。没有身体，欲望可以在自由的灵魂中无限扩展。因此灵魂变成了身体又仍不失为灵魂。灵魂有某个欲望寄寓"其中"的部分，并且这个部分易被说服和动摇。观念的改变是一次动摇。观念的改变所经受的事情就像是一个水罐，如果观念不变，就是完好的水罐；如果改变了，就是残破的水罐。一个残破的水罐不可说服。欲望的设定不可能是这样：先设置一个目标再予以实现。于是,永不满足的人并不是那些无法满足欲望的人,而是那些耗尽自身欲望的人以及不断增加对渴求的渴求的人。这种梦一般的情境造成灵魂再次分裂为残破的水罐和筛子。残破的水罐成了与灵魂对应的身体,筛子是灵魂本身,而那个拿筛子的人成了一个幽灵——他永远地走来走去,试图把身体和灵魂重新合在一起。苏格拉底最后一个双关语是把不信任(*apistia*)、不满足(*aplēstia*)与不可说服(*apithanon*)联系在一起。这三个词中的否定前缀 *a* 表示水罐和筛子上的漏洞。缺乏自制的挫折感来自于不信任。动物性的信仰消失了。剩下的只是对不可信之物持怀疑态度的宗教。

卡利克勒斯在任何事情上都不愿意向苏格拉底认输,这并没有阻止苏格拉底从同一学派中生发出另一番景象。在这幅图像中,没有冥府、灵魂、身体、欲望、说服以及愉快;有的只是极度的痛苦(494a1)。卡利克勒斯立刻就接受了它,其最初的抵制也开始动摇。他不再说有节制的东西是死尸;他赋予它们以石头般的生活,并将愉悦的生活等同于混合了愉快和痛苦的生活。苏格拉底似乎成功地完成了不可能之事;仅仅提到痛苦就把卡利克勒斯从冥府中解脱出来。不管怎么说,苏格拉底偶然提到了很多水罐里的三个水罐中的液体,它们既可以为有节制的人拥有,也能为无节制者所有。葡萄酒、蜂蜜以及牛奶都属于某种向死者献祭之物(《奥德赛》10.519–520)。有节制的人已在照管着冥府;即便不存在冥府,他至少在这方面也是完整的;而卡利克勒斯所说的人则需要冥府。地面上的生活从来不能让他获得满足。[77]他不得不过着永不满足的鸟——*kharadrios*——的生活,但又不能变成它。他陷入一种本性之中,要想逃离这种本性的话,他需要比本性更多的东西。卡利克勒斯深深地沉浸于巫术之中。苏格拉底向卡利克勒斯和珀洛斯表明,他们的修辞术并没有打动无知之人——那本来是修辞术要直接面对的人。在卡利克勒斯那里存在着一个幻想的深渊,但他们甚至没有猜到它的存在。他们的修辞术只是触及到卡利克勒斯那无底愿望的表层。

勇敢和谨慎被认为与一种愉快的生活相一致,这在最初似乎是非常不可能的;如果没有珀洛斯为我们面对卡利克勒斯做了准备,我们可能会倾向于将它算作是卡利克勒斯对话部分的一个错误,而不是卡利克勒斯的错误的一个重要部分。无论如何,珀洛斯已经让我们看到:如果合法的惩罚有效,那么法律就会使有节制的人害怕惩罚,而勇敢的人则勇于面对惩罚。因此,法律促使明智的人逃避惩罚、促使勇敢的人面对欲望的快乐与痛苦。道德上的美德就其本身来说并不与个人幸福直接相关;它们的好处对于个人来说是偶然的,但对城邦来说则是必不可少的;而一旦城邦获得了它的好处——自由和帝国,那么个人就会把这些好处收归己用。个人越具政治性,他就越容易受到政治的好处的影响;如果他不够直率的话,很难发现他对不存在的祖国的献身——对不存在的民人的献身加强了这一点——在多大程度上已经改变了他。卡利克勒斯的坦白有其限度,但当他到达这些限度时,苏格拉底的论证就不会因它而有什么改变了。

在修昔底德那里,伯利克勒斯的葬礼演讲之后是他对瘟疫的解释(2.47-53)。在其最后两章中,修昔底德按照下面的顺序列出了瘟疫的影响。首先,一些雅典人临时居住的避难所中充满了死尸;其次,所有先前使用的有关埋葬的法律都被打乱了,人们尽可能多地埋人;第三,法律失去效力的情况越来越普遍;第四,看到突如其来的死亡使得"幸福"和穷人如此接近,人们不再倾向于掩盖带有愉悦的行为;第五,他们开始及时行乐,并相信他们的身体和金钱都只能维持一天;第六,没有人愿意为那些被认为高尚,但却不清楚自己是否能够活着获得的事物而工作,不管当时有多么快乐,其高尚而有用的结果有多么合宜;第七,没有了对众神的敬畏,也不再害怕那些约束他们的人制定的法律,尊敬与不敬变得没有区别,因为他们发现每个人都会死亡;最后,没有人希望活到要为自己的罪行付出代价的时候,由于更为可怕的判决已经悬在他们头上,[78]因此唯一正当的是在这一判决降临前谋求一些生活的快乐。修昔底德和《高尔吉亚》最为显著的相似之处,是在神的法律和司法惩罚的底色上,与它们相对的愉悦以善的形式出现了;二者最大的不同是,在修昔底德那里伯利克勒斯的演讲和瘟疫只是并列在一起的,在《高尔吉亚》中它们则有某种偶然性的连结(参见修昔底德2.37.2和2.53.1)。符号史学编纂已变成了哲学灵魂学。没有修昔底德,或许就不会看到这种转换,但《高尔吉亚》仍然遵循着一种不同的规则。《高尔吉亚》包含着这样的论证:城邦和灵魂的类型不同,对于其中之一的勾勒并不能对应于另一个。假如城邦是灵魂的模型的话,那么灵魂就必然混乱。

在卡利克勒斯打断谈话并承认愉悦有好有坏之前,苏格拉底增加了三个反对卡利克勒斯的有效论证。第一个论证据说证明了愉快不可能是善,因为愉快和痛苦可以共存,但好与坏则不能共存;第二个论证是,如果愉快是善,那么愉快与痛苦的终止就意味着善与恶的终止;而第三个证明是,愉快和痛苦的存在与否,会限制善的存在与否。苏格拉底迫使卡利克勒斯既前后一致,又荒谬绝伦。卡利克勒斯的前后一致揭露出他对愉快和痛苦的本性的无知,以及他对善与恶的天真看法。他对愉快的粗浅理解和他对善的天真看法相一致。他的享乐主义使他远离道德。这是绝对的。很明显,卡利克勒斯想说善的生活是有着最多经历的生活,而不管那些经历本身究竟是什么;同时,任何经历的金钱、本性或环境都不会阻碍追求所有其他经历的耐心。于是,善的生活就是致力于获得满足和自我满足的生活。就痛苦代表着抗拒想要改变自身的本性而言,这也是痛苦的生活。因此,幸福就存在于拥有战胜人们抗拒改变的力量。然而,虽然卡利克勒斯清晰地提到了那种生活(494c2—3),但他选择听从苏格拉底,承认那种仅仅致力于一种快

乐——搔痒——的生活是幸福的生活。卡利克勒斯让所有可能的
经验坍塌为一种。让每个人都有权做自己想做的事的民主原则，
接替了这种原则在民人身上实行时可能产生的后果，即所有可能
的经验的最大多样化。如果人们将目光投向民主政体下所有生活
的总和，卡利克勒斯的享乐主义就会是政治的享乐主义；但如果人
们看到的是建构了它的那些琐碎而卑微的生活，那么这种宏伟和
多样性就消失了。从总体来看，搔痒很难被注意到，但卡利克勒斯
无法解释自己如何保证人们不会同时选择搔和痒。［79］卡利克
勒斯被迫要么将他蔑视的公民理想化，要么在不能彻底堕落的情
况下寄希望于哲学。他似乎意识到，在帝国城邦中，道德不能胜任
这项工作。

　　苏格拉底举的搔和痒的例子有这样的显著特点，人可能在自
己身上找到一些方法，来满足自身创造出来的某种欲望，而欲望的
纾解又会延长这种欲望自身。不幸的是，皮肤承受抓搔的能力有
限，因此人要么必须学会自我控制，要么就该发现一种能永久具有
弹性的皮肤。卡利克勒斯真的需要一种焊在灵魂上的身体的幽灵
幻象；能够满足他的是一种不依靠身体或灵魂的、关于喝与渴的生
理学（参见496e7-8）。词语决定快乐与痛苦的本性：卡利克勒斯
的享乐主义并不仅仅是修辞术所支持的东西；它是修辞术所创造
出来的，与经验关系不大，与知识则完全无关。苏格拉底想要为任
何需要或欲望的满足设定一个普遍原则，即 *lupoumenon khairein*
［痛并享受着］，但作为一种普遍原则，它并不是对任何一种特定
的行为和行为对象都合适。在各种情况下，"处在痛苦中"都要被
补充一个分词，而"去享受"则要被另一个分词所补充。在喝的例
子中，完整的表达应该是："渴着/同时为了享受喝而痛苦着"。卡
利克勒斯没有注意到的是，苏格拉底将吞咽液体（喝）等同于吞咽
液体带来的快乐，将某人因干渴产生的痛苦等同于摆脱痛苦的欲
望。处在斜线左边的恶，是处在斜线右边的善的条件。因此，如果

每个善都与一个恶的条件相连,而没有这个条件,善就不能称之为善的话,那么善与恶就恰切地对应着愉快与痛苦。举重运动员和跑步运动员进行的是不同的竞赛。苏格拉底问力量和虚弱是否能同时存在,或者说快与慢是否能同时存在;但他没有问速度和耐力是否同时具备,也没有问埃阿斯(Ajax)是不是并非很慢。卡利克勒斯无法看到善与恶共存的必然性,因为权力就意味着使它们彼此分离。权力提供无条件的自由。卡利克勒斯不相信善有条件。他觉得将哲学和政治结合在一起没有任何困难。他暗自否认死亡是生命的一部分。他再一次需要冥府。因此,他所理解的愉悦并非道德的反面,而是它的衍生物。在其源自道德的反应中,享乐主义试图满足道德自由的姿态。它将抓搔和痒当成了它的替身。

苏格拉底让高尔吉亚同意"饥饿本身"是痛苦的;但他没有问"吃本身"是否是愉快的。吃有条件——饥饿;而饥饿则无条件。[80]"希望"在《高尔吉亚》中从来没有出现过。苏格拉底将卡利克勒斯最初的断言——"在饥饿时吃东西是快乐的",转变成快乐与痛苦共存的说法。可以说,快乐与痛苦并存的说法在经验上正确;卡利克勒斯的说法则是对这一经验的判断;而他的判断则将"在饥饿时吃东西是痛苦的"这个说法判定为错误。由于对享乐主义者和非享乐主义者来说都存在这样一种完全的可能性,即用"在饥饿时吃东西是好的"代替卡利克勒斯的说法,并由此将人的幸福归因于饥饿和饮食的综合("每当我在饿的时候吃东西,我就过得很好"),那么不清楚的是,为什么卡利克勒斯要把判断和经验彼此混淆。经验只不过是对善的了解与无知。它所感知到(sense)的东西和它所感受到(feel)的东西相同。卡利克勒斯代表了修辞术的最终结果,对他来说,正是对他的论点的表述毁了他的论点。卡利克勒斯没能发现苏格拉底推理过程中的漏洞,这与他的论点有关。与感觉保持一定距离,以便能够进行言说和判断,这指的就是变得敏感,且被人驳倒。苏格拉底论证中让卡利克勒斯认输的诡辩术并不是苏格拉底的,而是卡利克勒斯自己的。他窥探着自己,却去指责别人。

在与苏格拉底的讨论中,高尔吉亚显现出他不懂得修辞术如何运作。修辞学家的言说在多数人中引起的反响,与他自身的反响一样是道德的,但他讲辞当中的经验却隐藏在观点背后。高尔吉亚之所以对卡利克勒斯与苏格拉底辩论的结尾部分感兴趣,是因为他慢慢发现了修辞术会产生怎样的效果。这一发现并不取决于卡利克勒斯对此是否上心。不管卡利克勒斯是否在扮演一个角色,他想要取悦于高尔吉亚的愿望使得真相浮出水面;而事实上,如果他没有扮演该角色,那么真相将永远不会现身。城邦是个太过庄重的地方,其中很难有谨慎勇敢的好人堕落成愚蠢懦弱的坏人。如果出现永久和平,那么城邦中的士兵和公民就没有了区别;但如果真的有永久和平的话,卡利克勒斯对欲望与欢愉不断扩张的假设基础就不存在了。在个人层面上,自由与支配权就转变为了自由地去做喜欢的任何事和有权去做喜欢的任何事;但它们既不能在失去了自由和支配权的情况下,也不能在城邦发展停滞的情况下得以维持。个人生活环境的宽狭与帝国主义自身的扩张或收缩息息相关。①

[80]《高尔吉亚》到目前为止的连续结构可以在图 9 中看到。

---

① 修昔底德用阿尔喀比亚德回应伯利克勒斯的方式,对帝国式城邦崩溃并转化为个人这一事实予以说明。伯利克勒斯说:"在从开始到所有人声称有权去统治别人的时刻,激励那些充满憎恨、悲伤情绪的人;但到底是谁为那些经过审慎讨论的最伟大事物而招致怨恨。憎恨并不会延续很久,但从此将留下瞬间的辉煌(lamprotēs)和永远被铭记的光荣"(2.64.5);阿尔喀比亚德说,"我知道那些像我一样的人,以及所有有着辉煌经历(lamprotēs)的人,在他们自己的有生之年激励悲伤的情绪,最初是激励那些和他们一样的人,然后激励跟他们联盟的人,但他们从此以后把主张留给了这样一部分人(他们与之并没有真正的亲属关系),以及他们所属的祖国,这是值得夸耀的,不是因为他们与之相互陌生或存在偏差,而是因为那是他们自己的并且他们做了美丽的事。"(6.16.5)虽然伯利克勒斯只想谈论城邦,但他的语言同样适用于个人。

苏格拉底的正义在高尔吉亚那里的虚假变形,转变为珀洛斯对僭主幸福之不义的道德义愤。卡利克勒斯将僭主的幸福替换为快乐与善的同一,但他认识到谨慎、勇敢的政治美德支撑着城邦的扩张。他对谨慎与勇敢的放弃,以及对快乐和欲望的放弃,揭示了他那享乐主义的起源。高尔吉亚对此没有任何概念:修辞术使自由与奴役变成可能,而它们——正如卡利克勒斯所表表述的——都是个体性的经验。他所喜爱的论点,即人就是他所知道的东西,其内在正确性蕴含在卡利克勒斯现在必须接受的论点中,即人就是他所经验的东西。

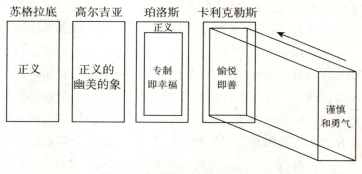

**图 9 《高尔吉亚》的局部结构**

# 第四章　卡利克勒斯［下］（499b4-527e7）

　　[82]将愉悦从善中分割出来（同时割开的还有谨慎与勇敢这些政治品德），这让卡利克勒斯在苏格拉底威胁要对目前那些无助的欲望进行烧灼治疗时感到局促不安（参见522e1-4）。苏格拉底表达了他在发现卡利克勒斯的虚伪时的痛苦。不应该再相信卡利克勒斯会说出自己所想的东西。他已经变得像修辞学家的听众通常表现出来的那样难以捉摸。因此，卡利克勒斯向惩罚性修辞术提出了一个更难的问题。正像他本人会说的，苏格拉底讲得很好，但他与大多数人的感受一样，因为苏格拉底还没有说服他（513c4-6）。这一困境可以部分归咎于苏格拉底。愉快与善的彻底分离，使得它们能够通过这样的方式再度相连：假如善让痛苦变得没有选择的价值，那么就不会再有任何痛苦，同样的，无论愉悦中包含着它要接受的多么微小的恶，也就不会再存在任何愉悦了。此外，对善的选择将只能依靠专家，而他所选择的东西是不是愉悦的，却十分不确定。无论如何，这一严酷的事实并非苏格拉底造成的；它源自于卡利克勒斯对善与不受限制的愉快这二者的理解。在他那违背本性的无知反抗中，他让愉悦游荡在限定之外，同时还否认善与恶的并存。卡利克勒斯的这两个假设必然会导致这样的结果：一旦善与愉悦之间产生裂痕，那么这个裂痕就一定会扩大到

苏格拉底最初划分技艺与经验时所要求的程度。现在,出现了一个针对那一区分的回顾性辩护,但它并非任何学问的基础,而是修辞术中隐藏的严格道德主义的基础。苏格拉底通过对烹饪无法检验愉悦的性质及其原因的评论,表明那一区分有多么虚假(501a5-6),因为如果存在着一种关于愉悦的学问,那么它的目标一定是善,因此,它就与以奉承的几个部分为其幽灵幻象的那种学问一模一样了。要想避免这种重复,法律与正义的政治学问就必然会要进行修改。苏格拉底暗示着,应该将这种修改实践命名为哲学(500c8)。

[83]在总结处理身体与灵魂的那种技艺的和非技艺的方式构成的双重图示时,苏格拉底将他提到的奉承都当作真正技艺的幽灵幻象。现在,奉承的目标直接就是满足;它不再假装自己的对象是善。政治形态的修辞术此时就是一种生活方式;它已背离了学问。卡利克勒斯为自己向苏格拉底认输、但同时立场仍与高尔吉亚和珀洛斯不同提供了两个理由:逻各斯应该有一个结论,同时应该取悦于高尔吉亚。逻各斯拥有自己的生命和形态。卡利克勒斯已经丧失了说服苏格拉底的兴趣,但高尔吉亚仍对他有控制力。在卡利克勒斯赞同了人们所做的任何事都是为了善之后,他就会令高尔吉亚满意。就算卡利克勒斯并不知道逻各斯的完成是否对它自身有好处,逻各斯也仍然会完成。他盲目的顺从。他同意向一个未知的结果屈服。就在放弃了那个将他束缚在效仿帝国式城邦的观点之后,他马上屈服了。这种效仿不可能存在的事实并没有让卡利克勒斯清醒过来,但至少已经把他带到了清醒的边缘。服从以一种优雅的形式代替了摹仿。现在看来,以节制为诱饵是可行的。

正像苏格拉底将修辞术的满足与珀洛斯的自我满足联系起来一样,他现在联系起了卡利克勒斯对高尔吉亚的满足与集体满足的问题。珀洛斯已经让他的提问者感到了满意;卡利克勒斯则是在取悦于一位旁观者。他在观众面前表演。他在面对苏格拉底时的不真诚使他成了这样一个演员——他对着苏格拉底说话，但其意图却是取悦高尔吉亚。在高尔吉亚面前，卡利克勒斯与苏格拉底一起展示了许多种取悦大众的方式，而其中最为首要的是悲剧。悲剧的观众真正包括了形形色色的人，如儿童、妇女、男人、奴隶和自由人。政治修辞术似乎只占据了悲剧的一小部分。卡利克勒斯承认，即使在去除了声调、节奏以及格律，简单地说，一切可能使悲剧表演成为一种令人沉迷的东西后，悲剧仍然属于奉承。苏格拉底问到，悲剧全部的努力和雄心究竟是为了满足观众，还是为了与观众相抗争并给他们施压（diamakhesthai），如果有什么令人愉快却有害，就不说出来，而对那些不受欢迎却有益的东西，无论观众是否喜欢，它都要说出来或者唱出来。不管怎么说，悲剧确实谈到了不愉快而且有害的事物——例如神圣的惩罚——但它又是非常愉悦地那样做。观众在看和听那些不愉快的事时感到快乐。悲剧的修辞术有能力根据愉悦来组织所有的事物：好的和坏的，愉快的和不愉快的。悲剧让好与坏变得不真实。因此，悲剧使人怀疑是否可能有一种真正的惩罚性修辞术。［84］"满足"（kharizesthai）的反义词的含义已从斗争扩展到竞争（diamakhesthai）的动词形式，而这足以让人们对动词责打的功效产生怀疑。① 悲剧把人吓得要死，但也让人获得享受。

　　一种关于痛苦的修辞术将不得不通过不愉快的方式来获得令人讨厌的信息，但它不会像美勒斯（Meles）那么刺耳，后者在吟唱抒情诗时惹恼了听众。它可以既不是不愉快，也不是愉快，但一种对罪恶的中性谴责却又是矛盾的。此时，我们面前的对话中就存在着一种摆脱这种困境的可能途径。苏格拉底一直折磨卡利克勒

---

① 在修昔底德的著作中，克里昂在提出有必要惩罚米提利尼恩斯（Mytileneans）的时候，以及更早一些的时候，他使用 diamakhesthai 作为自己的例子（3.40.2）；狄奥多图斯（Diodotus）则回应他（3.44.2）。修昔底德还在别处使用该动词的字面意思。

斯的神经;后者向不愉快屈服,原因是这种不愉快能够让高尔吉亚满意。因此,卡利克勒斯必须这么对自己说:"痛苦以及让高尔吉亚感到满意,这对我来说是有好处的。"如果受动者相信他是在服务于别人的快乐,而不是服务于自己的快乐,那么惩罚性修辞术就有可能存在。卡利克勒斯必须相信高尔吉亚的快乐要比他自己的更优越。因此,如果可以认为谴责民人会满足地位更高的人的话,那么就可以这样做。通过宗教来抚慰帝国人民,这并不是什么不为人知的方式,但雅典人对指路石柱(Hermae)被损毁一事的反应,说明宗教自身是多么容易失去控制而对清醒毫无助益。无论如何,宗教都不是苏格拉底的方式。然而,如果来自众神的抚慰是回避惩罚性修辞术那种弄巧成拙的说服的一种方式,卡利克勒斯(至少是对于第一部分讨论中的卡利克勒斯来说)就不会向其屈服。如果卡利克勒斯想要实现他的欲望之帝国主义的话,那么在这里,他看上去就像是个需要冥府的人。假如没有冥府,卡利克勒斯便可以治愈;而假如存在冥府且它不属于悲剧,公民或许就可以治愈。在《王制》中,苏格拉底已经将非悲剧的冥府设想为他对守护者的教育的一部分,但他当然认为这不会对民人产生效果。《王制》第十卷中对诗歌的第二个讨论表明,悲剧之冥府并没有被彻底舍弃。

在转向政治的修辞术时,苏格拉底问公共讲辞家的目标究竟是对他们的听众有所助益;还是他们为了自己的利益而忽视公共利益,像悲剧诗人那样只是让听众感到满足,并"把民众(dēmoi)像孩子们一样来对待"(502e7)。由于"民众"是个分配复数词,而且它意指着每个城邦中每个单独的民人,因此"孩子们"就应该也是分配复数词;但如果民人被当作一个孩子来对待,那么民人就会是修辞术式的奉承——"我们人民"——这个表述所编造出来的,[85]并因此与惩罚性修辞术的严酷不相称。有人能像一个激励着市民灵魂的灵魂那样对他们说话,同时让他们取得进步吗?有

选择的满足一些欲望,以此来使一个人变好是一回事(503c7-
d2);不用教育的方式让许多人的灵魂变得更好则完全是另外一
回事。苏格拉底直截了当地指出卡利克勒斯从来没有见过学问的
修辞术。卡利克勒斯举了包括伯利克勒斯在内的一些人。他似乎
相信伯利克勒斯那声名远播的清廉会证明此人曾经让雅典人变得
更好。根据修昔底德,伯利克勒斯有权说违背雅典人喜好的话:
"至少,每当他发现雅典人因傲慢表现出过度的自信时,他总是用
恐惧让他们闭嘴。"(2.65.9)似乎苏格拉底所想的,并不是激起某
种即时的恐惧。无论如何,虽然修昔底德为我们提供了三篇伯利
克勒斯的演讲,但它们之中没有一篇是冷静的。他从来没有让伯
利克勒斯谈到过节制。①

　　节制通过一场关于秩序和排列的讨论,假定了灵魂最主要的
美德在什么地方。即便是对于《高尔吉亚》来说,苏格拉底谈到秩
序时所说的话也非常混乱。好的演讲者会以善为自己的目标,但
苏格拉底在组织自己演讲时所关注的却是别的东西。苏格拉底谈
到了每个工匠精心选择自己的工作所需事物时创造的形式
(*eidos*)。没有迹象表明哪个工匠遵循着某种决定善的严谨学问。
每个部分都必须与其他部分相互配合以结成一个有秩序的整体,
但每个部分能为整体做什么,以及整体自身能做什么则未被呈现
出来。在诸多创造着有秩序的整体的工匠中,苏格拉底谈到了画
家,但似乎一幅拥有完美秩序的画作要付出的代价是非真实性与
无目的性。要想让一幅画活灵活现,可能就不得不让它丢掉完美
的秩序(参见《蒂迈欧》19b4-2)。因此,在卡利克勒斯被迫放弃
自己对随性生活的赞颂后,苏格拉底的说法却证明了卡利克勒斯
的说法,即完美的秩序同死亡一样。不管怎么说,在赞颂秩序的特
定讲辞中,苏格拉底重新赋予任意性以地位。他暗中区分了通过

---

① 　参见施特劳斯:《城邦与人》(芝加哥,1964),页152。

非随意选择而生产出来的有序产品,和随意选择出来的证据——即每个工匠都不随意做出选择——之间的区别。卡利克勒斯被要求随意选择一种工匠(503e4,6),因为除非他随意选择,不然证明就无效了。因此哲学必须是随意的,但它只有在无法随意的时候才是随意的。伊俄卡斯特(Jocasta)不可能执行俄狄浦斯的命令:"随意的生活是最好的"[86](《俄狄浦斯王》979)。哲学需要用无计划性来面对随意性。苏格拉底将随意性——这是所有思想的前提——放置在了法律那种随心所欲的秩序的对立面上。不管法律用怎样的形式来强行规范人类生活,它都比无秩序的生活的混乱形式要好。只有规律性才能让人做好幸运地发现秩序的准备。因此,卡利克勒斯让生活的随意性最大化的要求,是一种回顾性的对哲学之条件的细微暗示。不过,他在哲学的条件上叠加了个人,使得这个个人成为了扰乱他自身的系统性筹划者。

眼下将美交还给正义,以此来重建苏格拉底初始图式中二者的善,这仅仅停留在表面上。苏格拉底的政治学问的结构如图所示(图10)。通过将美等同于正义,珀洛斯令该结构减为一半,这一次它的组成部分变成了快乐和善(图11)。在苏格拉底强迫卡利克勒斯撤销愉悦的部分之后,善便延伸到了美的部分,而正义也被迫与之重叠(图12)。于是,从形式上看,美和正义在珀洛斯那

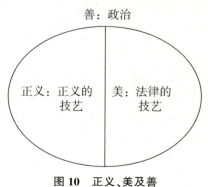

**图 10　正义、美及善**

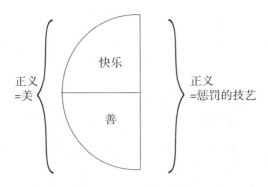

**图 11　作为惩罚美及善的正义**

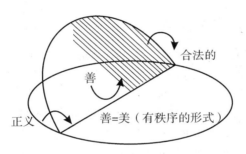

**图 12　美与善向美的转变**

里的同一性，已经被纳入到了当下与卡利克勒斯的讨论中；但要是超越形式来看的话，那么这种纳入也可以被看作是珀洛斯被纳入到卡利克勒斯当中。要是卡利克勒斯可能分裂为他自己和珀洛斯，那么他就可以控制，这样的话，正义与秩序的形式同一性在实践中就会变成自我对自我的惩罚（图 13）。

　　到目前为止，我们并不知道怎样才能够达成这种自我谴责。通过珀洛斯，苏格拉底的最初图式得以恢复，[87]这暗示着正义与法律的混淆或同化的原因在于修辞术与诡辩术的混合，后者现在已经影响到了将修辞术与诡辩术作为其幽灵幻象的那些技艺。卡利克勒斯不愿意再对抗苏格拉底，这体现了高尔吉亚和珀洛斯

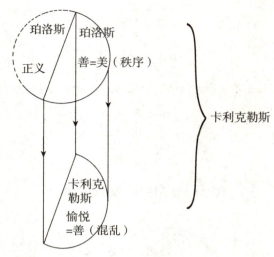

**图 13    由珀洛斯和卡利克勒斯组成的卡利克勒斯**

认为可以轻松实践修辞术有多么不真实。他在允许苏格拉底完成论述时表现出的礼貌,可以真正地衡量诱导出那个经受自我纠正的人的韧性有多么困难。

[88]苏格拉底的论证所要求的身体和灵魂的严格对应——为了让灵魂的合法调整适应于身体的调整——并没有实现。苏格拉底认为并且卡利克勒斯也同意,身体状况不好的生活没有意义;但苏格拉底并没有说,在灵魂处于不好状况下的生活没有任何好处(512b1-2)。珀洛斯所做的假设——在灵魂之恶的组合中没有哪种像贫穷与饥饿的组合那样令人痛苦——仍然建立在讨论的基础上。此外,医生为他们满足欲望提供了健康;但秩序完好的灵魂却似乎没有需要满足的欲望。无论如何,关于他们指的是什么,苏格拉底说的并不比卡利克勒斯更多;事实上,如果口腹之欲的对应物是维持生命,那么健康的灵魂的欲望肯定和患病的灵魂的欲望相同。最后,苏格拉底并未说有哪个灵魂医生会告诉我们何时被治愈。他所推荐的是并不存在的治疗。该治疗可能不存在似乎与

他缄口不提自杀问题有关。如果这种治疗存在于冥府之中，那么他所推荐的，几乎就是一般性的自杀；如果不存在冥府，并且人世间也找不到这种治疗，那么他就是在开玩笑，[89]同时也在说出真相。无论如何，卡利克勒斯正是在讨论到此处时拒绝再向前推进的："我不懂你的意思，苏格拉底；去问别人吧。"苏格拉底说，他拒绝接受惩罚。接下来，苏格拉底宣布他是那个治疗灵魂的医生，正让卡利克勒斯远离其欲望。卡利克勒斯的欲望是什么？苏格拉底是在让他远离雅典民人吗？卡利克勒斯本就来去自由。卡利克勒斯已经承认了所有在世的修辞学家都是马屁精；由此，他也承认现在的雅典民人要比过去的差。要是卡利克勒斯继续下去的话，那么他就不得不承认应当责打民人。他，卡利克勒斯，将不得不惩罚那些他挚爱的民人。他将不得不承认，他想要去惩罚民人。卡利克勒斯的愉悦已经从讨论中剔除出去了；而珀洛斯的愉悦则在卡利克勒斯拒绝接受惩罚的伪装下悄悄回来了。愉悦的惩罚将惩罚中带有的愉悦作为自身的补偿。

卡利克勒斯给出了两个继续与苏格拉底进行讨论的原因：完成逻各斯、满足高尔吉亚。现在他悄悄地丢掉了第一个原因，并说自己只是因为高尔吉亚才回答苏格拉底的问题。苏格拉底希望完成逻各斯。他希望它是一个秩序井然的整体，因为，他说，假如他所说的话真假分明，那么这对所有那些在场的东西来说，是一种普遍的善（common good）。这是《高尔吉亚》中第一次、也是最后一次提到普遍的善。一场讨论政治正义的对话此前却一直缄口不谈政治正义当中的普遍的善。就在卡利克勒斯对获得益处犹豫不定时，真相——作为听众的普遍的善——取代了普遍的善。卡利克勒斯早就知道，不管他脑中构想的疯狂计划是什么，他都不能获得苏格拉底的支持，而眼下，卡利克勒斯也已拒绝去抑制自己的欲望。他的拒绝并非由于对欲望的羞耻感，而是因为恐惧。卡利克勒斯明白如果他阻滞民人的欲望就会被杀掉。他从高尔吉亚那里知道,如果修辞学家被认为是不义的,那么他就无法保护自己,而如果他试图破坏民人的欲望的话,那么他肯定会被看作是不义的。卡利克勒斯已经体验到了他与苏格拉底随后的争论——在其中,他发现自己赞扬不义不过是为了掩盖自己害怕受到不义地对待。卡利克勒斯从争论中撤下来,这遮蔽了他对大众的蔑视中带有的自负。他只不过是害怕他们。他拒绝为公众的善冒任何风险,这为苏格拉底返归对最初连接着他和高尔吉亚的那个真理的一般性质询开辟了道路。不过,苏格拉底的回归并非简单的回归。高尔吉亚曾同意接受苏格拉底的质询;他也曾努力准确地表达自己的意思,而不是让苏格拉底去猜测。然而,苏格拉底现在开始了一段独白,[90]既代表卡利克勒斯,又代表他自己。他将自己一分为二,然后发觉自己是个整体。像这样,他在哲学层面上显示出了必然在纠偏性惩罚的层面上发生的东西。一切都太容易了,很难让人们从中获益。在卡利克勒斯的胆怯所营造的氛围中,哲学在自我放纵中变成了普遍的善。

苏格拉底对自身的质疑和回答非常准确地总结了他与卡利克勒斯的对话,但他在以秩序、正确和技艺为其真正品德的事物的列表中,又加上了一条。现在,不仅仅存在着灵魂和躯体的品德,也存在着动物性的品德(506d6);但苏格拉底从来没有讨论过动物性的品德会是什么,因为他最初的图式中并没有考虑到一种超越了政治学问和对身体的科学疗法的系统性学问。由此,苏格拉底暗示着自己所用的双关语 *eu prattein*——在其中苏格拉底推断出那些做(*prattei*)得好的人就会有很好的进展(*prattei*)并且会十分愉快——显示了高尔吉亚、珀洛斯和卡利克勒斯都以不同方式予以认可的那种意愿的无限力量。苏格拉底自己拥有的这种无限力量存在于他引导自己的那篇对话中。没有什么能阻碍他的计划。苏格拉底的计划——他将之区别于对话者强加给他的意思——是宣告自己的无知(508e6-509a7;参见 506a3-5)。在享乐主义的虚假肉体与灵魂的同样虚假的道德之间,哲学表露出了自身。它的秩序的基础,就是对关于无知的无序知识的秩序化。如果哲学丧失了基础,那么有些事情就会失序。哲学总是在说同样的事;但苏格拉底并非如此。

在苏格拉底的推断中,灵魂从节制中获得的优秀品质会导致一个不幸的结果。不可能在毫无克制力的情况下变得适度平和。没有节制就不可能有勇敢,但要接受作为引向节制的必要条件的惩罚来说,勇敢又是必不可少的。没有自制力的人所可能有的任何形式的勇气,会令他经受得住纠偏性惩罚;而要是他自己就能够主动接受惩罚的话,他就不需要勇气了。于是,要么就需要施以强力,要么就要有人劝那个混乱的人相信他并不是他自己。卡利克勒斯似乎不可能相信自己是苏格拉底;但要劝卡利克勒斯相信他是珀洛斯,而他表达过的并且会继续表达的无耻欲望是属于"德摩斯"的,则并非不可能。如果卡利克勒斯真正的自我是珀洛斯,而他虚假的自我是多数人的话,那么他就可以转过来反对他自己。于是,假如卡利克勒斯能被说服相信他心里并没有想过他所说的那些话——这些话是别人虽没有说出来却在心里想过的——那么他便可以获救。[91]假如公民没有被治愈的话,卡利克勒斯就还有救。民人必然是替罪羊。在这个意义上,苏格拉底假扮为卡利克勒斯以从他那里获得由衷的赞同,这为卡利克勒斯超越自己、否认自己提供了榜样。卡利克勒斯对奋勇抗击民众的恐惧可以将他引向更好的状态。他可能会因为恐惧而开始控制自己。

现在,苏格拉底让卡利克勒斯注意他在讨论中所处的位置。高尔吉亚承认修辞学家必须正义并且知道什么是正义——珀洛斯说他是因为羞耻心而承认这一点;珀洛斯承认作恶与受恶相比同样坏并且更加可耻,而卡利克勒斯反过来说珀洛斯是因为羞耻才承认这一点。苏格拉底是在将节制等同于全部品德的一般语境、与指控卡利克勒斯忽视几何意义上的平等的当下语境中,回想起高尔吉亚和珀洛斯的让步(507e6-508c3)。于是,苏格拉底便暗示着高尔吉亚之于珀洛斯就如同珀洛斯之于卡利克勒斯。珀洛斯是他们之间连接的纽带。珀洛斯之所以能成为纽带,是因为他与高尔吉亚分享着一种对合理性的信念,并与卡利克勒斯分享着一种对于愉悦的欲求。因此,高尔吉亚、珀洛斯和卡利克勒斯再现着《王制》中的灵魂结构——城邦的阶级结构就是据此而设计出来的。理性、激情(thumoeidetic)以及欲望已经被分别指派给了三个不同的人,然后通过使用一系列的逻各斯或比对来将它们重新整合在一起。它们可以被整合的原因是,一方面高尔吉亚的理性已经囊括了激情的随性,另一方面珀洛斯的报复心也已存在于卡利克勒斯的快乐当中。由此,《王制》的灵魂结构与"所谓的修辞术"的结构变得没什么区别了。记住下面两点的话,灵魂结构就变得好理解了:(1)修辞术对政治学问的拙劣摹仿;(2)城邦阶级结构的首要地位。由于城邦的各个阶级差不多永远彼此区隔,因此最低阶级(苏格拉底冷漠地为其贴上唯利是图和贪得无厌的标签)的节制,一方面很大程度上表现在他们的顺从(与卫士相比)上,另一方面则表现在他们对法律的遵循上。这个阶级整体的自制与阶级中每个个人的自制无关;事实上,如果每个阶级成员都做该阶级应当做的事,那么这个阶级不可能是唯利是图、贪得无厌的。只要他们不干涉城邦的统治,他们就可以为所欲为。不管怎么说,只要每个人都规规矩矩的,那他就可以自由地舍弃他关于自己技艺的知识。反过来说,外邦援军只要让低阶级规规矩矩并为国献身,就可以如其所愿地相信愤怒与理性之间无可质疑的结合。

　　不过,当有人在《高尔吉亚》中看到灵魂结构以分解的状态呈现出来,他就会意识到:如果高尔吉亚、珀洛斯以及卡利克勒斯都坚持自己的与众不同之处,[92]那么他们就不能合为一体。任何可以构想出来的结合都会从系统性不确定——这是虚假的修辞术分析所依赖的——的悬置状态中分离出来。他们的结合要么发展为政治学问的真正形态，要么发展为卡利克勒斯式自由的彻底混乱。带着些许哲学气息以及某种他并不知道对象是什么的欲望，卡利克勒斯将高尔吉亚和珀洛斯囫囵吞下。这两种结果的任一种，都成了证明《王制》所采用的步骤之必要性的重要证据。假如不从正义作为普遍的善这一命题出发，政治就会轻易地消失在哲学或道德之中。除非忒拉绪马霍斯已经将强者的权利这个卡利克勒斯式主题与政治（他将它等同于法律）联系在了一起，并拒绝了专制统治的一切，只留下了政治上的满足，否则不但从未建成过最好的城邦，而且教育也会像在《高尔吉亚》中那样处于边缘地位。如果没有珀里马库斯（Polemarchus）在《王制》的开头威胁使用暴力，那么在为理解城邦而进行的战争的中心，便看不到卡利克勒斯在《高尔吉亚》的开头引用的谚语。《高尔吉亚》所寄身的真空表明了其主题的非真实性。如果有人想要填充那片真空，那么他只能去重组《王制》的结构。

目前苏格拉底所处的位置，让卡利克勒斯得以直面真实。卡利克勒斯同意单靠意愿并不足以避免作恶或受恶；然而，尽管要避免受恶必需要有权力，但要避免作恶，则必须要有权力和知识。苏格拉底不经意地指出了为什么对话中没有人察觉到正义定义的缺失。正义原来是从遭受不义的经验的角度来反向定义的，而每个人都是这类经验最好的评判者。对卡利克勒斯来说，不义的经验是一记耳光。[①] 这记耳光不是打在身体上，［93］而是打在灵魂上（参

---

① 参见道伯（D.Daube），《新约与希伯来犹太教》（伦敦，1956），页260–61："第十二卷宣布第一个可惩罚的罪行是 *membrum ruptum*，第二个是 *os fractum*，而第三个是 *iniuria*。然而前两个罪行涉及到对某个人的实际伤害……，而 *iniuria* 意味着无害的打击，例如扇在脸上的耳光。为什么是这个词（它的本义是'不合法的行为'或'非法的'）被用来指称扇在脸上的耳光？在更宽广的、非技术性的意义上，难道 *membrum ruptum* 和 *os fractum* 不是同样是 *iniuria* 的例证吗？它们是这样的，而且罗马人肯定也知道这一点。可以说，在所有情况中，只有扇耳光这种单纯非法的行为构成了冒犯；'违反'另一个人的权利的非常抽象的概念出现在前景中，　（转下页）

见狄摩西尼 *Against Meidias* 72；在《摘要》中被完全引用，48.19.16.5，
*de poenis*）。这记耳光说："卡利克勒斯，你一无是处！"①如果卡利
克勒斯是他颂扬的那头雄狮，没有人会打他耳光，而如果有人这么
做了，那么那记耳光不会打到卡利克勒斯；但卡利克勒斯不是那头
雄狮；他不知道自己是不是事实上一无是处以及那记耳光是否应
得。卡利克勒斯那秘密的恐惧对几乎所有人来说都是一个强有力
的证明，但如果他不准备承认那些他恐惧承受的东西是他应得的，
那么他就不得不继续隐藏起他的恐惧；因此，就像他表达了对苏格
拉底可能被打耳光而带有的关心与愤慨一样，他也表达了自己的
恐惧。他想通过打苏格拉底来让自己变得清醒，但他永远也不可
能打到苏格拉底。对卡利克勒斯来说唯一具有优越性的是哲学，
在这个意义上他因苏格拉底挨了一记想象性的耳光而感到愤怒是
真实的：如果真实的东西可以被羞辱，那么他还有什么指望？因
此，卡利克勒斯努力让自己站在雅典那些没有受过教育的、野蛮的
僭主—民人一边，这样自己便能狐假虎威而不被扇耳光。苏格拉
底告诉他，其对公民的模仿并不能为他提供所需的保护。他不能
单纯地模仿公民，而必须通过模仿超过他们。他必须从他颂扬的
事物中获得快乐，并从其指责的事物中感到痛苦。卡利克勒斯不
能依凭他对苏格拉底做的事——他赞美苏格拉底的演讲，但实际
上不以为然——来逃离民众（513c4-6）。苏格拉底对卡利克勒斯

---

（接上页注①）而没有隐藏在诸如断了的肢体或挖出的眼睛这类任何具体事实背
　　后；原告在法官面前可以展示的不是刺目的伤害，而是单因为'错误'——
　　*iniuria*——的对待他而要求补偿。因此，它是类似于扇耳光的案例，单纯而简单的
　　错误的案例，它被冠以技术性的称号——*iniuria*，'适当的非法行为'。正是它们让
　　早期律师意识到类似于违反其他人权利的东西的存在，例如在真正的伤害之外，
　　以扇耳光的形式表现出来的这类攻击成了精神犯罪或挑衅的原型。"

① 格利乌斯（Aulus Gellius）（7.14）认为柏拉图在《高尔吉亚》中没有提到作为惩罚的
　　基础的，对某个人的尊严和权威的攻击，"以免惩罚的缺席造成轻蔑和荣誉的缺
　　失"，但就像卡利克勒斯的插入成分"受恶"第一次表明的，《高尔吉亚》中卡利克勒
　　斯的部分除此之外并没处理别的问题。

的警告——除了习惯公民的方式，没有什么可以保证他免受伤害，部分原因无疑是不可能不通过经验来了解赞扬和指责背后的快乐和痛苦，这一点高尔吉亚和苏格拉底已以各自的方式证明了；但苏格拉底脑子里主要是这样的观点：民人从来没有惩罚过自己人。只有成为多数人之一，卡利克勒斯才能确保自己不会暴露；但成为大多数人中的一个又会让他无法统治他们。卡利克勒斯可以通过丢脸的方式避免丢脸；否则他就会一直有危险。

对死亡的恐惧，是对羞辱的恐惧的一个体面的说法；但如果雅典人的生活就像卡利克勒斯假称的那样危险，那么高尔吉亚式的修辞术就没有太大用处。当然，[94]卡利克勒斯不能将对权力的暴力强占看作保护自己的最佳方案，因为不但珀洛斯的妖怪会阻止他，而且高尔吉亚所宣扬的东西提供给他的学生的，是那种其他人自愿接受的奴役状态。卡利克勒斯永远不能驳倒高尔吉亚或宣称自己对雅典不忠。苏格拉底以不义的议题为伪装提出不忠的议题。他论说到，避免受恶的权力中包含着作恶的权力，因为被政治制度同化就意味着采纳它对正义的理解。除非某种政治制度可能完全正义，否则成为统治者或统治者的同路人就意味着成为不义的人。于是，如果政治学不仅仅用于诊断，也同样是一门用于治疗的学问的话，那么实践政治学的人使民人的灵魂在民人的意义上变得更好的任何意图，都会演变为政权自身的改变。某个并非《高尔吉亚》对话者的人会说：真正的政治家表面上看不义，但实际上正义（《治邦者》296c8–d5）；但这样的划分并没有出现在《高尔吉亚》中——对于其对话者来说，任何不遵从主流法律的事情都是不义的。无论如何，苏格拉底从不义的指控中拯救了那些被政权打上印记的不诚实的政治家，因为要是作恶永远比受恶更坏，那么任何从他们的角度寻求发展的企图都会是不义的；而他同时也从不义的指控中拯救了那些真正的哲学家，方法是指明不可能在迎合政权口味的同时还能够让它有所革新。成为一个成功的政治家就意味着失去了获得理性的善的权力。每个政权都有自己的快乐和痛苦,而没有一种技艺可以用来理解这些快乐与痛苦。习惯的喜好并不能用来解释原因。尼西阿斯(Nicias)和狄摩西尼(Demosthenes)可以把卖香肠的小贩列入他们推翻克里昂的计划,但他们自己不能像必须讲话的小贩那样讲话。学问无法从一种政权结构中推演出一个民族的生活方式。就像不能从一个印度部落会吃掉他们死去的父母这个事实中,推导出如果有人出钱让他们埋葬死者,他们会大喊大叫着拒绝听从一样,很明显,理性也同样不能推断出,当希腊人埋葬他们的死者时,他们会安静地听取吃掉死者的建议,并亲眼看到自己的行为在别人那里激起的恐惧(希罗多德 3.38)。

    人不可能既虚伪地去取悦别人同时又获得权力,这一点在卡利克勒斯的声明中以对话体的形式得到了一次值得注意的说明,一方面,他只是为了满足高尔吉亚才继续回答苏格拉底的问题,另一方面,他实际上拒绝去满足高尔吉亚。如果卡利克勒斯只简单的是高尔吉亚的工具,那就不能解释为何卡利克勒斯会犹豫。他可以对自己的不真诚守口如瓶,直到最后以此将每个人都牵涉进来。不管怎么说,卡利克勒斯没弄明白讨论的目的;苏格拉底并不是要去说服他,而是要在高尔吉亚面前展示修辞术。[95]卡利克勒斯不能从这种修辞术展示中抽身出来,这表明,修辞学家相信自己所说的话。高尔吉亚本人成了其修辞术的旁观者;他通过保持沉默来避免充当其修辞术的代言人。于是,如果卡利克勒斯是为了满足高尔吉亚,他就不得不同样身处于一个超然的位置,但这样的话,他就只能放弃与雅典民人站在一起。作为一个外来者和修辞术教师,高尔吉亚要比那些来投靠他的学生——他们身上带着喂养他们的政权的偏好——更自由。高尔吉亚并没有影响这些偏好。他只是告诉他们更流利地表达这些偏好的技巧。卡利克勒斯是他最好的学生。

　　按照卡利克勒斯的说法，伯利克勒斯让雅典人变得更好。他们当然是在集体的意义上更强了，而在个人的意义上更自豪了。在成为一个伟大的民族后，他们每一个人都变得重要了。这一点并非毫无意义，但却很难为它辩护。伯利克勒斯或许在一次徒劳的展示中，已经用光了继承下来的资产。苏格拉底自己指出了一种为伯利克勒斯辩护的可能，但卡利克勒斯认为它是寡头政治的宣传而未对它加以考量。苏格拉底说伯利克勒斯让雅典人成了无所事事的家伙、懦夫、话痨以及唯利是图的人。雅典人在伯利克勒斯统治下开始变得喋喋不休。人们可能会问，无所事事的多嘴多舌是否并不是让苏格拉底出现的条件。在《普罗塔戈拉》（其中他认为在斯巴达，变形的耳朵和简洁风格的演讲遮蔽了哲学的繁荣状况）中，苏格拉底的神话几乎被当做一个证据，证明人们所设想的情况，即苏格拉底不可能出现在斯巴达（《普罗塔戈拉》342a7–c3）。于是，要是卡利克勒斯将苏格拉底引为自己的证据的话，他就可以赞扬伯利克勒斯了，而在某种程度上，他在代表赫拉克勒斯与苏格拉底说话时，也已经这样做了。然而，卡利克勒斯要想做出这样的辩护，就不能不承认城邦并非是杰出美德的结果，而是其得以产生的条件。简单的说，卡利克勒斯过于忠于雅典人现在的状况，以至于他在对雅典敌人的谴责中听不到的赞扬雅典之意。

　　在两年的战争和持续了一年的灾难性瘟疫之后，雅典人指控伯利克勒斯犯有盗窃罪并差点儿处决了他。卡利克勒斯认为苏格拉底反对伯利克勒斯的案例没有说服力这一点不值得注意，真正值得注意的是卡利克勒斯在为伯利克勒斯辩护时既没有提到战争，也没有提到瘟疫（参见修昔底德2.59）。就在苏格拉底最后一次提到民人（515d6）之后，卡利克勒斯接受了伯利克勒斯是人类的看护者这一观点（510b8；参见520a4）。因此，城邦变成了其民人，而苏格拉底也可以继续将对舰船、城墙以及造船厂——这些是卡利克勒斯提到的四个英雄所善于提供的——的欲望归于城邦

(517b3)。城邦便成了这样的一种实体,它可以节食以阻滞自身的欲望。我们可以说格老孔和苏格拉底在《王制》第二卷中看上去在做完全相同的事,[95]在那里,苏格拉底在格老孔的敦促下,在提供治疗方法之前先让健康的城邦变得狂热起来;但二者之间仍有区别。首先,欲望是格老孔的欲望,他在自己想要生活的城邦中将它付诸实践;其次,城邦的扩张和收缩只存在于讲辞中。不管怎么说,第二个辩护不适用于修辞学家或他们的发言人卡利克勒斯。对他们来说,所有事物都已然存在于讲辞当中,没什么可以抗拒他们的讲辞。① 事实上,在卡利克勒斯对品达的诗歌(这首诗卡利克勒斯其实并不知道,苏格拉底在散文中复述过它)的引用之外,《高尔吉亚》中并没有提及暴力——除了两种情况,其一是卡利克勒斯指责苏格拉底暴力地坚持论证的完成,其二是苏格拉底不经意中将暴力和说服放在一起作为治疗的方式(484b7,488b3,505d4,517b6)。只是在后者中苏格拉底才暗示出是什么东西限制了修辞术的力量:高尔吉亚可以说服病人接受治疗,但他不能说服生病的灵魂接受它自己的治疗。行为在《高尔吉亚》中从不违背讲辞(参见461c8);正是因为苏格拉底分割开了身体和灵魂,这二者才变得可以相互转化和复制(参见517d1-2)。探寻正义是什么的显而易见的失败,掩盖了探寻城邦是什么的失败。修辞术是乌托邦式的,它处在城邦的中心。

卡利克勒斯的四个英雄都遭受过这样或那样的司法惩罚。至少在雅典,那些在集会上商讨事情的讲演者常常惹上官司。用于法庭的修辞术应该是供审议的修辞术之防御性武器,但结果却显示出它已经被削弱了。它之所以被削弱,其原因是它要为那些支持不义、不节制的帝国扩张的人辩护,反驳那些关于不义、不节制

---

① 修昔底德唯一一次谈到作为修辞学家的政治家是在第八卷开头,当雅典人意识到西西里远征的彻底失败时,他们极力反对那些当初热心鼓舞他们的修辞学家,并迁怒于那些谈论神意的保证的神谕传达者、预言家(8.1.1)。

的指控。城邦要求其领导者远离城邦自身。假设某个人是比卡利克勒斯的四个英雄更为成功的修辞学家。他被指控有罪。他通过取悦陪审团来为自己辩护。他让他们陷入同情的愉悦当中（参见《苏格拉底的申辩》38d6-e2）。同情的愉悦是陪审团从原告的自卑中获得的那种愉悦。他们掌握着生杀大权，而对原告来说，死是终极恐惧，而只有生是绝对的善。无论如何，陪审团所拥有的权力，必须辅之以一种授予该权力的权利。修辞学家所提供的这种权利的形式，是美和正义的幽灵幻象。他的放任即道德。[97]当苏格拉底提醒这个可能的陪审团时，陪审团成员称他们自身为正义（522c2；参见《苏格拉底的申辩》40a2-3；《治邦者》299c3-4）。这是一个珀洛斯可以毫不犹豫地提供的名号。

苏格拉底对帝国式雅典的指控完全从身体和关于身体的事物的角度出发。"灵魂"在论证中消失了，直到神话中才又重新出现（517d1,518a5）。相应的，苏格拉底详细说明了食物与饮料、鞋子和衣服等这些服务身体的东西；但他忽略了与之相对的灵魂分析，并从未谈到修辞术能为灵魂的欲望提供什么。卡利克勒斯以充分表达这些欲望作为自己的开端。他对那些欲望的表达和苏格拉底对其肉体的说明之间的差异，表明了在多大程度上，修辞术将自身从肉体问题上分离出去并只关注灵魂的存在。文本中这个差异在雅典历史上有其世俗对应物，所以阿尔喀比亚德和卡利克勒斯看上去好像违背了喀蒙（Cimon）和米尔提亚得（Miltiades）身上体现出的原则，而实际上这些原则只是在他们身上隐藏了起来，并以不同的面目再度浮现。雅典看着阿尔喀比亚德，并为它自己的暴虐和不敬感到恐惧。苏格拉底警告卡利克勒斯，如果他受到指控，那么就会用过去那些伟大人物为标准来衡量他，并且发现他的缺陷；他不能为忒米斯托克勒斯（Themistocles）、喀蒙以及伯利克勒斯真的负有责任的事进行辩护，恳求减轻刑罚。苏格拉底尽可能直率地告诉卡利克勒斯，如果他稍微想一想这一点，即苏格拉底将站在法庭上为他的案子进行辩护,那么他会难以分辨公开讲辞和苏格拉底对公开讲辞的模仿之间的区别(519d5—e2)。苏格拉底承认,即便是为他自己进行辩护,在法庭上他也不能言说真理。

在四种政治实践中,一方面是诡辩术、修辞术,另一方面是二者的真实对应物——法律和正义的技艺,苏格拉底说到了其中三种的共同弱点。智术师声称要去教育学生,但又抱怨他们的学生压榨他们;修辞学家声称拥有权力,但最后却出现在被告席上;而苏格拉底,这个自称可能是雅典唯一一位拥有真正的政治技艺的人,却不能给陪审团成员以他们热切期盼的安抚。他的谴责是可信的,因为他不能说自己公正地悄声说那些长者——喀蒙、米尔提亚得以及伯利克勒斯——的坏话,让年轻人感到困惑。苏格拉底最终告诉我们他自始至终都意指着正义。拥有正义意味着让别人感到困惑——苏格拉底对高尔吉亚就是这样做的(参见462b4);而变得不义意味着奉承别人,或不让人产生任何疑问。因此,被惩罚——被扰乱思想——好过于惩罚别人,而承认由于制造困惑而被惩罚要比惩罚别人更好,而揭露自己——“我不知道”——则好过于等别人来揭发。于是,[98]受恶就是去经受某人过分的教条主义;但成为教条主义的受害者要比成为教条主义的执行者更好:因为责任更少。城邦喜欢教条主义就像孩子喜欢糖果一样,如果有人装作自己非常优越,以便有权统治城邦的话,那么这毫无意义,就像让城邦比现在还要自满是非常有辱人格的一样。

苏格拉底以逻各斯结束他的论证,而卡利克勒斯会把它当作一个神话。这个所谓的神话比苏格拉底对它的论证要短得多(523a1—a7,524a8—527a4)。苏格拉底的论证与《高尔吉亚》中的论述完全吻合。先于论证过程而存在的逻各斯应该是它的前提;但既然《高尔吉亚》的论证过程就是苏格拉底对高尔吉亚修辞术的分析,那么这一论证的前提也是高尔吉亚、珀洛斯以及卡利克勒斯共同分享的前提。对话的参与者中没有一个聪明到能够讲述自己的逻各斯,因为倘若有人曾经讲出来了,那么不管修辞术内含的原理多么可疑,它都会成为几何学那样的依靠推理的技艺。如果卡利克勒斯希望得到他想要的东西,他就尤其需要逻各斯,但卡利克勒斯将称其为无稽之谈,并且永远不会明白它究竟是什么。他将永远不会知道为什么他自己的逻各斯毫无价值。

苏格拉底讲述的故事有两个特殊之处。他将宙斯暴力推翻父亲克洛诺斯(Cronus)变成了和平继承,并且他把宙斯在有关正义的机构方面的改进,与他剥夺人们预见自己死亡的能力联系起来。这第一个改动代表着为获得一个更好的、没有不义的政治制度而做的改变。就像对于赫西俄德(Hesiod)来说,在实行那条永恒的法律时不需要使用暴力就可以获得更大的公正,因为这一法律规定不义者前往监狱作为惩罚,而正义者则前往福岛永远幸福地生活。宙斯的改革并不会带来完美的正义;首要的审判者们有时会感到困惑,即使是判决者弥诺斯(Minos)也不是总能解决他们的困惑。在克洛诺斯的时代,以及宙斯刚开始统治的时候,活着的审判者裁决那些仍然活着的人,那些预见自己死亡的活人可以用证人和证明书来迷惑审判者。他们运用高尔吉亚的修辞术取得了完全的成功。于是,宙斯建议那些审判者和被审判的人都应该是死人并且浑身赤裸。审判因此变得可以靠灵魂本身来判断灵魂本身,而不必牵涉到外貌或是否经受过教育等因素,而苏格拉底也已说过,这些因素既决定着正义,也决定着幸福。宙斯所实现的这一政治体制改革并没有超过正义。宙斯完全不了解哲学。

宙斯安排普罗米修斯(Prometheus)去解除人类预测他们的死亡的能力。在克洛诺斯的时代,每个人都在清楚地认识到灵魂不死、冥府和神圣法律具有效力的情况下,来为自己的审判做准备。宙斯拒绝让人类拥有这类知识。[99]他加入了疑问。虔诚问题——众神是否存在——在宙斯之前不存在;宙斯使虔诚成为问题——宙斯是否存在。毫无疑问,宙斯觉得人们最好是相信而不

是知道。于是,在他让祛除邪恶变得几近不可能的同时,他也剥夺
了人们关于法律的知识。在克洛诺斯的时代,知识和欺骗同时存
在;而在宙斯的统治下,只有无知,同时很少或根本没有欺骗。人
们不再了解众神,而灵魂则完全与身体分离。于是,意愿就变得能
够掌控一切。不再存在那种被认为能够导致犯罪的肉体冲动。理
查三世的驼背消失了。意愿成了全能的,但意愿并不接受评判。
即便是在宙斯的统治之下,灵魂究竟是混乱还是有序也仍然不可
知。除非灵魂影响了肉体,否则它总是不留痕迹的。因此,意愿不
大受到重视,而行动仅仅在它们于行动者的灵魂上产生的效果的
基础上被评判。打在脸上的耳光并不显现在受动者的灵魂上;但
被打耳光的人对耳光的说明则得到了认可:它表现为施动者灵魂
上的伤疤。于是,人们只能将不义当作不义来欲求,而不能把它当
做正义来欲求,因为这样的话它便不会留下任何痕迹。除非人们
被剥夺有关众神的知识,否则每个人都会升上天堂;不过在没有这
样的知识的情况下,不义此时可以等同于幸福以及对不义的渴求。
珀洛斯没错。道德义愤与正义之间确实保持一致:人们看到的是
幸福,而推断出不义。道德义愤绝不能让自己与欲望结盟;它绝不
能知道可以从惩罚中获得快乐。

　　苏格拉底从那个故事中推演出的第一个结论是死亡即身体与
灵魂的分离。他的推论相当于下述二者的结合,即高尔吉亚对身
体与灵魂的区分,以及卡利克勒斯为了无限自由地进行实验而对
冥府的需求。接下来,苏格拉底推断出每个不义的行为都在施行
不义的人的灵魂上留下了伤疤。他的范例就是 *mastigias*［无赖］,
一个主人认为该打、且当真给了他几鞭子的奴隶。这个奴隶就是
珀洛斯的阿凯劳斯。那个鞭打他的主人相信要么自己在治疗那个
奴隶,要么那个奴隶不可治愈;在第一种情况下,他一定认为他的
鞭打已经抹去了那个奴隶的灵魂上因不义行为而留下的伤疤;不
过,假如他觉得奴隶不可治愈,那么他一定认为自己在向别人展示

只有他才发现的那些刻在奴隶灵魂上的不可治愈的伤疤。除非珀洛斯和卡利克勒斯再一次说对了——珀洛斯的信念是惩罚者的意愿会通过身体的经验直抵灵魂，卡利克勒斯则相信人可以有效地从其自身的不义经验中推导出不义的施动者的意愿，否则这两种情况甚至都不可能出现。[100]苏格拉底用让 *en tēi psukhēi*（524d5）与 *en tōi sōmati*（524c6）严格对应的方式来表达进行这类假定的困难。*En tēi psukhēi* 必然意味着"在灵魂上"，就像 *en tōi sōmati* 意味着"在身体上"一样。于是，灵魂肯定有一个内部空间，而灵魂的伤疤则必然在其外表上，因为如果这些伤疤处在灵魂的内部，那么即便去除了身体，它们也还是看不见的。伤疤本来应该是灵魂的内部状况的症候，它不允许确定性的推断——除非对这些症候的解读者是不义的受害者。既然苏格拉底说惩罚在此处与在冥府中都通过痛苦来发挥作用（525b8），那么同样清楚的是，在殴打中了解到的自身意愿的是那个惩罚者，而在伤痕中得知自己对别人意愿的阐释的，是那个挨打的人。

在苏格拉底对冥府的纠偏性惩罚的说明（525b1-526c1）中，没有一次提到灵魂。灵魂成了身体的幽灵幻象。当苏格拉底引述宙斯的提议时，他让后者说审判者在审查那些赤裸的死者时，自身必须同时也是赤裸的死者，而要借助灵魂自身，他只有在死后才能看到每一个灵魂（523e1-4）。死去的审判者拥有一个灵魂；他并不等同于他的灵魂。他将身体复制到了灵魂之中。此外，苏格拉底在比较身体死后的特征和灵魂的特征时（524b6），插入了一个先行的虚词（*te*）——"二者"（both），却没有搭配相关的虚词（*kai*）——"和"（and）。对于一个活着的生物来说，身体（*sōma*）和灵魂（*psukhē*）同时存在（*zōion*）；而尸体（*nekros*）则是剥离了灵魂的身体（524c1-3；参见《斐多》80c3-4）。那么脱离了身体的灵魂又是什么呢？苏格拉底引用了《奥德赛》中的一句："拿着他金色的权杖，赋予死者（*nekussin*）以律法"。*Nekus* 在这里肯定就等同于灵魂,但实际上 *nekus* 同样等同于 *nekros*(尸体)。灵魂就像修辞术和道德所设想的那样,是有生命的、在隐喻意义上的身体的延伸。

审判者的主要工作是在不义的人中区分出可治愈的和不可治愈的。由于不可治愈的人的惩罚被用来警示别人,因此可治愈的人就是受到这些前车之鉴恐吓的人,而对不义的恐惧就是对惩罚的恐惧。不管怎么说,冥府由此成了一场悲剧展演,而且从别人的苦难中很有可能获得快乐。如果审判者只能简单地靠观察那些伤痕来判断展演所带来的快乐是否会取消表演者的意图,他们的判断就必须非常谨慎。也许众神都不是很好的诗人,但即使他们像美勒斯一样差劲,也会拥有一群不情愿的听众。苏格拉底表示只有罪大恶极之人才被判定为不可治愈:作为一个无足轻重的人,雅典民人不会被判处谋杀罪。苏格拉底提到了瑟赛蒂兹。在阿伽门农没能成功检验希腊人的决心而奥德修斯不得不在军队中重建秩序之后,[101]瑟赛蒂兹在会议上站起身来并用阿喀琉斯的语言攻击阿伽门农。对阿伽门农权力的挑衅现在已经蔓延到各个阶层,这些人用战利品的问题来阐释荣誉的问题。于是,奥德修斯站了出来,用激烈的言辞反驳瑟赛蒂兹,并威胁要把他扒光,然后用阿伽门农的权杖抽打他的后背和肩膀;瑟赛蒂兹弯下腰,热泪流出他的眼眶,血淋淋的鞭痕出现在他的背上;他在恐惧中坐下,并在擦去眼泪的时候痛苦而无助的观望着;其他与会者是悲痛的,但却带着快乐嘲笑他。荷马就像看着自己的邻居那样引用了每个人都会说的话:"天啊!奥德修斯在制定计划、策划战争方面已经做了成千上万的好事,但现在这件事是他做过的最好的事:他制止了下流的诽谤者;他那骄傲的精神肯定不会再刺激他用责备来指斥君王"(《伊利亚特》2.272-277)。

军队中的演讲是惩罚性修辞术唯一有效的形式。它包含了潜在的自我谴责,在其中人们抹除掉了自己在别人身上显现的邪恶。

邪恶肯定具有一个与瑟赛蒂兹一样勿须说明的外形——作为来攻打特洛伊的人中最丑的一个，瑟赛蒂兹说出了每个人所想的东西。于是，他就必然要遭受真正的惩罚，而对他的谴责让每个旁观者都会对自己说，真是罪有应得。民人必然可以分为自身与更高尚的自身两个部分，这样它才能一方面心满意足地看着自己挨打，另一方面又感到痛苦。通常来说，诗人总是把注意力过分地集中在君王身上，正由于他们是君王，所以他们的惩罚并不是十分有益健康，而对他们的不幸的幸灾乐祸也淹没了其他的经验。无论如何，苏格拉底只详细谈论了来自亚洲的那些罪大恶极之人；而埃阿科斯（Aeacus）会如何审判出身欧洲的罪人则并没有提及（524d8，526c6-7）。在这种情况下，苏格拉底尽其所能与卡利克勒斯相处。卡利克勒斯就像阿喀琉斯和瑟赛蒂兹一样自告奋勇地走上前来。苏格拉底可以分开他们并迫使卡利克勒斯蔑视雅典的民人，但他不可能通过责打一个代表来责打全体民人。苏格拉底并不处身于政治中（527d2-5），而瑟赛蒂兹则是一个虚构。①

[102]在对卡利克勒斯所说的最后的话中，苏格拉底道出了某个真正美且善的人和卡利克勒斯之间的区别，对前者来说一记耳光并不算特别糟糕的经历，而对后者来说，由于他毫无节制地相信自己是个"重要人物"，因此对这一信念的任何威胁都会让他失去存在感并使他成为一无是处之人（527c6-d2）。然而让我们大吃一惊的是，苏格拉底把自己与卡利克勒斯联系在一起，他说当他们对同样的事情的看法永远无法达成一致时，自认为是大人物并

---

① 在第二篇《腓利比克》（Philippic）中，西塞罗（Cicero）试图单凭言语就让安东尼（Antony）成为瑟赛蒂兹那样的人。他回忆了这样的场景——安东尼（作为半裸的牧神）向凯撒（Caesar）献上王冠以便成为他的第一个奴隶："噢，当你向裸体的人讲话时你的演讲是那么精彩！还有什么比这个更无耻，更卑鄙，还有什么比这个更值得受到各种惩罚？你在等我们用赶牲口的尖棒戳你么？这个演讲在谴责（lacerat）你，这个演讲在让你流血（cruentat），如果你还有一点感觉的话"（38，86）。西塞罗在安东尼缺席的情况下发表了这个演讲，但它成功地使得元老院谴责安东尼。

四处夸耀的行为可耻,"并且最重要的事情是——我们缺乏教养到了何等可悲的地步"(527d5-e1)。这使得我们相信,苏格拉底非常友善,他为了隐藏对卡利克勒斯的谴责而去谴责他自己;但苏格拉底就是在谴责他自己。他暗示着自己与卡利克勒斯分享的经验:他们都无法抗拒地按照自己所爱的人的命令去言说,卡利克勒斯以德摩斯的语调说话而苏格拉底则以阿尔喀比亚德的语调说话。苏格拉底给卡利克勒斯和他自己提的建议是阉割(参见508e1);这样他们就能足够纯洁以便转移注意力到政治上去。他更为严肃地暗示着,他们还没有开始对本性的研究。

# 第五章 《斐德若》

[103]对《斐德若》的任何一位读者来说,最初的困惑也是最终的困惑。对话由两个部分构成。第一部分包含三场讨论爱欲的讲辞,第二部分则与写作的技艺有关。爱欲的讲辞似乎并非专为讨论写作技艺而设,因为在苏格拉底的任何其他话题中都可能论及写作技艺。在这个意义上,《斐德若》令人想到《高尔吉亚》,在那里,在正义问题上讨论修辞术技艺也显得有些古怪。可是,苏格拉底关于《斐德若》前后两部分关系的观点(262c10,265c8-d1)仍然令人生疑。他论述到,一篇完美的文章应当像一只动物一样,每个部分都与其他的部分接合得天衣无缝(参见《高尔吉亚》503e1-504a1);而我们认为柏拉图想要通过《斐德若》这篇对话最为切近地阐释苏格拉底的论题。尽管柏拉图记录下苏格拉底的论辩,这背离了苏格拉底那个口头表达优于书写的判断,但我们不会就此认为柏拉图竭尽全力所做的不过是表现自己的无能。对话不清晰的整体性,似乎是与柏拉图表达的不清晰有关——他其实并没有真的否定苏格拉底。认为苏格拉底的双重主题——写作是低一等的以及完美的写作具有整体性——意味着完美即有所缺失是一回事,但认为柏拉图为了证明苏格拉底的论述而对《斐德若》做了修补则是另外一回事。

　　对话第一部分中第三篇关于爱欲的讲辞的高潮部分是断言存在着一种爱欲的技艺或学问。正是通过苏格拉底,爱欲成为了一种技艺,它是第四种成为技艺的神圣迷狂。苏格拉底声称爱欲问题是他独有的知识范畴(《会饮》177d8),同时又声称爱欲的疯狂完全理智,或者说,疯狂是最高形式的节制(sōphrosunē),或自我控制与自我认知。疯狂即理智这个说法本身就非常古怪,不仅如此,《斐德若》的独特结构也说明它是错误的,因为不管苏格拉底的爱欲讲辞有多么疯狂,柏拉图关于写作技艺的讨论都像其他篇章一样冷静。[104]但如果我们将这篇或者这些讲辞看作是一个经验向知识的转变过程的范例,那么我们或许就可以解决这个难题。这些讲辞是有爱欲的人(lover)给自己所爱的人(beloved)的,他们想要通过讲辞将自己经由感官获得的经验归纳出来。于是,苏格拉底的爱欲技艺就代表着一般学问的可能性;而由于爱欲技艺看上去很像哲学,它也就表征着哲学必备的那种超越自身、具有智慧的愿望。那么,苏格拉底的爱欲技艺或许是一个错误的命名,因为它将分别对应着《斐德若》前后部分的两个完全不同的情形拼接在了一起。《斐德若》的两个部分或许正显示了那个关于苏格拉底爱欲技艺的含混说明的真实状态,而柏拉图原本应该赋予苏格拉底式悖论一个合逻辑的形式。

　　如果说,我们不愿让这位学生如此轻易地抛弃了他的老师,那么这并不是因为弑父是一项难以宽宥的罪行(《智术师》241d1-3),而是因为苏格拉底的爱欲技艺是专属于他的,是难以从他身上剥离的一部分。之所以不能分离,是因为苏格拉底的爱欲技艺不能脱离他的自我认知。除非自我认知本身发生了改变,或者其面对的自我开始假称自身具有普遍性,否则自我认知就不会像一般知识那样具有普遍性。知识的普遍性与自我认知的个体性似乎很难协调一致。我们只有在忘记自己时才会变得有学问,而我们只有在拒绝学问时才能获得自我意识。看起来,阿蒙神(Ammon)

关于写作的警示,似乎就是对学问的自我遗忘属性的警示,因为不能被写下来的东西就不能成为一门学问,而写下来的东西又一定会破坏自我认知。

似乎为了连结自我认知与知识,《斐德若》的两个部分就必然要彼此结合。第一部分的修辞术特性与第二部分的辩证特性,反映了灵魂与理智之间的不同。苏格拉底的第二场讲辞轮流论述了灵魂与理智这两个主题,其中灵魂独自行动,而理智则由诸天之外的存在(hyperuranian beings)塑成。在苏格拉底看来,爱欲的灵魂有十一种类型,而认知的理智则有九种。灵魂的特质是整体性,而理智的特征是局部性,因为没有人能获得彻知一切的视野,每个人都追随着一位奥林匹亚的神明的踪迹。由是,苏格拉底的爱欲技艺似乎就成为了灵魂与理智相结合——亚里士多德用此来界定理性的动物——的特殊例证。在人这种理性动物身上,分离往往清晰可辨,但结合却看不清楚,而《斐德若》中要求好的写作应像是一只动物,由此我们便遭遇到了清晰的分离与隐秘的结合。[105]《斐德若》或许并不具备人的形体,但不管怎么说,它仍旧理性。只是因为我们太沉浸在自身之中而未能步出我们的皮囊,它才会看起来像个怪物。在《斐德若》的结尾处,苏格拉底所祷告的神明是潘神(Pan)。

# 第六章　斐德若与苏格拉底（227a1–230e5）

[106]关于斐德若，我们知道三件事：他擅长令人们开口谈话；他非常在意自己的健康；同时，爱欲不管是一位神祇还是一种灵魂的体验，都令他格外感兴趣。讲辞便是他的食物与饮料，而他要是不那么在意自己的健康的话，就可能会像苏格拉底提到的蝉那样，在缪斯不断的诱惑中慢慢消耗下去。斐德若只要听。他是 *philologos* 的字面意义——热爱讲辞的人，而非 *philotheamōn*——热爱视觉的人。他并不清楚爱欲的原初经验，但是由爱欲衍生的讲辞对他有种特殊的吸引力。爱欲讲辞要么关于爱神爱若斯，要么宣扬爱欲。若讲辞与爱若斯有关，那么它表达的便是有爱人爱欲经验；若讲辞宣扬爱欲，那么它的意图就是说服被爱的人分享有爱欲的人的体验。斐德若对这两种爱欲的讲辞都很关注。他想要知道，为何爱神爱若斯从未被任何文章或诗篇颂扬过（《会饮》177a5－c5），为何有爱欲的人那个"我为你疯狂"的宣言会有分量。亦即，斐德若想知道的是，为什么爱若斯作为希腊的主要神祇之一却没有受到人们的颂扬，为什么人们要喜欢那些疯狂的有爱欲的人胜于清醒的有爱欲的人。尽管这两个问题被组织进了不同的对话当中，但苏格拉底在《斐德若》中对它们全都做了解答。他说明了诗人对其神明之一的爱神爱若斯保持沉默的原因，并将爱欲的疯

狂阐释为当人们超越法则时获得的经验。看起来，诗人的众神是一种离开城邦和城邦的众神的方法，它向一切曾有过爱欲经验的人敞开。不过，苏格拉底却必须向天生对这种经验免疫的斐德若解释这些。他只能从斐德若读到、听到的东西开始讨论。他的任务与泰阿泰德（Theaetetus）的任务难度相当——后者不得不向一个他从未见过、且假装失明的智术师解释何为形象（《智术师》239e1-240a2）。

斐德若做一切事情都依赖书本。如斐德若所说，他正是在听从医生的告诫走出城邦时遇上了苏格拉底，不过，他与此同时也在记诵一篇吕西阿斯的讲辞。[107]他想一边恢复身体健康，一边练习讲辞。根据斐德若的几点提示，苏格拉底很容易就准确地重构了一系列具体情境，说明了斐德若为什么产生了在乡间散步的计划。然而，苏格拉底以对自己的了解来衡量斐德若，这使他没有觉察到斐德若羞怯之下的虚伪。斐德若想使苏格拉底认为他不可替代，这样苏格拉底只能依赖他的概述才能听到吕西阿斯的讲辞；但是当苏格拉底注意到他左手握着的稿子时，斐德若便完全多余了。斐德若再也不能随心所欲地领苏格拉底到他想去的地方了，因为现在苏格拉底可以随意在城里读到吕西阿斯的讲辞。

斐德若原本意图将吕西阿斯的讲辞全部复述下来，这样就能冒充它是自己所作。在遇到苏格拉底并停下脚步之后，他就想至少在某种程度上让苏格拉底需要他；但是当苏格拉底识破了他的想法后，他便站在了吕西阿斯讲辞的思想（*dianoia*）与它的文字表达（*rhēmata*）之间的差别上——他说自己不记得怎么复述了，但对其思想已烂熟于胸。由于斐德若认为这种思想涉及有爱欲的人和没有爱欲的人（nonlover）之间的区别，因此，他暗示文字表达当中所蕴含的观念，是人们应当满足没有爱欲的人，而不是有爱欲的人。斐德若以区别辩证法和修辞术开始，我们看到,这一区分在整篇对话的两部分中得到了最大程度的展示。

　　斐德若指出,思想有助于标示出区别之处;它在引导倾向上并无助益。我们在对话的第一部分中暂时界定为灵魂的东西,斐德若则称其为词汇与短语(*rhēmata*)。严格说来,词汇与短语就是构成一册书卷的全部。斐德若要想成功地将吕西阿斯的文章纳为己有,就应该将倾向性说成是灵魂的一种。从定义上讲,没有爱欲的人就是被爱欲的人。在吕西阿斯的讲辞中,斐德若看到了被爱欲的人在寻找有爱欲的人时做的讲辞。苏格拉底倘若为了听到吕西阿斯的讲辞而追随他去任何地方,那么就会成为这样的一位有爱欲的人。由于在这里充当被爱欲的人是一篇讲辞,而在其中,灵魂与理智完美结合在一起,同时被言辞魅惑的有爱欲的人也接受了言辞所携带的思想,因此斐德若本来可以不必考虑有爱欲的人要将所见转变为讲辞的需求。如果斐德若得偿所愿,那么爱就会像拾起一本书翻阅那么简单。

　　苏格拉底大致猜到了吕西阿斯和斐德若之间的情形;然而一旦他瞥见了那篇讲稿并猜到斐德若已然没用了,[108]他对斐德若的所有了解便也没价值了——"讲辞原文"在手时,苏格拉底就不再仅仅满足于吕西阿斯的思想了。这意味着,就在斐德若不再能挡在吕西阿斯和苏格拉底中间的那一刻,苏格拉底却发现他的独有技巧大打折扣——在他年轻时,就曾经在帕墨尼德(Parmenides)和芝诺(Zeno)面前施展过这个技巧。不管怎么说,苏格拉底对斐德若的了解建立在他对自己的了解之上。这是否意味着他对自己的了解也打了折扣?除非,共享同一种狂热好过于独自一人走向狂热,无论斐德若究竟是爱嘲弄人还是爱动感情,这两种信息都一样没用。起初,苏格拉底只能依靠斐德若才能接近吕西阿斯,吕西阿斯也只能在斐德若的判断中才能被瞥见(图14)。一旦全部的吕西阿斯都可以在书中看到,斐德若就沦为了苏格拉底

的一条方便路径(图15)。然而仍然存在这样一种可能性,即斐
德若和苏格拉底像狂欢的祭司同伴(fellow corybant)那样一起去
经历一些事,彼此不离不弃(图16)。要是这种共享的经验与独
自阅读迥然不同的话,它就会必然取代吕西阿斯,并形成一个吕
西阿斯的虚像(图17)。只有在这种情况下,苏格拉底对斐德若
和对他自己的了解才必不可少。因为要是没有这种知识,就算
他俩仍然一起感受着吕西阿斯的虚像,苏格拉底对此也无从
知晓。

**图14 吕西阿斯、斐德若及苏格拉底的最初关系**

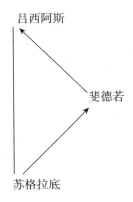

**图15 吕西阿斯、斐德若及苏格拉底接着的最终关系**

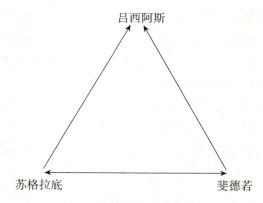

**图 16　被经验的吕西阿斯**

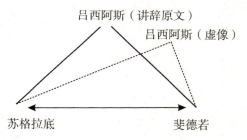

**图 17　作为虚像的吕西阿斯**

　　或许可以说,苏格拉底已为自己与斐德若的相遇做了一种解读。他的解读与这次相遇毫不相干,他向一个斐德若描述了另一个似乎并不在场的斐德若,后者非常羞涩地消失为"第三个人"。任何一种已知的语言都有第一人称、第二人称代词,[109]即"我"和"你",然而很多语言,如希腊语等都没有第三人称代词,因为对话里面并没有一个既不说也不听的人。① 爱嘲弄人的斐德若是一个在场的缺席者;[110]而书中的吕西阿斯,却是一个缺席的在场者。在那篇讲稿中,他相当于"我",正如读者相当于"你"。斐德

---

① E. Benceniste, "La nature des pronorns", chap.20 of *Problèmes de linguistique generale* (Paris 1966), 251–57.

若充当这本书的代言人时，相当于没有爱欲的人是"我"，而苏格拉底自然就成了"你"。苏格拉底本来会听到一场讲辞，要求他这个没有被爱欲的人（nonbeloved）不要去取悦有爱欲的人，而要去取悦没有爱欲的人。斐德若与苏格拉底两人都是没有爱欲的人，其中一个要求另一个来取悦自己；他们对于讲辞来说，又都是有爱欲的人，其中一个遵循了吕西阿斯的讲辞而拒绝去取悦另一个。只要斐德若还未对苏格拉底读那篇讲辞，他就遵循着讲辞之意；然而他一开始读，就迫使苏格拉底将他看作没有爱欲的人、而不是热爱讲辞的人来迎合他。有人要说，苏格拉底和斐德若热爱的是讲辞，因此他们都是没有爱欲的人，而苏格拉底扩大了"有爱欲的人"的概念，将自己和斐德若都包含了进来，这毫无必要地把吕西阿斯的简单讲辞弄复杂了。吕西阿斯的讲辞或许确实很简单，但是其背景却并不简单。按照斐德若所言，吕西阿斯的讲辞只在某种意义上才是一篇关于爱欲的讲辞。"我不知道在什么情况下，"他说到，"它是一篇关于爱欲的讲辞"；于是，它也在某种意义上不是关于爱欲的讲辞，因为它的讲演者既没有描述自身的爱欲经验，也没有增进别人的爱欲经验。究竟事实上谁才是吕西阿斯讲辞的代言人不得而知。斐德若并没有说吕西阿斯的讲辞为了一位试图引诱（peirōmenon）美貌者的没有爱欲的人而作；相反，他说道，"吕西阿斯写了一篇文章，描写一位美少年如何受到诱惑（peirōmenon），但引诱他的人并不是一个爱他的人——妙就妙在这里。他坚持说这位少年应该接受不爱他的人，而不是接受爱他的人"（227c5–8）。斐德若显然没有说明白吕西阿斯所设想的发言人会是谁。只有在发言者天然是一个有爱欲的人的时候，听讲辞的人才能变为一个被爱欲的人，同时，除非发言者通过选择某位美少年充当听众的行为表明了他其实是一个有爱欲的人，不然他就不可能做出这样的选择。[111]于是吕西阿斯所写的就是一篇不能诉诸言辞的讲辞，因为一旦诉诸言辞，就会确定下某种关系，从而背离了该讲辞的前提。吕西阿斯的讲辞在本质上是一篇写作稿,其预设的无名读者极力地迎合作者,不管后者引介的是怎样的书都会去读。这篇讲演提醒这位读者防备苏格拉底,为了让对话(dialegesthal)能够进行下去,他为了自己和哲学占据了一些日常词汇——原本对话中的"我"和"你"可以按平时用法那样使用。苏格拉底通常会从人们的处境开始谈起,但是他现在却突然遇到一篇文章,它不仅将斐德若排除在外,而且很快也威胁着要将苏格拉底自己排除在外。苏格拉底被放置在了一篇文章中,该文章包含着威胁要放逐他和哲学的文章。《斐德若》记叙了苏格拉底如何成功地制止了这种威胁,之后又失败的过程。他击溃了吕西阿斯,并被柏拉图囫囵地吞了下去。

为了暴露、进而摆脱斐德若,苏格拉底与他进行了几次必要的交谈,之后苏格拉底发觉自己或许也像斐德若一样可有可无。苏格拉底凭借着对自我的了解将斐德若弃置一旁。现在,问题变成了苏格拉底的自我认知的状况。斐德若的一句不经意的评论引出了这个问题。他问苏格拉底他们是否就走在传说中波若阿斯(Boreas)掳走俄瑞狄亚(Oreithyia)的地方附近;苏格拉底回答说,"传说是这样的";然而,当斐德若从水的清澈、纯净、迷人来推断此处确实就是那场强掳的发生之地——因为伊里索斯河(Ilissus)太适合女孩子们嬉水了——的时候,苏格拉底却说不对。斐德若沉迷于一种简易的推理,而苏格拉底则说那个地方应该在顺河流向下游走大概 2 到 3 个赛场那么远的地方,因为那边有波若阿斯的祭坛。苏格拉底暗指,神话并非是那类改变了形态的现实,不能轻易就恢复了现实的原本样貌。神话不是一些加密的、密钥可以被轻易掌握的信息。苏格拉底将故事设置在一场背景为人所熟知的献祭之中。在薛西斯(Xerxes)入侵希腊的时候,希腊人向波若阿斯乞援(一则神谕指示他们向女婿祈求帮助),霎时间一阵狂风从美格尼西亚(Magnesia)海面上呼啸而起,淹没了至少 400 艘波斯战舰,之后希腊人就在伊里索斯河为他建造了一座祭坛(希罗多德,7.188–192)。于是,苏格拉底暗示,公认的俄瑞狄亚被掳故事发生地点是希腊人为祭坛选址的基础。人们的观点取决于那个最重要的历史事件,而在其中一个来自故事书的形象被赋予了政治约束力。法律没有任何的推理可能。法律具有自身的理性。

[112]苏格拉底否认他们正处身于那场强掳的发生之地——尽管传闻和斐德若的善辩都支持这个观点——令斐德若十分惊异,他问苏格拉底是否被说服了,相信这个故事(*mutholog ma*)是真的。斐德若听说修辞术的说服的实施基础是看法而非真理,于是便问苏格拉底,他的那些因"他们认为"、"据说"而显得不可靠的陈述,是不是必须依赖他的某种信念才行。然而,苏格拉底并不相信(*peithetai*)这个故事是真的;不如说,关于波若阿斯或者其他的怪物,他遵从(*peithetai*)的是合乎法律确立起来(*to nomizomenon*)的东西。苏格拉底暗示着,遵从法律与被法律的真相说服是截然不同的两件事。在这里,他含蓄地对 *nomizein* 和 *nomizein einai* 做了区分——在柏拉图的《苏格拉底的申辩》中他曾模糊了这个区分(26b3–c8)——其中只有前者是属于法律的,因为当信念超出了法律的范畴时,法律便无法对那种信念加以检测。法律必定属于世俗。它不可能包含关于灵魂的知识。因此,苏格拉底关于灵魂的知识处在法律之外;除非他被禁止谈论、推进这种知识,不然它就根本不违法,也不会变成违法的。苏格拉底把交谈看作是哲学,这是哲学对任何一种专制的最后防线(色诺芬《回忆苏格拉底》1.2.33–37)。

苏格拉底向斐德若指出了一个令波若阿斯与俄瑞狄亚的故事可信的方法。那并不是相信故事本身,而是相信一种保留了故事全部基本元素的阐释。其中,波若阿斯被阐释为北风,它在俄瑞狄亚与法马珂娅(Pharmakeia)玩耍时把她从岩石间推了下去。俄瑞狄亚遭到强掳是对她横死的掩饰。欲望的故事掩盖了命运无常的真相。这则神话本身的出现也很偶然；它并不是精心虚构出来的。
*Pneuma Boreou*（波若阿斯的狂风）简写为波若阿斯，"抓住"（*har-pasai*）被阐释为"强掳"而不是意义含混的"推下"（*ōsai*）。波若阿斯在不知不觉间变成了某种有意志的存在物。苏格拉底说自己还不能像德尔斐神谕（Delphic writing）所说的那样认识自己；他不知道的是，自己灵魂的本性究竟是简单还是复杂；然而"灵魂"（*psukhē*）最初的意思是呼吸，并且同根的动词形式为吸气与呼气（*psukhō*）①。这种阐释暗示着，苏格拉底唯一关心的是，波若阿斯比任何别的事物都更像是一位神灵。[113]苏格拉底不是在呼吸的生理层面来理解灵魂，这就跟他说要解释完所有的怪物一样可笑。他论述到，除非他弄清楚自己是不是一个怪物，不然他就不能够判断怪物是否存在；而唯理主义者（the rationalists）却称他们已经弄清楚了，灵魂很简单，就像呼吸一样。苏格拉底对怪物的既定法则的遵守，似乎妨碍了他对灵魂真谛的探寻。他已经相信，那些关于怪物的既有知识都是真理。

某种唯理主义（rationalism）打断了苏格拉底的计划。令它尤为怀疑的是，波若阿斯的暴力是否与苏格拉底灵魂可能具备的温和极为不同，而在一般意义上，它也质疑了爱欲的讲辞是否可能，以及能否超越有爱欲的人和被爱欲的人之间的本质区别。那个传说暗示着任何有爱欲的人和被爱欲的人之间的联结都是暴力性的，因为他们合起来便只能是一个怪物；而那种理性阐释则指出没有什么能够打破本性的一致，因为任何自然物种都在繁殖中保持了相似性。不管传说和理性的阐释这两种说法多么不同，它们都反对苏格拉底——他将宣称灵魂本质上是一个怪物，但并不一定

---

① 参见《克拉提洛斯》399d10–e3。荷马已经知道了灵魂和呼吸之间的关系；他让奥德修斯讲到，他愚蠢的伴侣厄尔皮诺喝醉了，爬到了喀耳刻的宫殿顶上睡得不省人事，"寻找荫凉"，而当他听到他们召唤他去船上时，忘记了自己是在屋顶上，结果跌下来摔断了脖子，"他的灵魂落入了冥府"（《奥德赛》10.552–560）。

是一个只依靠暴力维持整一性的怪物。不管怎样，苏格拉底并没有在原则上排斥某些关于传说中的怪物的理性阐释；他仅仅是没时间去研究自己之外的其他事物。苏格拉底似乎想到了柏拉图：后者没有遵照德尔菲神谕的指示，相反却投身于对许许多多人类灵魂——苏格拉底不管多么伟大也只是其中之一——的阐述中。柏拉图很不幸地离开了自身而转向了高尔吉亚们和阿尔喀比亚德们，美诺们和卡利克勒斯们——他们在不可胜数的人类当中只占据一小部分。苏格拉底关心的是，他自己会不会是一个比百头怪（Typhon）还要复杂的怪兽；然而百头怪——这个地母的幼子战胜了奥林匹亚诸神之后，化身为除南风（Notos）、北风（Boreas）和西风（Zephyros）外的其他一切风之来源——似乎就是摹仿规则的化身，因为据赫西俄德所说，它能够再现无论来自神灵还是怪兽的一切声音（《神谱》820-80）。对怪物的理性阐释便是对诗歌的理性阐释，而对于被理性化了的诗歌来说，柏拉图比其他人的看法更高明。假如爱欲的技艺和诗歌的技艺都是神圣迷狂的理性形式，那么苏格拉底的自我认知与柏拉图的神怪故事之间又有怎样的联系呢？关于森林之神西勒诺斯（Silenus）的故事能否比关于百头怪的故事流传得更长久？

苏格拉底仍不确定自己是一个比百头怪还要复杂的怪物，喷着火冒着烟，还是一个较温和、简单的动物，天然地生活在某种恭顺的神圣种群当中。显然，德尔菲神谕的"认识你自己"警示着每一个进入阿波罗神殿的人，[114]告诫他们应该认清自己是人而非神，然而，苏格拉底却将百头怪看做神的唯一替代物。人并非介于怪物与神之间。苏格拉底暗示说，那样的人不存在。他认可习俗成规，因而犹豫是否应该认为百头怪只是一阵烟雾（tuphos），这为彻底避开那种在其中人自身就成问题的习俗成规作了铺垫。苏格拉底尽可能清晰地说明了这一点，之后就告诉斐德若，他不离开城邦的原因是树木和田园并不会教给他东西，而只有城里的人才会。只有通过人类，苏格拉底才能弄明白自己究竟更像怪物还是更像神明。"他是什么"这个问题，应该通过"他不是什么"来找到答案。这个苏格拉底式的谜题，令苏格拉底同样疏远了城邦和城郊。他必须留在城中，远离城郊，以便于弄清楚他从自身构造中获得的知识。不管怎么说，他现在愿意离开城邦了，条件是斐德若要为他朗读。一开始，苏格拉底就像了解自己那样轻易就读懂了斐德若，而这只是为了表明他不必再去探究斐德若或他自己；紧接着，苏格拉底声称由于他对自己还缺乏了解，因此他并没有兴趣运用理性来消解神话，而这只是为了表明，如果有书籍可凭的话，那么城邦中的人对他来说就没有必要了。一卷记录了吕西阿斯讲辞的册子使得苏格拉底不再需要斐德若；而大多数情况下，似乎讲稿就能够解决苏格拉底式的谜题。吕西阿斯将情欲理性化，这表明有可能也将苏格拉底理性化。后者不会比波若阿斯、灵魂和百头怪的真相——风、呼吸和烟雾——更特殊。

苏格拉底颇具文学性地描述了将要朗读吕西阿斯文章的地点，这令斐德若开始感到奇怪。之所以说这种描述具有文学性，是因为它向斐德若讲述的方式就像是斐德若对那个地点没能感受到苏格拉底所感受到的东西一样。这种描述如同苏格拉底对斐德若的解读一样具有疏离感——后者将斐德若变成了自身之外的另一个斐德若。不管怎么说，正因为苏格拉底不了解城郊，而不是因为他对城郊的了解，才使得城郊成为了在场的缺席。他说出了许多景色美丽迷人之处，但它们一言不发，不能引起他丝毫的兴趣。他对斐德若的兴趣在于后者将要做一个讲辞，而城郊则没什么可说的。无论我们怎样美化它，都不能说服它加入到我们对其本性的探究中来。它在本质上是第三人称。在我们的记述中，它总是疏离于它自身。

构成了苏格拉底的描述的七件事物当中，除了一件外都受到了赞扬。梧桐树、贞椒树、溪水、场地、蝉以及绿草，每一个都获得了应有的称赞；然而，苏格拉底从神像和神龛中推断出来的、位于他列表核心位置的，也是很容易想到的能够凝结整个场域的东西，是一片祭献给水边仙女和阿刻罗俄斯（Achelous）的圣地；对于它，苏格拉底未赞一辞。由于不了解自己，苏格拉底不能判断人的形象究竟是美还是丑。就像我们不了解怪物一样，我们也不了解众神。苏格拉底抛开了自身以外的一切，并像一个一无所知的人一样面对自己，以此来探究大多数人（如果不是所有事物的话）的情况。我们需要一种灵魂学，它以苏格拉底为个案，并由此判断自身的适当性。所谓的苏格拉底问题是以苏格拉底开始的。

# 第七章　吕西阿斯（230e6-237a6）

[116]吕西阿斯的讲辞没有呼格词。任何人都可能成为讲演者，也都可能成为它的听众。这篇讲辞将一个没有爱欲的人推荐给另一个没有爱欲的人，但它不能推荐讲演者，也不能推荐吕西阿斯。吕西阿斯的名声在发表了这篇讲辞之后就变得很坏，甚至如果他跟在没有被爱欲着的人身后，也不能成功地伪装成没有爱欲的人了（232a8-b2），而讲演这篇讲辞的人则承认，在无数没有爱欲的人中间，他自己或许并不是那个最能够兑现承诺的人（231d6-e2）。因此，这篇讲辞建议没有爱欲的人去寻找尽全力为他服务的最佳伴侣，而代价则是他的性爱欢愉。然而，这篇讲辞并不能说明，在一味享受而不求对方回报这方面，那位最佳伴侣或许很难做得比讲演者更好或跟后者一样好（233d2-4）。实际上，这篇讲辞承认在没有性爱的家庭中存在着强烈的友情，由此，它暗示着，除非是在乱伦的情况下，不然那位没有爱欲的人永远不会被怀疑是一位有爱欲的人。如果没有被爱欲的人能提供的仅仅是他的情意的话，那么这篇讲辞就有意义（231c1），它敦促他去利用自己拥有的东西来做一笔尽可能好的交易。没有爱欲的人主动担当他的皮条客，将他卖出一个更好的价码。假如讲演者恰恰成功地让没有被爱欲的人偏爱他，而不是别的没有爱欲的人，那么当这个没有被

爱欲的人试图赢取没有爱欲的人的诺言时，他便会变成一个有爱欲的人。于是，没有被爱欲的人就陷入了一份无法履行的契约当中，因为讲演者认为，没有爱欲的人所关心的只是自己的利益且不知感激。

吕西阿斯的讲辞太泛了，其所有论证的措辞都是可能性的。或许所有曾经有爱欲的人都会为自己的付出而感到懊悔，但对于没有爱欲的人来说，不懊悔则只是不太合适和并非不可避免。吕西阿斯不能断言没有爱欲的人在给予恩惠之后没有感到后悔。这篇讲辞假定两个没有爱欲的人本来便有友谊，但这种友谊的印记一直被讲演者刻意掩饰着，直到他们变成了我们所说的有爱欲的人。讲演者承认他有需求，而这种需求只能被表达为一个有爱欲的人的需求（参见233d5），因此，讲演者——如果他最终也没承认自己仅仅是有爱欲的人中较好的一个的话——与有爱欲的人之间的区别就仅仅是：[117]他从不说"我爱你"。于是，吕西阿斯的论辩就成了这样一种宣言：即便人们没有注意到它在当时可能蕴含的伪善、以及将来变成谎言的可能，它也不能以任何方式影响被爱欲的人。被爱欲的人自身并未发生改变，仅在有爱欲的人的想象中，被爱欲的人才是一个受动者。"我爱你"这三个字对被爱欲的人来说意味着："我发现你很特别，而在我宣称你是我所爱之前，你什么都不是；故此，你应该因我把你挑选出来而爱我，因为没有我的话，换句话说，没有我始终如一地通过'我爱你'这句话来确认你的优越的话，你就会回到其他那些与爱欲无关的、无足轻重的人中间。"有爱欲的人在极度渴求和突然意识到自身的本质缺陷时所体验到的羞耻，被一种得意洋洋的论断遮蔽了——因为有爱欲的人承认被爱欲的人是重要的人，所以被爱欲的人亏欠了有爱欲的人。故此，由于被爱欲的人被迫认为自己有义务弥补有爱欲的人自尊心受到的伤害，有爱欲的人就不再是一个有爱欲的人了，而是变成了一个将自己的羞耻当作权利炫耀的原告。于是，吕西阿斯写下的是一篇针对爱欲的法庭讲辞；它在正义的名义下对爱欲进行控诉。同样，吕西阿斯的讲辞也佐证了波若阿斯与俄瑞狄亚的故事，因为一旦承认了有爱欲的人的讲辞对正义的诉求具欺骗性，那么当这个有爱欲的人想要维持自己的身份，并且不在他没希望打赢的官司上抗辩时，他就只好诉诸暴力。有爱欲的人必须是公然不义的。

借由经验中其他控诉所激起的感情，人们完全能够感知到吕西阿斯控诉爱欲的强度。苏格拉底从斐德若那里听到文章的主题时，立刻表示希望吕西阿斯比现在更受欢迎，还希望他说过不应当接受富人而应当接受穷人，不应当接受青年而应当接受老翁（227c9-d2）；然而吕西阿斯已经预料到有这样的质疑，他论说到，有爱欲的人并不比那些需求最强烈的人更应该获得满足。如我们所知，苏格拉底正是对自身有着极大的困惑，并且对他人有着最大的需求的人。他对自己的不了解与对他人的需求标示出了爱欲的一般特征。其他任何一个有爱欲的人都有求于人，并且在自己所爱的人面前神智不清；而苏格拉底却在自己面前不能认清自己，他不是需要这个或那个特定的人，而是需要那些生活在城镇当中的人。苏格拉底吸引他人的广泛程度，与他自己的注意力分散程度不相上下。就吕西阿斯没有去寻找其他可能，而是坚持常识判断——有爱欲的人有求于人且神思不清——而言，只有苏格拉底自己完全符合对爱欲的控诉。苏格拉底的在场，即他是讲辞的听众这一点，使得一系列泛泛的控诉转变为具有"写作原则"（logographic necessity）印记的东西。

[118]为了对抗诱惑，吕西阿斯的讲辞不得不武装那些将要被爱欲的人；斐德若被一篇令人失望且毫无魅力的讲辞所迷惑了，令苏格拉底感到惊异的，正是斐德若那么乐于谴责爱欲。激发起斐德若的情绪的，是一篇并不令人激动的文章。这篇文章中没有出现神灵附体（entheos），却在斐德若的心中唤起了神灵。这位神

就是正义。他站在吕西阿斯及其讲辞一边对抗苏格拉底温和的批评，表现得就像是一切发现有人批评自己情人的有爱欲的人那样。他特别挑选出一些溢美之词（onomata），这背叛了他的信念——按照他最初对思想与词语（rhēmata）的区分来说，没有爱欲的人比有爱欲的人更应受到青睐。这种信念首先只不过意味着被爱欲的人总是高于爱欲他的人（《会饮》180a7-b4），同时它也意味着吕西阿斯比任何一个希腊修辞学家都优秀，而他的讲辞包罗万象，没什么需要补充的。换句话说，斐德若之所以不愿意弄明白这篇讲辞吸引他的地方，是因为他和吕西阿斯是同一个类型，而苏格拉底也许看不到他（斐德若）在他（吕西阿斯）身上看到的东西。吕西阿斯翻来覆去用不同方法讨论同一件事，对斐德若而言，这仅仅说明了吕西阿斯满足了他所有的诉求，毫无任何有爱欲的人不得不去想办法解释的污点（《王制》474d3-475a2）。吕西阿斯明晰的风格证明他没隐瞒什么。于是，斐德若认为在这个特殊的例子中，修辞术与辩证法相符合，而理性也知晓心中所有的动机。没有爱欲的吕西阿斯说服有爱欲的斐德若去效仿没有爱欲的人。如此一来，他就显得像其他所有没有爱欲的人一样理智。承认跟斐德若一道陷入酒神狂热的苏格拉底说斐德若有极好的头脑（234d6）。

　　苏格拉底自己察觉到吕西阿斯的讲辞在修辞术和辩证法两个方面都有缺陷；其语言并没有达到它应该达到的那般简明而微妙，同时吕西阿斯也没有交代其主题的全部背景。苏格拉底声称不是靠自身而是靠某个外部的源泉才知道这一点的，随后他明确说这个源头就是斐德若（242e1，244a1）。斐德若就像被爱欲的人激发有爱欲的人那样，激发了苏格拉底写出一篇仅仅适合他的文章。这篇文章的前提和吕西阿斯那篇的相同，即讲演者不会声明自己是个有爱欲的人，但与吕西阿斯的讲辞不同的是，这一篇不会以"致任何无关紧要的人"开始。苏格拉底将在对吕西阿斯进行补充的讲辞中说明，当斐德若相信他自身没有影响到自己的选择时，他是在自我欺骗。斐德若未能运用理性。这并不奇怪；奇怪的是斐德若没有从爱欲诗人萨福（Sappho）与阿那克瑞翁（Anacreon）那里看到与吕西阿斯相同的意图。斐德若没有意识到，任何人在赞美他的爱人时，都是在赞美没有爱欲的人。抛开其中对"我"和"你"的挪用——好像它们指称着不同的人一样——之后，[119]吕西阿斯的演讲就是在让被爱欲的人自己去寻求乐趣。这篇讲辞的核心就是自私，然而同样重要的是，这样一篇自私自利的讲辞被表现得好像是在讨论没有爱欲的人之正义，以及有爱欲的人之不义。斐德若是被一篇使他的自私显得正当的讲辞所吸引。他不能够认清自己，原因是他不能够在不依赖那些陷阱的情况下认清自身的善。

　　在苏格拉底复述斐德若的讲辞之前，他们二人的调侃既重复了、又没有重复斐德若阅读吕西阿斯演讲之前他们的调侃之辞。这两种调侃分别有两个阶段。起初，苏格拉底以对斐德若的了解迫使斐德若承认他只能说出吕西阿斯演讲的思想而不是原文；而在苏格拉底发觉吕西阿斯在场之后，斐德若便成了完全多余的了。斐德若并没有在与这种情况相对应的那次阅读当中，表现出对苏格拉底或者他自己有任何的了解。他没有办法重构出苏格拉底借以从对他的了解中生发出讲辞的那个过程。实际上，苏格拉底的讲辞的目的，在于让斐德若真正获得对自己的认知——他现在间接地声称拥有这种自我认知。此外，这篇讲辞还有赖于斐德若的在场，由此，原则上已被排除出去的斐德若又被带回到了对话当中（244a4）。在这篇对话开端的第二阶段，苏格拉底宣称对自己一无所知，对城镇里的其他人有所需求；然而随后，苏格拉底承认斐德若发现了一种令他不再拒绝离开城镇的方法，这时他同意自己或许可有可无。不管怎样，现在当苏格拉底犹豫要不要做即席发言的时候，斐德若先是以自己更强壮相逼迫，而后又威胁说苏格拉底将不能从他这里听到其他任何作家的任何文章。我们不知怎地又回到了暴力与怪物的主题上来了。苏格拉底先是成了一个被强迫发言的虚幻的俄瑞狄亚,随后,他又成了一个被放逐到郊外的人——这里有斐德若起誓所依凭的那棵梧桐树,他说他将不对苏格拉底做其他演讲。苏格拉底和斐德若彼此都需要对方。斐德若觉得写作不能替代讲辞;而对于苏格拉底来说,除非斐德若是站在苏格拉底与他想了解的东西之间的缪斯,不然严格说来他也并非必不可少。苏格拉底想要了解他自己。因此,苏格拉底那篇让斐德若认知自我的讲辞,也会让他对自己有所了解。到现在为止我们还不知道这意味着什么。斐德若——这个亵渎神圣的雕像和宗教神秘仪式的人,这个现在随意地将梧桐树指为一位神明的人——是不是另一种形态的苏格拉底?

# 第八章　苏格拉底[上] (237a7-242a2)

[120]苏格拉底用推理的方式慎重地展开他的讲辞。它完全围绕着善展开讨论,先给出了一个爱欲的定义,之后分成了五个部分:灵魂的善(238e2-239c2),身体的善(239c3-d7),外在的善(239d8-240a8),在抵抗有爱欲的人危害时的不愉快(240a8-e7),最后一部分是有爱欲的人变成了负心人以及一段总结(240e8-241d1)。苏格拉底的讲辞出自一个有爱欲的人之口,他预先让自己爱欲的人相信自己并不爱欲他。这样,由于现在出现了一位被爱欲的人,他能够成为有爱欲的人倾诉的对象,苏格拉底便改变了吕西阿斯讲辞的预设,使它可以说出来了,不再是一篇只能形诸文字的演讲稿。不管怎么说,这篇演讲必然是不完整的,因为一旦那位隐藏着的有爱欲的人开始为没有爱欲的人的欲求进行辩护,他就是在反对自己的欲求。假如被爱欲的人被这只有一半的论证说服了,去取悦他认为是没有爱欲的人,那么他仍然是在取悦有爱欲的人,并承担着那位冒牌的没有爱欲的人所警告的可怕后果。斐德若在对话的第二部分所提出的问题(259e4-260a4),即说服与意见、真理之间有什么样的关联,此处已经在苏格拉底的讲辞的预设中显现出来了;然而苏格拉底或许同样暗示着,由于有爱欲的人被界定为不了解自己,进而他也可能并不知道自己想要什么,因此

当被爱欲的人取悦有爱欲的人的时候,这个有爱欲的人就始终是没有爱欲的人。性愉悦或许是确保他不知情的一条自然途径。因此,只有没有爱欲的人才可能合情合理地恳求没有被爱欲的人来取悦他,在这一点上吕西阿斯不可思议地说对了。成功的有爱欲的人常常令没有爱欲的人站在他这一边。

苏格拉底为他第一篇讲辞选定的推理风格非常有利于教导(265d3-5)。它的目的不在于去发现什么,而是在于保持连贯性,让结论与开头相一致,而且在论证过程中没有让人突然停下来反思出发点的自相矛盾之处。苏格拉底讲辞的这种特征太过明显,致使他的守护神(*daimonion*)不得不从中打断,阻止他与斐德若继续犯错误。苏格拉底并没有将守护神的介入看作是这样的警示,[121]即讲演者是一个有爱欲的人,他最多是在缪斯女神的启发下将谎言说得像真理一样的人;苏格拉底更愿意将此解释为:神明在告诫他爱若斯(Eros)也应是一位神明。爱若斯既被看作是谓语也被看作是主语。苏格拉底的第一篇讲辞假定爱若斯是一个谓语,亦即爱欲(eros)是某种特定的欲望;苏格拉底的第二篇讲辞则假定爱若斯是一个主语,且是一位神明。假如我们相信苏格拉底对狄俄提玛(Diotima)的教诲的阐释——她向他证明说爱若斯不可能是一位神明,那么苏格拉底所作的翻案诗的假设就是错误的,而他代表斐德若所作讲辞的假设则是正确的。稍后会令我们大吃一惊的是,苏格拉底宣称自己的两篇讲辞实际上是一篇(265e3-4)。他告诉我们,这两个互相拒斥的部分要整合为一个整体。他似乎在鼓励我们用暴力来使有爱欲的人和没有爱欲的人彼此结合,也由此,我们被迫去感受波若阿斯与俄瑞狄亚故事的真相。苏格拉底编造出一个怪物,并假称它符合写作规律。他似乎要在《斐德若》之中含纳入一个《斐德若》之谜。柏拉图只是在试着跟上他的思路。

苏格拉底的讲辞以一种令人费解的态度开始。大多数人,他说,都不明白自己并不知道事物的本质,但他们就好像自己知道似的,开始时各执一词,最终又以自相矛盾或者互相矛盾结束。不管怎么说,苏格拉底承认,人人都清楚爱欲是某种欲望;但是他否认爱欲的字典释义(249e3-4),即它是一种追求美的事物的欲望。这是因为,他说,"我们知道没有爱欲的人也同样欲求着美丽的事物"(237d4-5)。这样,苏格拉底就消解了吕西阿斯未能面对的难题,即没有爱欲的人怎样挑选他的对象。现在,没有爱欲的人可以欲求美丽的没有被爱欲的人,却不包含爱欲。随即,苏格拉底偷偷地离开了斐德若所认可的说法,即有爱欲的人没有理智(*aphrōn*),转而讨论一种新的关于爱欲的定义。失去理智即没有 *sōphrosunē*[节制],而没有节制即意味着充满了迷狂(*mania*)或傲慢(*hubris*)。苏格拉底利用了 *sōphrosunē* 拥有两重相对含义的情况,即它的意思既可以指神智正常,也可以指节制中庸。由此,苏格拉底在第一篇讲辞中打下了第二篇讲辞的基础——在后者中他赞颂爱欲是一种最高等级的迷狂。因此苏格拉底两篇演讲可以在表面上通过 *sōphrosunē* 的反义(即疯狂),与它的另一重含义(即节制)而彼此联系在一起。于是,矛盾消失了而谜题仍然存在。

苏格拉底认为,我们必须注意到自身有一种双重的原则或想法,一种是旨在追求快乐的天生欲望,[122]另一种则是旨在追求至善的后天获得的观念(*doxa*)。我们可以说,本性在我们身上体现为一种追求快乐的欲望,而习俗或法律则在我们身上体现为被反复灌输的关于善的观念。在这两种原则之间,存在着四种可能的关联:(1)假如欲望与观念相一致,那么我们就认为快乐即善;(2)假如欲望与观念不一致,那么我们就认为快乐不等于善;(3)假如观念要优于欲望,那么这种优势就可以被命名为节制(*sōphrosunē*);(4)假如欲望总是能够控制观念,那么这种控制力就可以被命名为 *hubris*(傲慢)。追求快乐的欲望的满足没有什么内在标准,因为欲望并不附属于任何一具躯体。对于食欲快感而言,饕餮是一种过度的行为,但若以填平饥饿感的自然欲求为准,那么这并不比酗酒——对口渴的过度欲求——更过分,因为喝酒所带来的欲望快感很难看作是一种自然的渴求。与"饕餮和酗酒是过分的"相对立的标准,仅由观念决定。此时没有讨论自然的健康状态。

　　苏格拉底想要将爱欲重新归入一套对过度欲求的既有命名中;然而就像他不能说饕餮之于饥饿相当于酗酒之于口渴一样,他也不能命名从肉体之美获得快乐的、并未过分的欲望。他承认,这种欲望专属于那些节制的没有爱欲的人。我们曾希望苏格拉底能够区分爱欲和性,或用希腊语来说是 *erōs* 和 *aphrodisia*（参见254a7）。这样,*aphrodisia* 就被看作是我们所说的"肉欲"了,不过也没办法给它不那么傲慢的情况命名。假如爱欲十分严格地与饕餮相类,那么它就会从性交（*sunousia*）以及摩擦产生的欲望快感（《斐勒布》47a3-b9）的角度来定义了;但要是苏格拉底这样做的话,那么他就不能将肉体之美看作是爱欲快乐之源了。摒除爱欲的生理意义后,由肉体之美获得的快乐对于苏格拉底来说,便既可以是思想性的快乐,也可以是性的快乐;但是不管哪种情况,他都否认有一种指向美或者美丽的事物的自然欲求,因为欲求仅仅指向快乐。因此,只有追求至善的观念才能够决定美。美,或者美之一部分属于善。于是,只有在美不等于善时,爱欲才会去追求美的快感。这样,苏格拉底的开场白就采取了在《高尔吉亚》中与珀洛斯对话的样式:美的特征被认为是要么提供快乐,要么提供益处。在那段对话当中,欲望与观念是一般性原则,而爱欲只是其中一个特殊的例证。不管怎样,在《高尔吉亚》中,包含着善或快乐的美本来是一种较高形式的善,[123]而健康则是一种较低形式的善。图18说明的是《高尔吉亚》中从苏格拉底的观点到珀洛斯观点的转变。在《斐德若》当中,苏格拉底给我们展示了某种形态的珀洛斯的观点,而没有说明其源头（图19）。于是,可以预料的是,在第

二篇讲辞当中,苏格拉底将消去图中右边标示为傲慢的美的部分,
而代之以一种迷狂——这种迷狂的根源要高于观念,至少它在演
讲中能够和节制再度联结起来。然而我们并不清楚,这种联结是
否会像《高尔吉亚》里那样,将善恢复为一种关于健康和美的普遍
性法则。善并不属于诸天之外(hyperuranian)的存在。

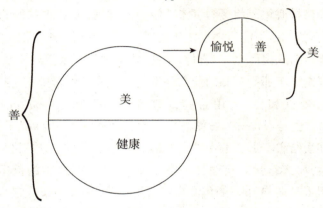

图 18 《高尔吉亚》中的正义、美、善及愉悦

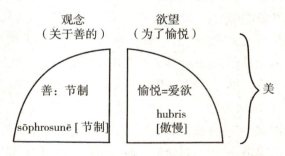

图 19 《斐德若》中的观念与欲望

苏格拉底强行赋予爱欲和力量(rhōmē)以语源上的联系,这
显然与波若阿斯的故事有关,后者同样将爱的真相呈现为沉默的
暴力;而苏格拉底的定义自身,由于没有声明肉体之美必然专属于
人类,便也就允许怪物拥有这种美。无论如何,苏格拉底那种令他

比平时更雄辩的狂热,看起来既不能与没有爱欲的人所需要的那种理性深思相一致,也不能与那些冷静的定义自身相符合。情绪高昂的苏格拉底吟诵了一段热情洋溢的开场白,论说理性与忠贞。[124]类似于这两者之间的差异,只可能存在于法律及其可能的神圣来源之间。神明们下达命令的方法——甚至是通过苏格拉底提到的那些橡木(275b6)——以及他们的代言人所经历的体验,并不符合于其所要求的行为和观念。通过将"冷静的"信息与"热烈的"手段相并置,苏格拉底似乎暗示着在任何一种神圣的律法中都包含着反律法主义(antinomianism)。在埃斯库罗斯(Aeschylus)那里,被神注定的弑母罪曾构成了陪审团判定案件的基础。神圣的律法之所以神圣,在于它慢慢倾注一种欲望,使人迂回地走向终结,并暴露出其制定者。它一面用屏障隔开神与人,一面又促使二者结成某种神秘的同盟关系。随后,苏格拉底复述了一场两位兽形的埃及神祇之间关于写作的谈话。假如未将神的律法的问题牢记心中,这个故事就变得不好懂了。这个律法问题在此处第一次被勾画出来——苏格拉底借由预言式的讲辞呈现了斐德若大声朗诵吕西阿斯讲辞时所带有的极具荣誉感的热情。

　　关于有爱欲的人,我们所了解的一点是他缺乏 *sōphrosunē* ［节制］;苏格拉底这时论说到,有爱欲的人会努力让他的爱人变得尽可能地顺从,使他既不能以己之力,也不能利用其他什么人或事物来抗拒。有爱欲的人竭尽全力地控制被爱欲的人。他剥夺了后者的雄性气概,不让他接近哲学。苏格拉底没有谈及节制和正义;实际上,那个专制的有爱欲的人除了使被爱欲的人渐渐变得顺从与谦逊之外,再无其他目的。这个失去控制的人是控制力的最佳代言人。苏格拉底没有解释那被爱欲的人怎样仅因为在性上取悦有爱欲的人,便失去了如勇敢、智慧等较珍贵的品质,换得了普通的品德,或如卡利克勒斯所言,换得了如自制与正义等奴隶性的品德。有爱欲的人拥有 *erōs* ［爱欲］;*erōs* ［爱欲］给了他力量

(rhōmē),[125]这种力量并非肉体性的,而是意念上的。有爱欲的人拥有更强烈的意念。他是具象化的傲慢。

对苏格拉底的第一篇讲辞作政治阐释时,sōphrosunē[节制]这种美德便特别地凸现出来了。假如它需要借助它意欲根除的堕落行为才能够被培养出来,那么它也就不值得称颂了。就这样,苏格拉底为赞颂那种不靠专制的意志才能培养的 sōphrosunē(节制)做好了准备。只有哲学具有这样的 sōphrosunē[节制]特征。因此,对于那想要独占崇敬与服从的专制的有爱欲的人来说,哲学是他们的敌人。然而,抗拒着哲学的有爱欲的人促发了缺乏雄性气概的行为,而缺乏雄性气概恰恰是人们对哲学的指控。那些流连于荫凉的、没有做过什么流汗的和充满雄性气概的艰苦劳作的人,也正是有爱欲的人所偏爱的(《高尔吉亚》485d3−e2)。斐德若同时是下面两种人的代表:一是僭主所珍视的那种温柔爱人,另一种是具有哲学倾向的青年人——现在站在一棵梧桐树下的苏格拉底,正为了将他争取到哲学一边,而明褒暗贬那种政治的或民众的节制。苏格拉底在斐德若身上,看到了这些令他着迷的、易被专制腐化的品质(参见《王制》496b6−c3)。由此看来,哲学也同样在堕落,因为它似乎需要那种有益于专制的特质,这样,它便协助形成了一种不利于它自身的处境。于是,哲学就常常不得不忙于抵御那些潜在的威胁,即它完全不了解的那些旧式品德。

那隐匿的有爱欲的人鼓吹道德。他想要与被爱欲的人一起放纵欲望,而后者将会被他套上节制这个枷锁。有爱欲的人企图将苏格拉底灵魂学中的两个原则分裂开来,一个用在自己身上,另一个则分派给被爱欲的人。故而,虽然现在苏格拉底的讲辞只进行到一半,但却已经完成了,因为有爱欲的人必须进入吕西阿斯的讲辞所遭遇的困境,才能将自己说成是没有爱欲的人。讲辞如果想要继续下去,就必然要为一个没有隐藏起来的有爱欲的人而作,而他要想超越自己的讲辞——他与被爱欲的人同样清醒的讲辞——

就必须诉诸一种另外的原则，而不是善。这种另外的原则便是美。于是，《斐德若》中的三篇关于爱欲的讲辞分别成了司法、审议以及运用辞藻的修辞术的典范，其中第二篇讲辞（也就是苏格拉底的第一篇讲辞）在某种程度上协调着正义与美。正义与美即希腊式的道德，它们构成了《高尔吉亚》中苏格拉底的政治学问的主题；但是在《高尔吉亚》中构成了善的学问的，是此二者的结合，而在《斐德若》中，苏格拉底的两篇讲辞将善与美结合在一起，［126］而对于正义来说，二者彼此分离、形成了一对概念。正义仍然存在于苏格拉底的概念对子当中，却将不再是关于合法与否的了（252a4–6）。被分在第九种命运的僭主如果正义的话，就会在下一个轮回中得到更好的命运（248e3–5；参见《高尔吉亚》473d8）。

苏格拉底在情绪高昂地谴责了有爱欲的人之后推断说，他对于没有爱欲的人的褒扬或许越过了一切界限；然而如果没有爱欲的人是节制的核心，那么就很难做出恰如其分的、不越界的赞扬（《治邦者》307a1–3）。苏格拉底避开这一难题的方式是宣称没有爱欲的人拥有克服有爱欲的人缺陷的全部善。不管怎样，有爱欲的人之所以有这样的特征，是因为爱欲被认为能够消融一切特性，故而不管一个人在成为有爱欲的人之前拥有怎样的本性，当爱欲将它不寻常的模具压在他身上之后，这些本性都会消失；但若事实如此，没有爱欲的人不管属于怎样的类型，都不值得赞颂了，因为他未曾经历自己本性的消磨。确实，苏格拉底讲辞的最后几部分可以否定性地适用于任何一个未被满足的没有爱欲的人，因为他从未将自己身体不美好的方面强加于没有被爱欲的人，而且他也当然不会在任何事情上违约，因为他从未给出任何承诺。然而，假如没有爱欲的人需要做一些积极的事情，那么他就应该促进没有被爱欲的人的智慧、雄性气概、口才以及聪明才智。尤其是，他要将没有被爱欲的人推向哲学。于是，更受欢迎的没有爱欲的人势必是苏格拉底——现在他要么现身为斐德若的有爱欲的人，要么现身为真正的没有爱欲的人(假装成斐德若的有爱欲的人)。靠着在同一个句子中将有爱欲的人和没有爱欲的人都比作"他者",苏格拉底暗示出了二者可能的身份(241e5-6);同时如他所说,在总结他者的善与错误时,他又强调了这一暗示。"总结的"(*henilogōi*)字面意思就是"在一篇单独的讲辞中"。苏格拉底两篇讲辞的结构,便是一篇有着双重他者的单独讲辞。

# 第九章　苏格拉底的守护神（242a3—243e8）

[127]苏格拉底同时激起了斐德若对有爱欲的人和有爱欲的人要求被爱欲的人拥有的节制的厌恶；但斐德若被告知说他是一个有爱欲的人，因此他不可能赞同没有爱欲的人。苏格拉底这个有爱欲的人必然是有爱欲的人的幽灵幻象，因为真正的有爱欲的人会尝试在被爱欲的人身上激发起他自己的迷狂。苏格拉底不得不作出另一篇讲辞，而斐德若此刻却想和他谈论刚刚说过的东西（242a5—6）。斐德若接受了苏格拉底的一般性观点，而苏格拉底在做了一场讲辞后，想要延宕一会儿，直到他能够讨论讲辞背后可能会隐藏的问题后再讨论它。在这个方面，《斐德若》独一无二。我们是在苏格拉底想要讨论之前便接触了修辞术的全部范畴。在《高尔吉亚》中，苏格拉底非常晚才开始他的讲辞，我们可以说高尔吉亚式的修辞术对讲辞或者说服无关紧要，因此，高尔吉亚的演讲就不能用来阐明说服性讲辞的技艺；而恰恰因为《斐德若》是关于说服性讲辞的，所以它便不能舍弃其中的例子。《斐德若》要进行说明的是，在完全没有讲辞的情况下，需要满足的条件是什么（吕西阿斯），以及若是存在说服的话，怎样的条件会让它丧失说服力（苏格拉底的第一篇演讲）。现在准备好的讨论的基础，针对着说服性讲辞，或者更准确地说，针对着那篇能够展现苏格拉底所

有说服性讲辞的结构的讲辞。苏格拉底的第二篇讲辞让说服走向哲学。这是一个恒定的组合。

　　诗的技艺与爱欲的技艺这组对立显然将柏拉图放置在了苏格拉底的反面,它们产生自缪斯与爱若斯的分歧——前者曾激发了苏格拉底的第一篇讲辞,而后者则是苏格拉底献上的翻案诗的对象(257a3-6)。缪斯女神在谈及爱欲时并不介意对众神的疏忽;她们乐于附和吕西阿斯,并干涉人类自身。无论如何,尽管苏格拉底的守护神不能阻止缪斯女神一起说话,却可以抑制住苏格拉底,直到他发现自己的错误。依照女神狄奥提玛(Diotima)所说,守护神的本质就是一个中间媒介,它并没有成为苏格拉底对自我认知的关注所在;[128]然而在苏格拉底看来,自己只有在野兽或者神的层面上才是可以理解的,就这一点来说,守护神的介入似乎仅仅意味着苏格拉底想起了自己。现在,他的那种自我遗忘似乎与他对斐德若的了解有关,而不是像他第一次表现的,与他对斐德若的无知相关。在为斐德若描绘的斐德若肖像中,也包含着他自己的伪装。扮演与自我展现并不具有明确的一致性。

　　至少直到苏格拉底开始认识自己,才避免对神话的合理化解释;他曾将自身看做要么比百头怪还要野蛮、要么就是像神一样的人,也说过城邦中的人可以帮他弄清楚自己究竟是哪一种。神、怪物以及人被排序如下(图20)。神与百头怪被组成一对儿,人类被

| 神 | 百头怪（怪物） | 城邦中的人 |
|---|---|---|
| A | | B |

图20　神、怪物与人

排除在外。苏格拉底暗示说,假如他跻身于神明中间,那么他差不多就是完整的,而假如他是怪物中的一员,那么他也一样具有神性,因为百头怪同样是一位神祇,只不过他没有奥林匹亚诸神那种简朴自然的特质;他不可能属于分割在B右面的部分,因为他仅

仅是靠城邦中的人来判定自己属于神还是属于怪物。此时,不管
怎样,苏格拉底用一节史诗结束了这篇模仿斐德若的讲辞,它将被
爱欲的人比作羊羔,将有爱欲的人比作豺狼,后者爱前者仅仅因为
想要吃掉它(241d1)。于是,苏格拉底在只论及人类的第一篇讲
辞里,将人类与野蛮联系在了一起;而鉴于灵魂的两种原则似乎涉
及到了两种控制——要么控制野蛮、要么控制法律,作为结果,这
种二选一的选择隐瞒一个事实,即在野蛮的有爱欲的人的统治之
下,城邦中的人会最有节制。这便是忒拉绪马霍斯(Thrasymachus)
关于统治者与被统治者之间关系的观点背后的残酷真相,而这一
点忒拉绪马霍斯自己不能言明(《王制》343b1-c1)。吕西阿斯论
辩的讲辞未加思考就在 B 处划下分割线;而苏格拉底审慎的讲辞
尽管看似接受了吕西阿斯的前提,却表示 A 处的分界线比 B 处的
要深得多。A 处的分界必然遮蔽了苏格拉底自身,因为除了作为
讲演者的苏格拉底以外,第一篇讲辞中的有爱欲的人并无任何百
头怪的特质。

　　[129]《斐德若》中有三篇关于爱欲的演讲(图 21)。在 A 或

**图 21　《斐德若》的三篇爱欲讲辞**

B 处都可以划下分界线。斐德若将修辞术和哲学合二为一,这是
使每一种分割成为可能的基础(257b6)。斐德若延伸出两条路,
并且可以选择其中任意一条(*epamphoterizei*)。斐德若迫使苏格拉
底走入的困境是,要在 A 处分割以令斐德若远离吕西阿斯而与苏
格拉底相接近——尽管事实是,苏格拉底的第一篇讲辞已经在 B
处划下了分界线,将斐德若与吕西阿斯连在了一起。正是由于苏
格拉底向斐德若指出吕西阿斯不够全面,斐德若才与吕西阿斯决
裂,然而对于斐德若而言,仍有可能认为苏格拉底是对吕西阿斯的
增补,并且,倘若苏格拉底将自己的讲辞终结于对没有爱欲的人的

颂扬,那么斐德若就会完完全全倒向吕西阿斯,而不再徘徊于吕西阿斯与苏格拉底之间。一篇代表没有爱欲的人的辞彩华丽的讲辞不可能表达得太直白,但是我们并不知道斐德若是否意识到了这一点。因此,苏格拉底必须在 A 处划分界限,并在 B 处进行连接。当苏格拉底公开向斐德若赞颂有爱欲的人的时候,斐德若必须延续他的善,这种善在苏格拉底的第一篇讲辞中就全部显现,属于明显的没有被爱欲的人和不明显的被爱欲的人。苏格拉底的第一篇讲辞以一种"综合"的方式开始;爱欲被带回到了它已经渐渐远离的许多种傲慢当中。苏格拉底的第二篇讲辞以一种"分析"的方式开始;它将起初整一的神圣迷狂划分为四类。我们所遇到的具有辩证色彩的难题是,苏格拉底的两篇讲辞在 B 处的联结是否与第一篇讲辞的综合方式有关,而它们在 A 处的分野是否与第二篇讲辞的分析方式有关。在两篇讲辞中,我们一共找出七个名词,并可分为两组,第一组三个,第二组四个(图 22)。不管第三个名词与第四个之间有怎样的分歧,我们被要求将它们彼此联系起来。苏格拉底关于别人的知识(他的第一篇讲辞)与他关于自己的知识(他的第二篇讲辞)必须放在一起理解。强迫我们这样做的那种力量,显示出强迫苏格拉底此刻与斐德若待在一起不回城邦的力量。苏格拉底告诉陪审团说,正是守护神令他远离政治(《苏格拉底的申辩》31c4-32a3)。

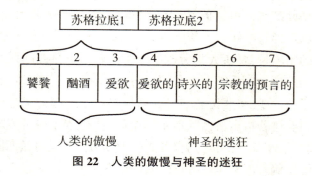

图 22　人类的傲慢与神圣的迷狂

[130]苏格拉底将自己的两篇讲辞与斯特昔科鲁（Stesichorus）两首写海伦的诗联系起来。斯特昔科鲁的颂诗是他的翻案诗的前提,后者并没有取消前者。在他的第一首颂诗当中,海伦去了特洛伊,而在翻案诗当中则是海伦的幽灵去了特洛伊,她本人去了埃及。斯特昔科鲁在颂诗当中叙述海伦满足了她的情人,而在翻案诗当中却说她没去,那么相较之下,在苏格拉底那里,颂诗与翻案诗的关系似乎翻转了过来,先出现的是他的翻案诗——因为那位伪装成没有爱欲的人的有爱欲的人最后不让被爱欲的人去满足有爱欲的人。有德行的、没有令婚姻破裂的海伦,似乎相当于那位没有受到诱惑的美貌少年;但是,由于苏格拉底的第二篇讲辞也不以满足作它的目的,所以有意翻转颂诗和翻案诗的顺序并非是显而易见的事实。不如说,似乎使斯特昔科鲁与苏格拉底相连的是他目光短浅地谴责了海伦。苏格拉底在作第一篇讲辞时蒙着头,并没有看斐德若;由此,他在谴责有爱欲的人时避开了爱欲的最初经验。苏格拉底的翻案诗将目光转向了恢复有爱欲的人的声誉上。另外,斯特昔科鲁在他第二首颂诗当中加入了对诗的思考,由此,他的第二首颂诗便容纳了第一首颂诗。斯特昔科鲁说,是海伦的幽灵幻象去了特洛伊。海伦的形象,或者说被荷马具象化的海伦,去了荷马的特洛伊。诗人说到,真正的海伦难觅其踪;她的情人只找到了诗人所提供的海伦。诗人的幻象是有爱欲的人们想要抓住的现实真相。斯特昔科鲁的观察在苏格拉底的版本中,就是那些诸天之外的存在——被爱欲的人几乎只是一个提示物。那种有爱欲人所追逐的、令他不再关注真实世界的幻影,对于斯特昔科鲁来说就是现实,对于苏格拉底来说,它超越了吸引他的那种真实。爱欲的技艺知晓一些诗歌技艺所知不多的东西。

[131]苏格拉底给出了两个他为什么要作翻案诗的理由。首先,他要为否认爱若斯是一位神灵或一种神圣的存在而赔罪;而在神话中,清洗罪恶的古老方式便是作第二首诗。苏格拉底不仅仅

提到了斯特昔科鲁,还提到了赫西俄德——他在《工作与时日》的开篇就承认自己的《神谱》在不和女神厄里斯(Eris)或斯特里夫(Strife)问题上犯了错误:她本是两位神而不是一位(《工作与时日》11-26)。因此,苏格拉底似乎也应当宣称爱若斯有两位,因为他承认那位高贵的有爱欲的人——他爱上了或曾经爱上过一位高贵的被爱欲的人——并不能在第一幅肖像画中找到自己,而他的肖像画只符合在水手中间长大的有爱欲的人,以及那些没有见识过其他种类爱欲的人。为了解决这类难题,泡萨尼阿斯(Pausanias)将爱若斯拆分为两位神祇,一位掌管着凡俗的有爱欲的人,另一位掌管天上的有爱欲的人(《会饮》180d3-e3)。然而,泡萨尼阿斯的新想法对于苏格拉底来说却不起作用,后者刚刚才指出不管是阿芙洛狄忒还是爱若斯,都不坏(242e2-3)。不管他的阐释怎样前后矛盾,苏格拉底都必须维护爱若斯的整一性,否则他就必须放弃自己两篇讲辞之间的整一性了。

现在,苏格拉底建议吕西阿斯马上去写一篇文章,说明应该得到恩惠的是有爱欲的人而不是没有爱欲的人,“其他情况相同”(243d6)。苏格拉底的要求在当时并不是很清晰,但他在讲辞开端处说到,“如果说当有爱欲的人在场时,一个人必须将恩惠给予一个没有爱欲的人,而不是给一个有爱欲的人时,那么不管是谁说的,说这番话都不真实”(244a3-4)。苏格拉底允许有爱欲的人可以不时时在场,而在有爱欲的人不出现时,没有爱欲的人可以被接受。苏格拉底似乎是在为自己的缺席留下余地。他似乎也在为写作者柏拉图留下余地。《斐德若》非常自觉地处身于过去与未来之间,即预言术(mantikē)还被称作是迷狂术(mantikē)而未被加入字母“t”的过去(244b6-c5),和伊索克拉底(Isocratean)修辞术的命运掌控的未来之间。显现出来的,是苏格拉底及其发现的爱欲技艺。① 纵观人

----

① Cf. G. R. F. Ferrari, *Listening to the Cicadas*(Cambridge 1987), 117-19.

类历史，苏格拉底既无前人，也无来者（《王制》496c3-5）。在这一点上，聪明人对法律的超越，就像苏格拉底胜过任何对他的描绘（《治邦者》294a7-8）；然而我们不能寄希望于聪明人在我们需要时及时出现，从而舍弃法律，我们也不能无视苏格拉底缺席的在场，而过分要求这位哲学家守候在我们身边。或许，苏格拉底曾是位完美的有爱欲的人，但是我们又怎能说他会取悦于我们呢？

# 第十章　苏格拉底[下]（243e9–257b6）

[132]苏格拉底的第二篇讲辞有九个部分,每一部分都非常清晰地划分开来:

1. 迷狂的种类(243e9–245c4)
2. 自动的灵魂(245c5–246a2)
3. 马车(246a3–d5)
4. 羽翼(246d6–247c2)
5. 诸天之外的存在(247c3–249d3)
6. 美与羽翼(249d4–252c3)
7. 灵魂的类型(252c3–253c6)
8. 马车(253c7–257a2)
9. 爱欲的技艺(257a3–b6)

这篇讲辞围绕着第五节诸天之外的存在组织起来,这一节区分了前四节与后四节——前四节冷漠地讨论了死亡与不朽,而后四节则仅仅关注人类自身。从完全对称的角度看,第七节与第八节是第二节与第三节的翻转。就算不考虑这个翻转之谜,这篇讲辞的格局也不像苏格拉底的第一篇讲辞那样清晰——后者用善的等级来组织各个部分，以思想（*dianoia*）开始，直到最后才提到灵魂，且只提了一次（241c5）。灵魂与心灵之间缺乏强有力的联系，或许更好的说法是，缺乏清楚的联系，这可能体现在苏格拉底翻案诗的晦涩——其章节之间的关系，就如同视觉之美与心灵之美的关系一样难以辨清。

　　不管是谁，想要谴责爱欲的话都必须先证明两件事：爱欲并非来自于神明，也不是为了让有爱欲的人和被爱欲的人获得好处；而苏格拉底要证明的是，只有那些运气最好的人，才能从神明那里获赠爱欲的迷狂（245b5—c1）。对于有爱欲的人与被爱欲的人是否能平等的享有好处，苏格拉底并未给出结论，他强调说，爱欲是某种机遇。可能极少出现的情况是，爱欲几乎全部被消耗掉了，但仍被永恒地馈赠着。如果爱欲内在的善就是去获取的话，那么它似乎该借助技艺的引导；［133］但技艺怎样能引导它且不干预它、损害它就不清楚了。对于爱欲的好处，苏格拉底举不出什么古老的例子；事实上，确切地说是由于他不可能找出任何可见证者，而他只能给出一条证据当作替代品。现代的证据置换了古代的例子。苏格拉底是第一个弄明白爱欲为何的人。在他独特的自我认知学问中，一种带有普遍性的经验浮出水面。如果众神在馈赠这件礼物上并不吝啬的话，那么他们在准许人们使用这件馈赠时却无疑十分吝啬。苏格拉底是爱欲的普罗米修斯。

## 1. 迷狂的种类

　　苏格拉底也占据着另外三种神圣的迷狂。他说自己的灵魂多少有些预言性，尽管并不杰出，而且就像刚刚那些被写下名字的人一样，仅够实现自己的目的（242c3—7）。苏格拉底当然知道如何净化第一篇讲辞中的罪过；但，如果说苏格拉底是第一个想要揭露出真实的爱欲的人，那么这种罪过必然十分古老。苏格拉底在他的第一篇讲辞的开头曾召唤过缪斯女神,并很注意诗的风格与韵律。因此,爱欲的迷狂或许不仅仅是四种神圣的迷狂之一,而是神圣迷狂的内在真相(参见 256b6)。在讲辞中,预言家和秘仪祭司构成了第五种生活,而诗构成了第六种(248d7-e2),但是它们都并不直接依凭神,因为它们都是对诸天之外的碎片化印象。严格说来,只有爱欲有神圣起源,而在它的十一种类型当中,只有一种可以说能提供获得益处(无论是何种益处)的更好机会。当然,苏格拉底宣称这一种类即是他自己的种类(250b7-c2)。

就像在古人那里,预言术(mantic)中并没有字母陶(希腊语的第 19 个字母"Τ"——译者注)一样,他们也没有将这种预言术的人类对应物(*oionoistikē*)的元音奥米克戎(希腊语的第 15 个字母"Ο"——译者注)拉长到欧米伽(希腊语的最后一个字母"Ω"——译者注)。这清楚的表明,预言(augury)的基础是信仰(*oiēsis*),而缺乏占卜(divination)的那种圆满和庄严。假如我们将这两种变化放在一起考虑,就不会不注意到,它们如何再现爱欲一词词性的历史变化。*Eros*(爱欲)在荷马那里作主格词与宾格词时最后一个音节是短音节(参见《克拉底鲁》420b3-4),其意义涵盖了性欲以及对食物与饮料不过分的欲望。此时,它还不是一位神祇;实际上,人们认为,它起初是一个中性的、独立存在的实体,这个情况直到它成为一位神祇、最后一个字母变为欧米伽、并从字母陶开始下降之后才发生。[1] 爱若斯成为神祇是较晚近的事,[134]而爱欲被看作是一种特殊的傲慢也是出自苏格拉底自己的提议。斐德若惊讶于没有诗人曾经歌颂过爱神爱若斯,这种惊讶或许恰恰是被苏格拉底现在对他说的话所激发——后者似乎在暗示,如

---

[1]  Cf. E. Benveniste, *Origines de la formation des noms en indo-européen* (Paris, 1935), 124–25. 拉丁语的 venus 被认为也有同样的变化,在仍然需要同义词阿芙罗狄忒时,venus 曾是一个中性词;cf. A. Ernout and A. Meillet, *Dictionnaire étymologique de la langue latine* (Paris 1959), s.v.

果没有先前对爱欲中的傲慢的隔离，那么它的神圣性就不值得
赞颂。

## 2. 自动的灵魂

　　苏格拉底观点给人的第一印象就是这个。无论人的、还是神
的灵魂，都既是一个施动者，也是一个受动者。灵魂的行为与经验
的显影，可以证明作为一种经验的爱欲，与灵魂的力量相一致或是
十分近似。在经验上，爱欲依凭肉体滋生，而灵魂在本质上脱离那
个肉体。爱欲是灵魂"脱离肉体"的经验。为了加深这种第一印
象，苏格拉底在定义灵魂为自动之物之前，便直截了当地用 *ho
kekinēmenos* 来指称有爱欲的人（245b4）。*Ho kekinemenos* 的字面意
思是"正处在运动状态的人"，或者更宽泛的说是"被扰乱的、激动
的人"。苏格拉底所说的这种状态的对立面，是那种庄严、移动缓
慢的、具稳定性的节制。有爱欲的人躁动不安。然而，他只能是那
种恢复灵魂最初运动特性的运动。正是从这一点开始，苏格拉底
的论点变得模糊了。一旦他将自动设置为灵魂的原则——即灵魂
是自我作用的——他便提出了一个与灵魂的这个原则相对抗的灵
魂结构意象。在这个灵魂结构意象中，灵魂被分成了几个部分，且
没有一个部分自行运动。马车当然不会自己运动，马与驾车者是
复合的，它们的运动是我们通常理解的那种"自我运动之物"的运
动。灵魂结构意象保留了灵魂与肉体的联结，因为只有在各个部
分都不脱离这个联结的情况下，它才能被理解。在原则与灵魂结
构之间存在着明显的矛盾，人们不禁好奇，苏格拉底为什么要以原
则来开始他的讲辞，而不是把讲辞仅限制在对结构的阐释上。为
什么他只能用这样的方法来证明灵魂的不朽呢？
　　自动的灵魂似乎暗示着如下之事。灵魂是原初的；它并非是
肉体或生命的衍生物。它常常好像是这二者之一；又常常好像是

在向另一个转变。它用一种尚未探明的方式将肉体与生命联结起来。假如我们在一篇讨论肉体存在——肉体是智慧生命的形象或肉体仅作为它自身介入其中——的一般性柏拉图式讲辞当中必须谈论灵魂,那么我们只能说,灵魂持有自身的形象,且它的参与仅仅消耗了自身。苏格拉底没有将这些论证清楚。[135]他有两条论述线索。其中较为重要的一条以此为开始:"灵魂就其整体而言不灭。"①不管怎样,它的证明中包含着这样的声明:推动事物运动的是灵魂,这个观点的基础是,一具有灵魂的躯体有从内部生发的推动力(245e4-6)。自动的肉体构成了自动的灵魂的模型。肉体的自动性与肉体有内在动力,这两点必须同时成立,因为假如一具躯体仅仅受外力驱动,那么它就没有灵魂。于是,灵魂若是自动的,那么它必然以内在性为特征。灵魂的本质是内在性;肉体的本质是外在性。任何一具躯体对另外的躯体的影响都是外在的,因为不论躯体中的哪个部分,都能够保持原样的拼入另一具躯体当中。从另一个角度来说,灵魂没有可以剥下去的表层,也就不能显露出这个表层下面的其他层面。因此,灵魂要想是自动的,就必须同时具有内在性与自动性。"保持在自身的内部"是一种希腊式的表达方法,意思是保持理智(250a7),就像"出离自身"的意思是疯狂或处在运动状态中一样。于是,灵魂的自动便是指在疯狂时保持理智。灵魂的本质就是内在的心醉神迷。只有灵魂当中的理智与疯狂彼此合一时,人们才能理解它的自动性。灵魂的不合理性与合理性彼此相容。苏格拉底那句"我尚未了解我自己"便表达了灵魂的本质。

作为运动与意识共同的单一源头,灵魂似乎被迫通过这样一个观念——自我认知是灵魂永远无法弄清楚的目标——来保持完

---

① 　另一种翻译可以是,"每一灵魂都是不灭的",这种译法略略相关于现在的论点,并指向了苏格拉底整篇演说;每一灵魂,不管它是神圣的、人的还是怪物的,都是不灭的。

整。灵魂的特征是自我认同的缺失。灵魂从来不是其自身，而是一直向自身转变。于是，在苏格拉底所说的"尚未"特性的参照下，运动似乎开始显现为灵魂的特质。然而，苏格拉底自己却不认为是对自身的无知衍生出了灵魂的自动性，而是将这种自动性看作一种宇宙的法则。除非有什么东西制止施动者离开受动者，不然受动者最终会停止运动。我们可以说，假如只有肉体在推动肉体运动的话，熵便会随着时间的推移而增大。因此，灵魂是对某种反熵原则的命名。这个反熵的原则不让每一具躯体与其他躯体聚集起来，防止所有的躯体坍塌为一。宇宙的必然永恒，要求在它内部存在着一个驱动永恒运动的源头。假如宇宙在某种意义上可以被比作一具躯体的话，[136]那么它可以是一个具有灵魂、可以自己运动的生物。这或许与蒂迈欧的规划相一致。不管怎样，苏格拉底似乎没有将灵魂与肉体联系起来，而对它做单独思考。结果是，假如灵魂确实在自我驱动，那么苏格拉底不能证明说它必定推动着其他灵魂；而假如它必定推动着别的灵魂，它就不是完全自我驱动的。苏格拉底从未指出，那个推动着别的事物的事物必须自己也在运动。善或终极原因被默默地否定了。善并不在诸天之外的存在之间。

## 3. 马　　车

自我驱动这个宇宙的法则对宇宙来说十分脆弱，以至于需要赋予它一个结构来让它和某一可能的宇宙更紧密地结合起来；然而，这种结构却冲淡了这条原则，这不仅仅因为它遮蔽了宇宙原则的特征（自我驱动），也因为它必须被具象化。灵魂真正的结构需要一种神明赐予的、较长的阐释；而对它的大致说明则是由人做出的较简短的阐释。灵魂的存在与结构（*idea*）的关系，正如论述与形象的关系。苏格拉底暗示说，灵魂的结构不能从它的存在本身推断或演绎出来;但就灵魂是一条宇宙法则而言,不难推断出,假如灵魂的存在与它的形式无关的话,那么宇宙可能会以某些方式终结(尽管它或许本来也没开始),进而,某个宇宙必然在一定时间内诞生(尽管可能没有一个宇宙的结构是永存的)。以上是严谨的宇宙论推断;然而根据随后奥林匹亚诸神在苏格拉底的讲辞中占据的位置,苏格拉底利用想象所做的人类限定,或许指出了十一种人类灵魂类型的随意性,同时也指出拟人化众神的随意性。苏格拉底灵魂学的神学维度为习俗与法律留下了空间,以便那些引领人类超越自身的众神能够清晰地显影出来。苏格拉底的灵魂学植根于城邦与诗人的神灵,而后者的习俗反过来反映出宇宙结构的不确定性。法律填充着自然所描绘的草图。它散布在她的每一处。

神的灵魂与人类的灵魂都是不朽的,它们的形态同样都是由一辆马车,一组马以及一个驱车人构成。苏格拉底在他的演讲中始终未谈及那辆马车。他未提到究竟是什么使那些马和驱车人联系到了一起,或者更准确地说,他没有提到天然理当如此的马和驱车人究竟是怎样一种存在。[137]苏格拉底似乎允许神明离开他们的马车,因为当他们拜访了诸天之外的存在回来之后,会在马厩给他们的马喂琼浆玉液(247e4-6)。由于琼浆玉液是荷马笔下众神的食物与饮料,苏格拉底便暗示说马车相当于人类的肉体,但是对于众神来说,他们没有任何肉体,除非让他们成为人类的完全复制品。"生灵"(zōlon)是肉体与灵魂的组合结构(参见《高尔吉亚》524b1-c4),但是"生灵"仅仅适用于会死去的动物,而不适用于众神。我们把神想象为一个不死的生灵,苏格拉底说,永远兼具肉体与灵魂。这二者结合的永恒性要求在自我驱动原则之外还存在另一个原则。苏格拉底并不知道那是什么。他满足于提出一种较薄弱的原则,即每一个灵魂都会照管着所有没有灵魂的事物,而根据他的阐释,掌管着天堂的众神并不必然地被关在他们自己的肉体当中。

如果像《王制》所说(509d3),"天堂"(ouranos)暗示着"可见的"（horatos），那么灵魂究竟从内部还是从外部来照管肉体，这种差别就变得微不足道了，而太阳、月亮以及星星等就变成了神的灵魂所附着的肉体。这样的话，这些神明就不再是希腊的了，而是波斯或者其他信仰某种"自然"宗教的国家的神明了（参见希罗多德，1.131.1–2；阿里斯托芬《和平》406–11）。这种存在于诗歌体系中的宗教所敬献的神明，是存在于奥林匹亚诸神之前的、并被奥林匹亚诸神推翻的神明。从另一方面来说，假如像苏格拉底稍后所说的（246c2），这些神明统治着宇宙，那么他们所统治的，就不再是那些可见的（比如天上与地下），而是另外一类难以觉察的统一结构。这个结构的统一性，大概就建立在灵魂的统一性上——苏格拉底只解释了人类的灵魂而没有解释神的灵魂。不管怎么说，苏格拉底在述说灵魂照管无灵魂之物时，暗示着没有什么东西来照管灵魂。

　　神的灵魂中的马都是善的，而在人类的灵魂中有一匹兼具美、善，另一匹则又丑又坏；这样的配对致使我们的驾驭充满了困难与不快。苏格拉底未能说明人类的那位驭手是否是善的，且出身良好，以及神的那位好驭手是否在驾驭人类的马车时会比较轻松（尽管不可能）。不管怎样，众神那里，并没有类似于人类在这种十足笨拙的驾驭中所获经验的东西。由于众神完全不需要强力，所以不管我们多么想拥有他们那种平和的驾驭，［138］他们也不能成为人类灵魂的模版。我们过于依赖众神来消除私欲是危险的。那匹劣马的重力将我们拖在地面上这一点也不完全是坏事。神与人的马车构成成分的不同，并不导致生灵分为有限生命和无限生命这两种。人类灵魂中没有什么东西导致人终有一死。不管一个人的构成有多么混杂，拥有完美的善也不是他获得永恒的条件。苏格拉底声称令生灵终有一死的原因是他们失去了羽翼。拥有羽翼是灵魂的本质特性，而神的灵魂的特性就在于其羽翼的不可分离。神即羽翼。

## 4. 羽    翼

灵魂拥有羽翼意味着它能够飞升起来并在高空飞翔；灵魂操控着马意味着它可以水平运动。灵魂的自动性，即灵魂的存在状态，在这种想象性结构中被分解为了上升和平移两种不同类型的运动。灵魂一边向前飞，一边向上飞。于是，灵魂就从来不会直直的飞升。假如它能这样，那么它就会避开那些无生命之物并垂直到达诸天之外的领域。无生命之物是灵魂在上升过程中的负担。这是一条灵魂内部偏离开其自我修复的暂时岔路。灵魂的两种运动组成了一个力的矩形——它们常常被一个呈锐角的方向不确定的矢量分解（图 23）。由于羽翼只有在马开始运动时才有力量，[139]因此灵魂的活动常常是在方式与结果之间的一种折中措施。灵魂之路障碍重重。假如灵魂倾斜的程度有利于拥有这个灵魂的生灵，但是它并没有意识到这一点的话，那么灵魂对自身的无知就必然伴随着灵魂的自我驱动。的确，如果灵魂通过上升获得的完满不是善，那么前面两种灵魂特性的内在联结会更强。可能灵魂的目的恰恰如同它的运动一样不够直接。

不管被插上羽翼的究竟是肉体还是灵魂，"羽翼"本身的含义

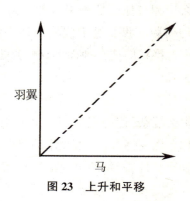

**图 23  上升和平移**

并没有发生变化。它的作用是托举起沉重的东西。高处是神圣的。不管怎样，"神圣"有两重含义。它既包括可见世界当中居住的众神，也包括在可见世界之外的美、智慧和善。滋养灵魂羽翼的养料并不存在于羽翼运送灵魂的路上。赫斯提(Hestia)即便从未见过诸天之外的存在，也仍然是一位神。众神不必离开居所就可以是神明，相反，人之为人则必须要窥见过诸天之外的存在。舒舒服服地呆在居所中，是一条属于神的原则，而在地面上则难以完全实现。人从不会完全地专注于自身。人在自我追寻中的理想主义使他背离了自己。人们可能会说，冥王哈伊得斯总是徘徊在人家里的壁炉边(参见《克力同》54b2-c7)。人的无家可归，或人的居无定所，铭记着灵魂羽翼的缺失；然而不令人意外的是，人们似乎将这种缺失解释为他们迷失了回家的路。怀旧是乌托邦式的。

　　宙斯走在一队由神祇与 *daimones*（掌管人体与精神的神明）构成的队伍的最前面。他统御着天国中的一切，但他并没有统御这支队伍。这支队伍被十一位神分成了十一支分队各自统领着。每一位神都只做、只关心自己的事(*prattōn ta hautou*)。没有哪位神会去干涉别的神行使职责，但也不会有哪位神帮助别人。神的队伍所遵从的是《王制》中所说的那种弱的正义原则而不是强的正义原则(433a1-6)。这个宇宙的秩序是松散的。它分成了若干部分，但这些部分都没有秩序，也不能形成一个整体。美德零零碎碎地植入到神或人的灵魂中，不可能有谁拥有一个整一的灵魂美德，同时，在宇宙中没有美德的对应物。每个人都可以自由地选择跟随哪位神祇，但决定他是否会从始至终跟从他正在跟从的神祇的，[140]是驱车人。自由限制了秩序；这或许由灵魂的两种运动状态的混合所造成。为了得到给养，众神不得不离开这个宇宙。他们不能同时照看好灵魂与肉体。众神也同样跌入了那个洞穴中，但只是因为他们作为统治者并不完美，因此他们能够领导别人走出这个宇宙的洞穴。在整体的无序当中，善得到了显现。

任何一个灵魂都能够长时间在高空飞行,但是只有神明才很容易飞得更高。不止是队伍的不平衡性成为他们向高处攀升的阻碍,同时,人类的驾车人也从来不能完美到能够弥补其中一匹马的顽劣。不管怎样,一旦驾车人驶入了诸天之外的领域,他就会因为他的马、他不合格的操控或者偶然性而堕下(248b1-5)。无论神有多么强的起飞和降落的能力,他们都不去保护自己的随从免受意外。他们所瞥见的正义与节制足以让他们看顾那些没有生命的东西;然而对于灵魂来说,这些德行要么不够,要么未包含看顾灵魂的内容。众神并不爱别的灵魂。在这些注定有永恒缺陷的灵魂中,没有什么能吸引住他们。他们从这些灵魂中学不到任何的东西。根据苏格拉底在《克拉底鲁》中所说,"英雄"要么根源于"爱欲",此时一位神爱慕着一个女人或是一个凡人爱慕着一位女神,要么根源于"问"和"说"(erōtan and eirein),此时英雄们就是修辞学家和智术师(398d1-e3)。尽管对于人来说,"英雄"的这两个源头紧密相关,最佳范例是苏格拉底的爱欲技艺构成了二者的连接,而不是别的什么,但是神却没有什么东西与这种英雄野心相对应。如果存在某种对应的话,神明与他们所照管的无生命之物的关系,就演化成了他们被引诱去拜访诸天之外的存在,而他们所拥有的学问就会是一种真正的宇宙学。实际上,苏格拉底的爱欲技艺不为众神所知,他也不能将仅自己所知的东西并入那个关乎天上与人间的更广泛的学问中。

众神需要羽翼来攀升和下降,然而一旦他们来到世界的另一边——在那里他们不需要马便可以游走各处——羽翼就变得没有用处了。众神在理智上大致可以摒弃苏格拉底描述的形象装置,但他们思考正义与节制时的道德感却使他们不能离开自己的职责。不管怎样,苏格拉底没能解释当神不在的时候,是什么让世界继续运转。奥林匹亚诸神要么处身于这个世界之内,要么在它之外,而被宙斯的父亲阉割了的乌剌诺斯(Ouranos)仍在运动不止。

对于奥林匹亚诸神来说，存在于他们之前的神明是他们无法革除的背景，然而，当他们存在时，[141]这些以前的神明就变得不好理解了。奥林匹亚诸神应许给人类的支持，在宇宙中却找不到支撑它自身的东西。

## 5. 诸天之外的存在

人类的爱欲由两个完全不相容的元素构成——与被爱欲的人相守的欲望，和凝视被爱欲的人的欲望（《斐德若》68a3–7）。孤独妨碍了两两相配，而两两相配也杜绝了孤独。不管怎样，苏格拉底在神的理智（divine mind）中似乎没有看到这样的困境。他声称，他们的理智依靠他们凝视的对象来获取充足的养料（247e2–3）。另一方面，苏格拉底指出在人类的灵魂中，凝视与饮食之间有差异。他说到，灵魂想要窥见真理之原（plain of truth）的巨大热情，是因为那里有既能滋养羽翼的天性、又适合灵魂最美好一面的草场（248b5–c2）。即便在这一记述中，消费养料与凝视似乎也彼此分裂，而理智与羽翼也明显不同，那让灵魂飞升的养料不会增加理智的理解能力。晕眩不等于态度轻率。羽翼将整个灵魂带到了理智独自所在的地方。羽翼属于旅程本身，而非旅程的终点，但是这一终点支撑着整段旅程。羽翼联结起了自然天性与理性。通过对羽翼的了解，才能理解自然天性。不管怎么说，神就是羽翼。众神在凝视和消耗存在时，并没有获得关于他们自身的知识。他们操控着那易于驾驭的马，而不必操控羽翼。在没有可能出错的情况下，众神不会被迫发问。对他们来说，消耗与凝视的统一似乎标示着自我遗忘。在四种经典品德中，独独勇气未列入诸天之外的存在。众神太过温和，也太容易获得勇气，这令他们难以了解自己。

在第一次讨论到诸天之外的领域时，苏格拉底仅提到了三样

东西:正义、节制和知识(或者学问);第二次讨论只涉及到人类的
灵魂,在其中他又加入了第四样东西——美。借助爱欲,美在经验
上与迷狂相连。正义、节制或者知识与爱欲无关(250d4-6)。在
渴求着清醒和理智时,人们并不疯狂,而当人们渴求着爱——它与
清醒、理智处在同一领域——时,他们却是疯狂的。这个简约的原
则似乎是这样的:清醒与理智对于驱车人的意义,就相当于美对于
羽翼的意义。至少,人的灵魂体验着一种显现出灵魂结构的内在
分裂。众神没有这样的经验。他们自身构造的复杂性既没有在他
们的经验中,[142]也没有在他们的理智中得到显现。众神所拥
有的那种更伟大的单纯——苏格拉底仍不知道自己是否也拥有
它——源自一种比人类的构造简单的构造。

在灵魂的原则与结构的张力中,诸天之外形成了另一个褶皱。
这不仅仅暗指着一种亚里士多德式的可能,即运动的驱动力自身
是不动的,同时,诸神需要定期返回以滋养羽翼这件事,暗示着正
如他们的马需要琼浆玉液才能前行一样,这些神明(他们本不需
要羽翼)在高处停留的能力也会随着时间的流逝而耗尽。诸神总
是面对着这样一种威胁,即他们会变成自己的静止影像。根据苏
格拉底发现的爱欲技艺,这样的时刻或许马上就会来临。奥林匹
亚诸神未必会比苏格拉底的自我认知留存得更久。[①] 苏格拉底最
后祝祷的神明,比奥林匹亚诸神更像是一个怪物。潘神,在苏格拉
底看来,要么是逻各斯,要么就是逻各斯的兄弟(《克拉底鲁》
408d2-3)。

众神驾驭在世界的脊背上;其他的灵魂则都呆在这个世界中,
始终渴求着羽翼。没有非神的灵魂看到整个存在(248a6)。在最
好的情况下,如果一个灵魂在队伍中不努力向前,也认识到率领它

---

① 阿普列乌斯(Apuleius)的《变形记》(Metamorphoses)关心的是苏格拉底的发现导致
的后果。它需要回返奥林匹亚诸神的源头,即埃及诸神。

的神明没有偏爱也不会提供任何帮助的话,那么它便不会遇到麻烦。这些追随者不知道神明并不在意他们。众神遵从着吕西阿斯与苏格拉底的建议,没有去满足有爱欲的人。每一个人在投生前都经历过一次沉重打击,其原因大部分情况下是嫉妒。诸神从未将他们统领的队伍引向战争,但要是这些队伍相信它们处在一种不是所有人都能赢的竞争中,这也并不奇怪。"必然有一个等级排序",每一个灵魂都这样对自己说,"其中最努力的人将得到青睐。不然的话我们为什么要驾着战车呢?"灵魂的形态误导了灵魂。灵魂有两个部分属于爱欲,一个部分属于理智,但是当这些部分结合在一起的时候就会彼此咬合以便应战。勇气不属于诸天之外的存在物,但它天然的温床似乎存在于灵魂当中。苏格拉底描绘的灵魂的形象似乎再现了灵魂对其自身的误解。它之所以采取这种形象,是因为它是一种谎言背后的真相。要开始认识自己,就必须从拆解灵魂的形式开始。

　　灵魂的坠落源自它没能认清自己;但是对自己有多无知,并不直接对应着它所从属的生命等级。这种地位分级并不依赖于其所在的队伍中做统率的神明是谁(不然的话就会出现十一种不同种类的生活了),[143]也不依赖于它与其他灵魂同伴为敌时遭受的伤害,因为它是在有限地瞥见存在之后,才失去羽翼的。生命的等级仅仅由它看到了多少存在来决定。它由人们在观念引导下获得的知识的多少来决定。这些生活类型如下("和"与"或"都是原文所有):

1. 哲学家,追求美的人,或是 *热爱音乐与性爱的人*
2. 守法的国王或 *勇士和 统治者*
3. *政治家*、商人或生意人
4. 运动员、*教练*或者医生
5. *预言家*或 *秘仪祭司*

6. *诗人*或模仿性的艺术家

7. *匠人*或 *农人*

8. *诡辩家*或 *政客*

9. *僭主*


　　用斜体标出的词的后缀都是-*ikos*,这常常意指着一个具备某种技能的人。此处出现了十六个属于这个类型的词;而另外的六个词中,有三个前缀是 *philo-* [爱]。有着丰富多样阐释的爱欲,仅仅在两种生活中出现,即第一种和第四种。爱欲会存在于这些地方的原因是,理性不会假设那里存在着技艺或学问的形式。哲学家从未获得智慧;运动员总是给自己设定一个要超越的目标(参见 229d4)。这个等级划分似乎政治性十足,可能最好的政体由最上面的两种人组成,而最坏的政体则由最下面的两种人组成。以迄今为止提到的三种诸天之外的存在物为参照,可以说,道德和学问几乎总是在每个人身上并存。城邦使得每一种学问都不能像它那样道德中立(参见亚里士多德,《尼各马可伦理学》1094a27 - b7)。同样的,导致著名战争爆发的原因,似乎更多的是城邦赋予灵魂的形态,而非从诸天之外的存在那里得来的知识。灵魂彷如战车,这预示着正是人的坠落把其带入到了政治生活中。只有第一类的生活完全独立于城邦,并能发现灵魂形式的形象背后隐藏的真理。在每个万年轮回的第一个阶段中,假如某个人是哲学家,那么他就不能成为君王。这就是法律。

　　每个灵魂在第一次生命结束之后的其余九次生命,在它重新获得羽翼、返归存在之前,不再被最初的视界所限制。我们并不知道,一个人如何才能超越自身所处位置进行选择,且不会变得不义或不愉快。尽管没有人类的灵魂可以完全懂得正义,但是每一个人类的灵魂在接受评判时,依据的都是其自身的正义。显然,这种评判依照的是关于正义的一般看法,[144]因为不管是接受惩罚

的人还是接受褒奖的人都并不知道阿德拉斯蒂尔（Adrastean）的
律法——它阻止所有灵魂在第一周运行就进入野蛮的本性当中。
人类选择成为野兽。他们并不理解诸天之外的存在与人类外形之
间的关联。就算一个人必须要瞥见过真理才能成其为人，真理的
大草原和人性之间也至多存在着一种微弱的联系。成为一个人，
就是在摒弃各类感知、再用理性（logismos）将它们组织起来的过程
中，理解种类（eidos）所表明的东西。讲辞的综合力在于回忆诸天
之外的存在，不过只有具有人的形体，才能明白可感知之物的理念
与讲辞彼此应和。热爱讲辞的人与热爱视觉的人的结合，使得人
类与人类的外形彼此结合。斐德若并不代表这样一种结合，他将
选择做蝉。苏格拉底的任务首先是将热爱讲辞的人转变为热爱视
觉的人，进而让他获得自我认知。不好说苏格拉底做到了没有。
苏格拉底用美来加强讲辞与视觉之间的联系，或许人们对此充耳
不闻。

## 6. 美与羽翼

苏格拉底要开始讨论第四种迷狂了。他要将节制从学问上剥
离，并将理性和讲辞关联到爱欲上。他想要说明的是，去爱（eran）
就是去看（horan）与去提问（erōtan）。他暗示到，我们平时的言谈
并不能迫使我们探求一般讲辞背后的东西。只有哲学家专注于正
确地运用回忆。拥有羽翼的是他的思想（dianoia）而非灵魂
（249c4）。因此，在9种拥有感知的理智与11种爱欲的灵魂之间，
哲学家都居于首位。对任何其他人来说，爱欲与理智彼此分离。
假如这两者统一，那么每一个灵魂就注定只能爱上它理解了的东
西，而人们就会被永远固定在他们原初的位置上。不管怎么说，有
了这种分隔，人们就能够受到那些他们一无所知的东西的吸引，且
能够超越自身的地位限制。如果我们不将哲学家算在内，认为他

从不俯就，能吸引他的只能是其他哲学家的话，那么天赋与本性之间还有 88 种组合方式。如果我们将哲学家考虑进来，承认爱欲的反常行为的话，那么这个数字会达到 99 种。并非所有的组合在哲学上都同样有趣，但对于那些有趣的组合，甚至连柏拉图竭尽其所能也只能描述出其中很小的一部分（参见《王制》618c1-e2）。

[145]哲学家试图复原那些令神成为神的存在。大多数人认为哲学家不遵循常理（parakinōn）。有爱欲的人重新发现了照管天地万物的诸神。他们被指为疯狂，且偏离常理。他们敬重奥林匹亚诸神，并仅仅通过众神去凝望美的本质。美在他们面前显现出 11 种不同的形态，以此来极力阻止人们聚合成单一种类。作为单独谓语，被直接纳入讲辞的美在情欲的经验中分解为了 11 种各式各样的不同主语。苏格拉底不得不争辩道，这种多样性相较于理性推理的多样性来说关乎更高的秩序。理性推论的多样性是松散的；它从一件事物漫游到另一件上，毫无秩序和目的。这种爱欲的多样性分散在彼此排斥的主体的经验中，以此将有爱欲的人引向存在。这种存在是整一的，没有遗失掉什么。总体上，神处在灵魂与存在之间——它同时也指向二者组成的整体。爱欲的多样性有两个层面，在一个层面上，灵魂发觉它成为整体意味着什么，在另一个层面上，美自身的整体性得以显现。这两个层面构成了所有理性推论范式的天然属性：当这个范式适合学习者的时候，它便不再显而易见；而当它捍卫真理时，又会改变它所支撑的真理。有爱欲的人的经验自身便是所有哲学分析的例证，因为仅仅在这些经验中，自我认知才会将理智与存在连接起来。

苏格拉底讲述美和羽翼的关系时，并没有给灵魂留下位置。当苏格拉底从有爱情的人转向被爱欲的人，不得不说明被爱欲的人怎样才能获得与有爱欲的人相同的经验时，消失的马与马车夫才重新出现。爱欲是羽翼成长的经验，然而这种成长既不是为了有爱欲的人，也不是为了被爱欲的人。Pteroō 通常意味着"身覆羽翼"；它也可以表示"兴奋"，但是这个意思并不常见。另一方面，*Anapteroō* 通常意味着"兴奋"及"在希冀之中"，但是有时它也有字面义"被装上了新的羽翼"。当苏格拉底开始他关于第四种迷狂的讨论时，他说，不管是谁，当他瞥见了美就都获得了羽翼（*pterōtai*），并且由于重新获得了羽翼（*anapteroumenos*）而变得渴望飞升（*anaptesthai*）。*anaptesthai* 是 *anapetomai* 的过去不定式，在苏格拉底那里意味着"变得兴奋"，一会儿高兴一会儿恐惧（《埃阿斯》693；《安提戈涅》1307）。不管怎么说，当苏格拉底描述美回流至被爱欲的人那里时，他说它令灵魂兴奋（*anapterōsan*）（255c7）——因为他不能声称在羽翼开始生长之前，美就令被爱欲的人重新拥有了羽翼。[146]羽翼在无人之地——无论是字面义还是比喻义——上盘旋。第一次提到羽翼时，它存在于灵魂结构的形象中，代表着上升的能力。羽翼自行附着于灵魂，而灵魂在落入肉体时则遗失了羽翼。现在，当苏格拉底讨论到坠落的灵魂时，不管怎样都赋予了羽翼一重生理性，而灵魂便是一只初生的幼鸟（249d7）。视觉——苏格拉底为它设定了一个超越其他感官的位置——似乎发展出了灵魂的具象化。苏格拉底式视觉波粒理论（particle-wave theory of sight）将美丽的被爱欲的人拆分为几个部分（*merē*），由此取消了生理欲望（*himeros*）中爱欲所渴望的整体（251c6‒7）。借此，*anaptesthai*——大致意为"飞起"（*ana-ptes-thai*）——也许应被重新分解为 *an-haptesthai*，意为"依附"，或者与火有关时意为"可能被再度点燃"（255e3）。

所发生的事情看上去是这样的。组成爱欲的两个互不相容的元素——相守与凝视——已然合并为"羽翼"了。羽翼在生理上尽可能快地生长，以令性爱符合于爱欲的先验性。它保持着经验上的真诚，并且，似乎它也致使经验分裂为一匹白马与一匹黑马。"羽翼"更多的是对爱欲令人困惑的特征的描绘，而不是解决这个困惑。"羽翼"是爱欲难以言明的经验。苏格拉底声称，凡人称为长着羽翼的爱若斯（*erōs potēnos*）的东西，在众神那里被称为普特洛斯（*Petrōs*）。诸神将名词与修饰词合并在了一起。由于正是这个合并完整地保留了 *erōs*，因此众神的真正贡献是把表示羽翼的词（*pteron*）注入到爱欲（*erōs*）之中，使得二者不再分离。*Erōs* 使得羽翼可以被表达出来。于是，*Pterōs* 又可以被拆分为 *erōs* 和辅音 *pt*——后者是动词"去飞"（to fly）的不发音的零级形态。爱欲即羽翼。而神也是羽翼。由此，爱若斯就是非元音的神，而十一位奥林匹亚神就是单一人类经验的多重显现。苏格拉底认为那句不合格律的、众神自我否定的诗十分狂妄，也就不奇怪了。他非常肯定，无论如何，由于年轻，斐德若听到这些会发笑。

像其他诸天之外的存在一样，美自身在此处也具有形似之物；但是，处于光亮之中时，它和其他的东西又不一样。不管怎样，它的存在处在光亮之中时带有着几分神秘。美在视觉上的鲜活，使它指涉着一些超越视觉的东西。美的光明与魅力相辅相成（250d7—e1）。爱欲与目光在美（*eraston*）中相遇。直接呈现在我们面前的东西，并没有直接呈现在我们面前。而在显影的真实存在中，没有被直接呈现出来的东西，倒直接呈现在了我们面前。这就是被爱欲着的东西。假如美是一种存在的话，我们需要弄明白那种仅有的让美可以被支配的形式。[147]除非人们沉醉其中的美其实是美之影像，不然对美的沉迷就会让美变质。只有通过认知才能让美的距离感（没有距离感，美就没办法显现）和美的吸引力互相平衡，在二者接触之时看不到美的东西。苏格拉底谴责两性生殖的不自然，这与其说是与他自己喜好男色有关，更不如说与自我和人类的永生对它的拒斥有关——美唯独不能诱惑未保持美的初始结构的那类东西。在这一论点中，美之结构并不靠接近哲学来维持，而是依赖愉悦和痛苦的经验。某种特定的愉悦和痛苦指向了美在诸天之外的存在。

美的体验开始于恐惧的战栗。这种恐惧转变为一种虔诚感，如同崇拜神一般崇拜被爱欲的人，它似乎预示了，当有爱欲的人弃法则于不顾、准备为被爱欲的人舍弃自己时，他正渐渐变得疯狂和不虔诚。最初，每个有爱欲的人几乎都创立了一个新的宗教，其中被爱欲的人既是偶像也是神明（251a6）。被爱欲的人自身同时既是神明，也是神明的形象（251a2）。正是由于被爱欲的人具有这样的双重性，有爱欲的人便既遵守了法律，又超越了法律。他同时是异端和偶像崇拜者。被爱欲的人同时是有新名字的新神和有旧名字的旧神的再现。作为一位新神，他高不可攀；作为一个偶像，他没有现身。面对着这种双重体验，有爱欲的人十分迷惑（*atopia*）。假如他遵守法律，那么像阿波罗或别的神明的被爱欲的人就会退却；假如他放任自己陷入狂热，那么他就不能得到他认为自己想要得到的东西。苏格拉底用羽翼的成长来描述这种双重体验；但只有在死者身上才能真正获得羽翼的再生。爱最根本的恐惧是不存在的事物。羽翼的成长中所获得的经验是一种虚假的经验，或者更好一点说，只能是一种挫败的经历——除非有爱欲的人能将它变为某种能实现的、等效的羽翼。被爱欲的人的在场减轻了羽翼成长时伴随的痛苦，但他所能做到的仅止于此。仅凭目光永远不能让有爱欲的人获得羽翼。

## 7. 灵魂类型

在爱欲面前人人平等，这是爱的最初经验。看上去，它的力量就在于从经验上修复灵魂的完整结构。不过，这样一种经验性的修复带给人们的，［148］仅仅是感到兴奋（*anapterotai*）而不是重新获得羽翼（*anapterotai*）。因而，苏格拉底遵从着关于美及羽翼的描述（其中不同本性的有爱欲的人之间并未构成什么区别），并辅以一种关于灵魂类型的描述（其中美在诸天之外的存在消失了）。图24显示了在苏格拉底讲辞的中心章节里，诸天之外与奥林匹亚之间的关系对于人类的灵魂来说意味着什么。通向存在的曲折而唯一的路径,就是借助奥林匹亚诸神;然而在人间,尽管哲学家的灵魂推理出了通往存在的途径,但要想明白人类的理性和形体之间的联系,还是必须通过奥林匹亚诸神。不过,现在苏格拉底似乎要将羽翼的成长与奥林匹亚诸神分离开,并将奥林匹亚诸神与美的存在分离开。每一种灵魂类型都找到了与统帅它的神明相适应的灵魂类型。每一种灵魂类型都天然是一位有爱欲的人,并在陷入爱欲之前就找到了他们所爱的人(252e5)。苏格拉底不再提及视觉这个最初的经验,也没再谈起羽翼的成长。每一种类型都特意地将其本性建构为偶像或神明: *Fingebant simulcredebantque*(塔西陀《编年史》5.10;参见《日耳曼尼亚志》8.2)。仅仅在能够彻底认清自我的情况下——可以利用别人的本性来揣测自身的本性,才可能在被爱欲的人身上认识到有爱欲的人的本性。苏格拉底似乎把对它的实现限定在了万年轮回中的第一阶段(252d3)。从此以后,对自我的无知就潜藏在每一次选择自身类型并以此自我塑形的尝试中。有爱欲的人与被爱欲的人被错误地配在一起几乎是常态。

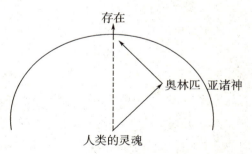

**图 24　存在、灵魂与诸神**

有爱欲的人假借神的名义来要求被爱欲者仿效他的天性。他无疑会说且很可能相信,被爱欲的人提示着某位神明——他催促被爱欲的人追随这位神明的道路(253a5)。[149]引导他的说服性讲辞,要么是技艺,要么是本性。如果是本性,那么这些讲辞就会符合看上去与被爱欲的人相像的那位神明的准则。事实上,他关于他自己和被爱欲的人的知识偏差越大,他为二人选定的类型就越理想主义。如果引导讲辞的是知识,那么这个讲演者便是苏格拉底,而被爱欲的人就是斐德若。除了苏格拉底,没有什么人曾经拥有过爱欲的技艺。吕西阿斯偶然做了一个符合斐德若本性的讲辞,但是他却认为它符合所有人,并对它的适用情况未加限定。另一方面,苏格拉底做了一场令斐德若完全沉溺其中的讲辞:他忘记了这个讲辞是有爱欲的人所做的。苏格拉底将斐德若呈现给斐德若,而斐德若想要更多。现在,苏格拉底给了他更多的东西——苏格拉底告诉斐德若他做了什么以及他对谁做。苏格拉底首先从旁边对他说,曾几何时,他们俩在加入队伍并成为纯洁光辉中完整、单纯、坚定且被祝福的灵魂(*phasmata*)时,所追随的是宙斯(250b6-c7)。苏格拉底提早对斐德若进行诱惑,并将自己的技艺说成是命运使然。苏格拉底在为斐德若塑形之后对他说,我们塑造了彼此。

　　在《会饮》中,喜剧诗人阿里斯托芬与悲剧诗人阿迦同(Agathon)都做了一篇赞颂爱欲的讲辞。阿里斯托芬认为爱欲的根源仅仅是人自身拥有的爱,而阿迦同则认为其根源仅仅是对美的爱。苏格拉底现在正试图去做的讲辞,使得这两种爱欲在奥林匹亚诸神那里既彼此相合又彼此分离。爱欲是人好的一面所拥有的爱。不过,苏格拉底仍未阐释说明他自己的技艺,以及它怎样在其朱庇特式的本性里显现出来。他的技艺应当是从诸天之外的存在那里得到的——在他刚刚关于奥林匹亚诸神的阐述中并没有出现这些存在,而经由羽翼成长的经验也不能认知它。因此,苏格拉底必须重新回到马车与马中间,以此来说明驭车人对爱欲的驾驭如何关系着对存在与本性的理解。黑马与白马掌握着苏格拉底技艺的秘密。

# 8. 马 车

白马的十种品质与黑马的十三种品质之间并不对称。如果我们把两者做一比较,并列出彼此缺失的条目的话,那么白马那一边是短小、颈项脆弱、冷漠,而黑马那一边是热爱知识。很明显,白马所拥有的品质,都是苏格拉底在第一篇讲辞中的完美观念,如节制等,而黑马则是爱欲之傲慢特征的例证。[150]不过,白马与黑马所再现的,并非是观念与欲望之间的分裂,而是欲望自身的分裂。白马也是爱欲的一种形式。根据它所有外在美的特质难以判断它在多大程度上代表爱欲:迈雷托士(Meletus)也像白马一样有一只钩状的鼻子(《游叙弗伦》2b11)。黑马则像苏格拉底一样有一个狮子鼻。苏格拉底的一切阐述几乎都是为黑马而作。如果没有黑马,那么有爱欲的人便不会靠近被爱欲的人,而是在羞愧与畏惧中离他远远的,并将爱保持在沉默中。黑马追求的性爱偏好使它开始接近被爱欲的人。很可能正是由于白马和驭车人被迫对黑马不断让步,羽翼才能够生长。令人惊异的是,除非黑马能够变得彻底谦逊,同时被爱欲的人也陷入爱欲,不然它就永远不能够得偿所愿(256b7-c7);然而一旦它驯服了,那么就会是它引导马车前进。白马从来没有依靠自己向前走;实际上,白马在黑马强迫它和驭车人将协约付诸实践之后,就从苏格拉底的论述中消失了;第一次相遇时白马驯顺地后移重心坐在屁股上,而在第二次之后的所有相遇中,驭车人似乎仅仅在跟一匹马打交道(254e1-5)。

在苏格拉底的第一篇讲辞中,黑马在登场时既傲慢又强壮,而白马则显现着观念或节制的胜利;但是那篇讲辞的讲演者是伪装成了白马的黑马。它使自己看起来就像其他没有爱欲的人一样节制。这样,白马就完全是黑马的创造物,后者发生了分裂,结果使自己在已不属于它的白马眼中变成彻头彻尾的黑马。与那个纯净化的自己相比，黑马的颜色便是最深的黑色。黑马借助伪造品来隐藏自己。无论如何，白马就是斐德若，是他所作的讲辞。它是高贵化的斐德若，经由苏格拉底，斐德若看到了它。进而，苏格拉底便是那匹黑马，它既可以是自己，也可以是那另一个——在这种情况下，那另一个就是指斐德若。没有另一个苏格拉底。他自身从未容纳一个美的他者，但是他也从来不显现为他自己，而显现为某种美的他者的他者。他看上去是纯粹的羽翼，不过，除非另一个人能够成为他的他者并与他结合，不然他就不能与之交谈。他必须降落下来。他的降落是为了与另一个人一同起飞，不过，要想这样，他不能垂直上升。由于他只有在他者相伴的情况下才能起飞，因此他从未径直上升过。苏格拉底不是纯粹的羽翼。不管怎么说，他不需要某类特殊的白马，因此他不同于那匹与其同行的白马。［151］除了他以外，别人都适合于阿里斯托芬的说法：有一个特殊的人，他的自我完整，或者更不如说，人们相信他的自我完整。苏格拉底对自我的知识存在于这样一种知识当中，它与爱欲的本性——存在或可能存在某个特殊的人——相抵牾。声称某些人具有特殊性，就意味着声称奥林匹亚诸神因为会献身于那些比他们更高的东西，所以他们就不能再称之为神了（249c6）。这也就否认了这样一个说法，即除非人从理智和理智里面的东西中获得知识，不然他就不能成为人。阿里斯托芬给出了那个相反的结论：理智并不是人的特征标识，而人原来并不具备人形，同时所有人渴求的也是不具备人形。

斐德若本想在苏格拉底开始第二篇讲辞前讨论一下苏格拉底和吕西阿斯提到的问题。他想在与苏格拉底合作之前先和他谈谈。他并不觉得有必要去揭露那个以没有爱欲的人的身份说话的有爱欲的人。他或许会像卡尔米德（Charmides）那样说，"既然人们可以质疑所说的话的真假，那么究竟是谁说的有什么分别呢？"（274c1–4；参见《卡尔米德》161c5–6）。不管怎样，苏格拉底不得不去说明,如果人们对讲演者没有前理解的话,就会倾向于为了获得真理而反省自身。如果反省的真的是自我,而不是那个自我无法纳入自身的美丽他者的话,这种反省就相对真诚。一旦黑马被驯服了,有爱欲的人和他所爱的人之间就会有持续不断的交流,曾注入有爱欲的人身上的那种美也回返到了被爱欲的人那里。"[被爱欲的人]在爱,但是不明白自己在爱什么,也不明白这是怎么一回事,就好像一个人染了眼疾,但却不知道怎么得来的,他也不明白他所爱的人就像一面镜子,从中可以看见他自己的形象。"(255d3—6)苏格拉底眼下并没有提到,有爱欲的人的出现怎样促使爱欲返回到了它的源头;但是他已然在灵魂类型那一部分暗示:有爱欲的人在讲辞中塑造了一个被爱欲的人的模型——通过融合二者的共同天性,来将有爱欲的人交付给被爱欲的人。被爱欲的人追求的是一个虚幻的他者,后者实际上就是他自己。他因对自我的无知而开始自我驱动。这种对自我的无知是两面的:那个虚幻的他者既不是他者也不是他自己。它不是他者是因为它是他自己,而它也不是他自己是因为它是那个在被爱欲的人的自我中现身的有爱欲的人。有爱欲的人对自我的再现可以是合理性的,也可以不合理性。如果不合理性,那么他的自我再现就是习惯性地伪装成了一位奥林匹亚神;如果合乎理性,那么他就是苏格拉底,而且不管他为被爱欲的人构造出了哪位神,这位神都是他们协同飞往诸天之外的存在的必要方式(参见256e1)。

## 9. 爱欲的技艺

[152]苏格拉底在他的演讲中做了这样几件事情。他在第二篇讲辞中纳入了自己的第一篇讲辞,不过此时第一篇讲辞的样子和它单独成文时大不一样;他将斐德若与苏格拉底放在一起,以便于他们讨论说服的问题;他还表明,他的自我认知离不开他对他者

的认知，就像它也离不开对爱欲双重属性的认知一样。爱欲分解为了向上运动和自我运动两种方式。这两种运动常常既彼此分隔，又彼此相随。苏格拉底式的无知所具备的运动方式是上升运动；对自我的无知所具备的运动方式是自我运动。除非有城邦中的人教导，不然苏格拉底就不知道自己究竟是野兽还是神明，与此相似，除非以人类的观念开始，不然苏格拉底就不能找到回归存在的路径。人类的观念将他们的本性与知识或天赋混为一谈。它们各自奉为理想形态的东西和"理念"的碎片塑成了它们的知识。它们当中存在一些东西，指向了它们之所是，也远离了它们之所是。因此，除非人们可以将它们拉回到那些让它们远离之所是的东西那边，不然就没有可能从它们身上学到关于之所是的知识。只有弄明白什么东西不是，才有可能存在上升的方法。

　　尽管对话与理解之间的这种关系（简称 dialegesthai），构成了每一篇柏拉图式对话的基础，但仅仅在《斐德若》当中，它才充当主题。说服的要点通过一个不可能的案例来加以再现，即没有爱欲的人劝导那个他不爱的对象取悦他来完成，它同时包含着灵魂、存在以及讲辞这三个要素。《斐德若》的特殊之处就在于，它每次处理这三个要素中的两个。灵魂与存在决定了苏格拉底第二篇讲辞的方式；但是讲辞的效用——即它会促进两个灵魂的结合——在这篇讲辞中被隐藏了起来，因此，当随后讨论吕西阿斯和苏格拉底二人的讲辞之间的对抗时，应该将这一点纳入考量。人们所学习到的东西遮蔽了学习的方法。每次发现中都会有一个盲点，只有对自我的认知能够看到它。斐德若的错觉——苏格拉底的第一篇讲辞并非出自其本意，并以他第一个爱人吕西阿斯无法做到的方式满足了他——令他远离了吕西阿斯。苏格拉底的第二篇讲辞使得斐德若恢复了知觉，并做好了投向苏格拉底的准备。斐德若无疑会抗拒那种直截了当吸引他的东西——它来自于一个在自己身上找不到美感的人。作为那个没有爱欲的人，他仅仅在别人的眼中才美。他看不到别人在他身上看到的东西。他对讲辞的爱是自发的。那匹白马鼓舞了斐德若。那匹白马就是完美的讲辞。

[153]城邦的魔咒被爱欲打破了。爱欲昭示了一个个人化的整体,他的个人特性和理想主义都高于整个城邦以及它的法律。从来没有人会爱上法律。① 灵魂与存在的爱欲形态产生于神明或神明的形象。假如这种灵魂形态不是由有爱欲的人发现或者创造的,那么被爱欲的人会像吕西阿斯声称的那样难以说服;但是,由于完美的存在或完美的存在的影像并非自动生成,它那不完美的或有缺陷的创造者就有可能和它结成一对。即便这种配对在被爱欲的人意识到之前已经发生了,完美和残缺的结合看上去也十分怪异。黑与白的组合,斐德若或者别的什么人与苏格拉底的组合,传达着这样的主题:每一篇苏格拉底对话都既是完成的,也是未完成的。其完成性以一种谈话者能够理解和渴望的方式映照出了谈话者自身;其未完成性则显现了苏格拉底的无知。他不知道为什么对话者感到满足而他自己不满足。这由苏格拉底覆有羽翼的思想偏离垂直飞行路线的程度所决定,但是,那个偏离的程度很难推测出来,因为它很快就消失了。这种偏离并非很容易被抹掉的装扮起来的美。它是有生命的。斐德若对思想与言辞的区分杀死了病人;《斐德若》的第二部分显示着在手术之后生命如何继续维持下去。

苏格拉底的第二篇讲辞可以以如下方式概述。有三种迷狂被公认为是神圣和美好的;爱欲必然属于这一类。要证明这一点,就需要这种灵魂拥有狂喜的本性;而如果灵魂的狂喜是必然的,亦即灵魂是自动的,那么前面的证明会更加清楚。不过这种证明表明,所有人,无论神还是人,都是疯狂的。因此,人们需要一种阐释,可以说明灵魂本质上如此,但是当与身体相结合时,灵魂便会成为他

---

① *Philonomos*(热爱法律的人)出现在罗马以降的犹太说法中;see L-S-J, s.v.

人的驱动力。接下来，就要进一步说明当它与身体相结合时，它怎样才能回复自己真正的本性。这一说明关涉着上升和下降；它开始于那个行伍的形象，之后导向了人与神之间不可逾越的鸿沟，因为神不可能既拥有身体又免于死亡。羽翼的描述解释了这个悖论，因为赫斯提是一位不能拥有羽翼的神。人只有作为人才必然拥有羽翼并且跟随十一位神去往诸天之外的领域。每个人类灵魂都瞥到过这片超越视力的领域，而他们看到了多少则决定着诸种技艺实践的程度。他们所看到的东西通过他们的理解力和收集（*sunienai*）体现出来，却与人的形体没什么关系。［154］在看到美的幽灵幻象、由此想到那种并非推论出来的美时，爱欲的疯狂就会显现出来。由此，演绎的种类（*eidos*）与沉思的形式被区分开来。在宗教性的敬畏经验中可以看到沉思的形式。在经验中，被爱欲的人是神，而不是诸天之外的存在，而这种经验则开启了羽翼时常受阻滞的成长。在注视着被爱欲的人而忘记了一切法律时，"出牙期"的疼痛减弱了。羽翼被认为是爱欲（*pterōs*）。灵魂的上升属于爱欲，它以一种不同的方式效仿了灵魂在认知上的提升。于是，爱欲即是灵魂，而灵魂变为人类时它便不再是爱欲了。记忆的经验以不同的方式对待不同的灵魂。对美的回应源自于灵魂的一种参照众神而非存在的先在形式。灵魂的结构就是以多种灵魂类型对众神的复制。因此，存在着一种使被爱欲的人适应某种先在形象的强力（252e4）。有爱欲的人试图将被爱欲的人纳入自己的灵魂，与之结合。白马就是这种被嵌合的他者；它完全地服从。而做出这种嵌合的是黑马，于是它显现出了傲慢或迷狂。自我驱动的经验属于被爱欲的人；有爱欲的人的经验是上升。在苏格拉底的爱欲技艺的指引下，上升和自动的结合让位于某种虚假的整体性。

# 第十一章　写作（257b7-258d6）

[155] 三篇关于爱欲的讲辞都表示人们不应该取悦有爱欲的人；但是第三篇或多或少地更纵容爱欲一些，认为性的放纵如果不太频繁的话，就比观念那种吝啬的节制所犯的过失更小，鉴于此，那么只有第二篇实际上以有爱欲的人的满足为其受众。然而，第二篇讲辞一旦与第三篇放在了一起，它就不再有这个倾向性。于是总有这样一种可能：第二篇讲辞脱离开了第三篇，结果是有爱欲的人——他在被爱欲的人眼中伪装成了没有爱欲的人——在性方面获得满足。性伴侣是对话者双方的幽灵幻象：*dialegesthai*［辩证］的一个引申义是性交（阿里斯托芬《公民大会妇女》890）。苏格拉底的爱欲技艺存在于如何重建和保存 *dialegesthai*［辩证］的最初含义的知识中。不管怎么说，苏格拉底在第一篇讲辞犯了错——即它可能被误解——之后，就不能肯定自己是否还拥有爱欲的技艺了。他不能肯定在与斐德若结伴同行时，是否能完好地保存自己的形象。斐德若这匹白马不会自己前行；他只有和苏格拉底在一起的时候才开始走动。然而，苏格拉底并不能陪在斐德若身旁。苏格拉底的再现取代了他本人的在场。苏格拉底在斐德若划定的范围内写下的题辞，消弭了他们二人之间的区别，并使得苏格拉底看起来像斐德若那样年轻、漂亮（参见《书简》2，313c1-

4）。整体上，《斐德若》只有假定白马具有伪装性时才能够完成，这种难度相当于在字母表中显示出元音和辅音的差别。辅音与元音一样是一个字母，而它不发声的自然属性在字母的形态中消失了。由辅音和元音组成的音节，就像苏格拉底与斐德若的结合一样，在发出这个音节时，辅音就不发声了。

斐德若既意识到了这个问题，又没有意识到。就像他不确定吕西阿斯是否愿意继续写作、更不用说是否愿意和苏格拉底的第二篇讲辞竞争一样，他也不确定吕西阿斯转向哲学、令他（斐德若）也能够随之转向哲学到底是好还是坏。[156]斐德若如何将拒绝写作与哲学转向两件事联系起来，甚至于他有没有联系起这二者，都很不好说。这些问题存在于斐德若的同一段话中，但他的话似乎从吕西阿斯的哲学转向，转移到了近来吕西阿斯受到的辱骂上了——有个政客辱骂他是一个写讲辞的人（*logographos*）。讲辞受到了哲学和政治的双重挤压。作为诡辩术的一种形式，它既不属于前者也不属于后者，而斐德若似乎怀疑吕西阿斯能否面对被苏格拉底击败的耻辱，或者能否容忍政治上强势的人的羞辱。苏格拉底说斐德若忘记了最主要的一点。没有人比政治家更尊重写作了，而政治家中间的立法者尤为如此。为整个社会写下一部能维持几个世纪的法典是政治上最大的野心。然而，假如不管爱欲是否属于哲学，法律都与它为敌，那么写作和爱欲就必然不能共存。诗人与哲学家的写作都不承认这个结论。写作仅仅是一个令讲辞能够被保留下来的中性手段。它是好是坏取决于写作者写得好不好。写作似乎并不构成问题。

现在，把写作本身看作一种可疑的实践而不将它纳入考量，仅仅是延宕了问题；在苏格拉底和斐德若讨论过写作的好坏之后，它又重新出现了（274b6–7）。他们的讨论并没有在言说与写作之间作区分（258d4–5）。结果是，写作不管有多美，若它本身可能有争议，那么言说便也会遭受同样的质疑。我们从苏格拉底第二篇讲辞得知,尽管起初人的形体与人的灵魂结合在一起,在他们的灵魂被允许重新造访诸天之外的领域、循环再度开启之前,人们还是可以自由地选择某种非人的形体九次。许多人并不将他们人性中的两个方面联结起来,而他们也在放弃自身形体的同时牺牲了言说的权利。爱欲让人们像崇拜神一样崇拜其他人,但没有告诉他们说,他们看到的美与他们的理性紧密相连。于是,假如在《斐德若》的最后,写作遭到谴责而言说却得到维护的话,那么看起来与写作相一致的,就必然是对人类形体的舍弃和对兽性的接受。在埃及,发现写作的神明有一颗狗的头颅,而批判写作的神明则长着公羊的头颅。苏格拉底讲述的埃及故事似有实无地证明了写作与兽性之间的联系;不过必须牢记,批评写作的神明并没有拒绝写作。埃及人已经有文字了,并且他们的字母由许多兽类的图像组成。希腊人称他们的文字为象形文字或神圣的文字。[157]最为神圣的文字是宗教或者法律的。然而,爱欲是反律法主义的。对言说的辩护包含着对法律的攻击。苏格拉底是否在暗示,人们不会认真地接受法律的全部?

在《斐德若》中,写作本身从来就不是问题的关键。斐德若指出问题在于向公众发表,苏格拉底则认为问题在于以法律和法令形式存在的写作是否不朽。苏格拉底谈到最骄傲的政治家写讲辞的欲望,谈到最理想的情况下,这个政治家想要成为城邦中不朽的作家,以使得他相信自己与神(*isotheos*)平起平坐,而那些后来者,在看到他的写作时也将同样相信他与神的地位相同。这位立法者模仿了灵魂的爱欲天性。他的作品想要令人想起它们的作者,就像是被爱欲的人的美意欲激发有爱欲的人跟随他看到的神明,并忆起美的存在。有爱欲的人的位置就像是图 25 所示。而守法公民的位置则如图 26 所示。苏格拉底对法律的拒绝,不会像宣称自己是神的立法者那般虚假,因为在他对爱欲的讨论中,支持被爱欲的人的众神也一样值得怀疑;倒不如说,苏格拉底的拒绝针对的是

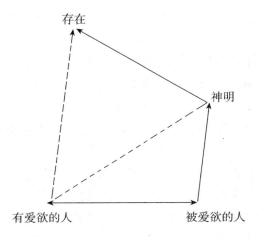

**图 25　有爱欲的人、被爱欲的人和存在**

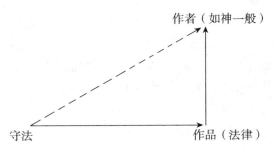

**图 26　法律、立法者、守法**

法律的无能——它难以在自身中唤起对存在的回忆。法律在本质上并不理性。它既不讨论也不说服。在面临处决之际，苏格拉底对克里托尽可能生动地讲述了这一点。[158]他想象法律是一只会说话、活着的生物，它试图以辩论和说服来与苏格拉底的全部异议相抗衡。法律的这种鲜活气息破坏了法律本身。就算它所有的论据都完美无瑕，那它又怎样去处理那些听不懂它的推理的人呢？他们应该因为不服从而被谴责还是该被宣判无罪？而如果法律的论证有错误，那么那些看穿了它的人是否可以免受处罚？看来，立法者所追求的是女神赫斯提，一位从来未曾瞥见过诸天之外的存在的神明。

斐德若很快就接受了政治家对吕西阿斯的谴责。他认为，城邦中那些最有权势的人耻于发表讲辞，这与他们害怕被人称作智术师有关。斐德若想到的是说服性的讲辞，其有效性针对着某个特定的场合和某种特定的观众，但显得它们是面向所有没被情绪感染的人那样具有诡辩性。在这一点上，苏格拉底以那些从说服性的讲辞发展而来的法令和法律为例，完全地转变了斐德若。斐德若在文字与思想之间划下的根本性区隔，具象化为政治家代表法律所说和法律自身所说之间的区别。法律试图掩盖在其规划的制定和实施中的诡辩性。那些受到城邦批评的智术师遮蔽了城邦内部的智术师（《王制》492a5-b3；《治邦者》303b8-c5）。不管怎么说，斐德若没有去思考便视为理当如此的是，无论政治家批评吕西阿斯的哪个方面，他都不会去批评自己的欲求。斐德若不相信，一个人可能将自己身上应受谴责的东西发泄在别人身上。对于斐德若来说并不存在替罪羊。他没有想到在最好的政治家眼中，被写下来的法律可能会是一件不可避免的罪恶（《治邦者》294a10-301e5）。[159]斐德若承认写作本质上中立，因为他认为城邦写下的文章具有权威。

苏格拉底说，当一位政治家的提议被通过的时候，他会将那些赞同者的名字——或是议会或是人民——写在开头。他把被说服的听众写入到他的文章当中。每一篇非政治的文章被写出来的时候，都在寻求听众。它只能在脱离语境的情况下进行说服；然而，与之相反的是，政治家的文章已经完成了劝导工作，并且没留下任何痕迹说明他怎样让人们接受。于是，这位政治家将自己的名字放在他的崇拜者之后："经某某决议。"苏格拉底暗示那位政治家的名字也是文章的一部分。这个名字宣示着他的才智。非政治性的文章很难保证它们始终属于作者，芝诺（Zeno）就在这一点上得到了教训（《帕默尼德》128d6-e1）。非政治性的文章基本上都会遭受抄袭，除非作者将自己的名字编入了它们之中。看起来，非政治性的文章都渴望着一种合法地位，因为除非它们具有权威性，否则不管是作者还是文本自身都得不到保证。似乎在政治领域之外，智慧就不能作为某个人自己的智慧来传布，而在政治领域之内，如果这种传布追求理性，那么它的内容就不可能是某种智慧。我们并没有马上得知，为什么这些有智慧的人——如果他们的智慧不是伪造的话（比如，智术师）——就应该想给他们的智慧打上标记。假如他们将其所知全部写入一篇文章的话，那么这篇文章是无名的还是被署上笔名就没什么区别了。只有他们的学识不得不被拆分成几篇文章时，他们的签名才必不可少。两篇或两篇以上的文章才需要一个统一的名字，不过这样也增加了它们不被承认的风险。未知的存在的必要的多样性，消解了掌握知识的人的单一性。掌握知识的人依靠其自我认知来将这些文章联结起来，而对于读者来说，则是靠一个名字来联结它们。

　　于是，如果我们猜测这些存在具有本质的不同，进一步猜测因此在将它们作为整体加以描述之前，必须先对每一个存在进行单独的分述，那么，对它们进行再现的那个作者就必须借助另一套秩序来标记它们。我们称这种秩序为"风格"；斐德若称之为"词语"（*rhēmata*）。修辞术是展示辩证法的必要手段，这样，在表面上，风格的统一就符合于真正的自我认知整体了。[①] 不管怎么说，风格的统一性或许并非可以获得或可以追求；在混淆风格与思想方面，吕西阿斯似乎是一个比柏拉图更成功的古代批评家（奥卢斯·格利乌斯 2.5）；[160]而作者为了让自己的文章彼此一致，可能就不得不用统一的标准写作。他可能不得不依赖一些尊崇他的人，这

---

① 《斐德罗篇》中，关于风格所造成的问题的最佳例证，是吕西亚斯的演说，因为柏拉图太过用力地使用吕西亚斯的风格特征，导致这篇演说看上去像是柏拉图自己写的（参见 P. Shorey, *Classical Philology*［1933］, 2:131-32）。

样才能找到另一些以自己的方式来看待他的人,以期看到超过了他的东西。如果吸引着他的守护者的东西没有让他的敌人望而却步,那倒是近乎奇迹了。一个人对自我的不朽思考得越深,写作对于他来说就变得越轻松。

# 第十二章　马与驴（258d7-260d2）

[161] 苏格拉底问斐德若他们是不是要去检验作品的好与坏,不管已经有作品问世的或要写文章的,无论作品涉及政治领域还是私人事务（*idiōtikon*）,无论是诗人写出的韵文还是非专业的或门外汉（*idiōtēs*）写出的散文。苏格拉底一方面对比了公共与私人,另一方面又对比了诗歌与散文,这说明他的意思随时间推移而发生了转变,但语言跟不上这些变化。作为一名诗人,柏拉图写下的当然是不合韵律的私人性的政治文章;但是它们被出版了,因而它们并不属于私人,同时,尽管它们是政治的,却又是非政治的——因为即便是在《法义》中都没有说明法律如何被接受成为法律的;尽管柏拉图是一位诗人,他却像个业余写作者那样写作。柏拉图并没有适应语言。如同苏格拉底是爱欲技艺的发现者那样,柏拉图在写作上是一个革新者。苏格拉底似乎在暗示着,他的发现如何为柏拉图铺垫了道路。

苏格拉底问斐德若他们是否需要（*deometha*）探究好的写作与坏的写作。他用的"需要"这个词是吕西阿斯在其讲辞开始时用的,当时他让没有爱欲的人说自己不该没办法满足自己的需要（*deomai*）,因为他不是有爱欲的人（231a1）。斐德若马上就爱上了这种需要显露出来的冷静和没有痛苦:"你是在问（*erōtas*）我们是否需要吗？没有这种快乐，人们活着又为了什么呢？我说的肯定不是那些先有痛苦，然后再产生的快乐，或是根本没有快乐；而与肉体相关的快乐几乎都会先有某些痛苦，由于这个原因，把肉体快乐称作奴役性的快乐很合适"（258e1-5）。通过第二篇讲辞，苏格拉底并没能说服斐德若站在哲学一边，因为它仅仅在灵魂飞升中将斐德若与苏格拉底联系起来，并认为斐德若深深地被更为纯洁的自我和更有缺陷的被爱欲的人的欲望所吸引。除非理智是纯净的且远离痛苦，不然斐德若都不愿意再活下去。斐德若否认在爱欲中，肉体、灵魂和理智不可分割。他想象出来的病痛是对肉体的修补，以保证它不会干涉到理智。斐德若一定相信那种他尽全力预防的疾病并非他自己编造出来的。一种"想象出来的疾病"（malade imaginaire），斐德若真是完全缺乏想象力。[162]他相信理智的纯洁，与此相通，他赞同爱欲在本质上是疾病。苏格拉底试图显示出理智本质上的不纯洁，以及痛苦的天然性。如果苏格拉底正确，那么斐德若宁愿去死。

　　苏格拉底并没有直接回应斐德若所说的活下去的理由；相反，他讲了一个故事，这个故事引出了真理与观念的问题，它就像之前苏格拉底讲述的波若阿斯的故事——它引出了苏格拉底自我认知的问题——一样含混不清。通过分析灵魂与爱欲，苏格拉底赋予了飞马（Pegasus）这样的怪物以某种意义；但是因为他所论证的杂合生物并非自然繁殖产生的，因此他并没有解决怪物是否存在的问题。这时，苏格拉底讲了一个关于蝉的故事，蝉像其他所有昆虫一样，有着由几个部分组成的躯干和一对复眼，如果它们像飞马和吐火兽那么大的话，那么它们必然也是怪物。斐德若并不知道这个故事，也对它的寓意没有兴趣。这个故事没有众所周知的背景，但它带有一重道德内涵。它包含的劝诫超过了对它的虚构故事性质的弥补。它在说服方面有充足的力量。

　　这个故事讲到，在缪斯女神诞生之前，蝉曾经是人。缪斯降生、音乐出现之后，这些人被快乐淹没了，他们唱着歌而忘记了吃饭、睡觉；他们死去后变成了蝉并且获得了一种奖励，即他们可以一出生就会唱歌，不吃不喝一直到死，然后就向缪斯报告哪些人崇拜她们中的哪一位，以使这些人受到他们所尊崇的女神的宠爱。斐德若和苏格拉底涉及到了两位缪斯女神，即乌拉尼亚（Uranian）和卡利俄珀（Callingope），因为前者掌管着天文（*ouranos*），而后者掌管着神和人的所有讲辞。苏格拉底的故事中每一个细节都标示着对话方向的一次转变。苏格拉底在支持没有爱欲的人的第一篇讲辞中，曾经向缪斯祈祷；但是在他的第二篇讲辞中，她们的位置下降了，成为一种较次要的神圣迷狂。其中，爱若斯从缪斯中分离了出来，被指定为奥林匹亚诸神和诸天之外的存在之间的纽带；然而，现在埃拉托（Erato）成为了掌管爱欲的缪斯，而她也与卡利俄珀、乌拉尼亚分离开了，或是说，与哲学分离开了。舍弃爱欲，就是在可见的宇宙中为哲学留下一席之地；但是这样一种限定并非全是坏事。缪斯女神取代了奥林匹亚诸神，而前者的数目不能不让我们想起由瞥见诸天之外的存在的程度决定的生命种类的数目。苏格拉底让我们明白，我们经由缪斯女神才获知关于奥林匹亚诸神的一切（《伊翁》534c7），她们通过代言人赫西俄德说到：“我们将谎话说成真理，但只要我们愿意，我们就知道怎样说真话”（《神谱》27–28）。[163]除了宙斯，缪斯是唯一被赫西俄德称作奥林匹亚神的神。在歌出现之前，便已有了人；在有意混淆真理与虚妄的歌出现以前，便已有了人。这种歌的结果之一便是奥林匹亚诸神。作为他们自身的自我无知的幻影，奥林匹亚诸神在人的理性与形体之间创造了一种微弱的联系。随着时间的流逝，人类通过缪斯口中的奥林匹亚诸神而具有了人性；然而缪斯自己却将被她们迷住的那些人直接变成了蝉。歌曲自身并不足以使人成为人。它令人们陷入睡眠中，变为奴隶。一个人只有抵制住了蝉的诱惑，缪斯才会奖励他。只有斐德若和苏格拉底继续交谈下去，他们才能够保持清醒。只有当斐德若战胜了他的本性,缪斯才会喜爱他和苏格拉底。

《斐德若》的开篇几乎带有某种特定的唯理主义的清醒。随后另一种唯理主义受到赞颂,在这种情况下,要理解存在似乎就需要爱欲的沉迷。现在,任何一种沉迷状态,不管是不是爱欲的沉迷,其来源都可以归于缪斯,她们会借助迷惑来考验与沉迷状态擦肩而过的人。假如我们将第二篇讲辞中的奥林匹亚诸神与现在这个故事中的奥林匹亚的缪斯女神放在一起来看,那么我们很可能会说对迷惑的屈从与抵抗相互依存。没有迷惑就没有清醒。没有存在的幻影,就不会发现讲辞的真理。对讲辞的美的讨论不可能先于对存在的美的讨论。在照这样排列《斐德若》中的先后次序时,我们并没有太过关注这个次序——在其中,难以被情欲诱惑的斐德若却轻易被缪斯女神俘获。蝉代表了斐德若想要成为的东西。他为了讲辞的缘故愿意放弃人的状态。讲辞自身并不必要;没什么东西妨碍着它们。不管怎么说,对爱欲的沉迷被体验为一种强迫;它一边将人们拉向他们不是什么,一边强迫他们面对他们是什么。在讲辞中没有这样的强迫。讲辞并没有强制提出自我认知的问题。在苏格拉底的故事中,缪斯女神了解人类的方式并不直接。

《斐德若》与三样东西有关:灵魂、存在和讲辞。灵魂与存在在苏格拉底的第二篇讲辞中被放在了一起,然而这是以讲辞为代价的。现在,灵魂和讲辞将要被放在一起,其代价是存在。由于预先假设存在可以被彻知,因此斐德若的问题,即修辞学家是否应该了解真正的正义、善和美,就简单地否定了苏格拉底第二篇讲辞的主题。假如作为说服者的修辞学家不能对抗拥有知识的辩论家,而只能与了解自己的无知之处的苏格拉底相抗衡的话,[164]那么斐德若便会以一种完全不同的方式来阐述他的问题了。奥林匹亚的缪斯和奥林匹亚诸神不能并存在同一个神话中;或者不用神话的语言来说，也就是讲辞和存在不能共存。它们这种不相容的特性可以用"相似"或者"比喻"来概括。一个与真理相似的谎言似乎与一个真实事物的比喻不属于同类。蒂迈欧似乎认为二者相同——他想要讲述一个与可见的宇宙相似的故事（eikōs muthos），并将它当做是真实事物的比喻（eikōn）（《蒂迈欧》29b1—d3）；但是我们不知道这个相似性故事的原本究竟是宇宙的形象，还是以宇宙为形象的其他东西。假如讲辞与可见的宇宙相一致，那么我们就能顺利地从中读出真实的记述；假如真实与虚假的混合在讲辞中和在宇宙中并不一致，那么苏格拉底将存在与讲辞分开就是正确的。那个想要打动智术师苏格拉底的爱里亚的陌生人做得并不比蒂迈欧更好。他不能、或者至少没做到协调他对讲辞的阐释（即种类的彼此交织）与对讲辞的定义（即名词和动词的彼此交织）——他借前者解决了非存在的问题，借后者解决了错误讲辞的问题（《智术师》259e5—6，262b8—c7）。

苏格拉底给斐德若提了一个难题；斐德若简化了它，让它变得像是他听过的东西。苏格拉底的问题是："想要成功发表一篇好的谈话，首要条件是谈话人心里对所谈主题拥有一种知识，不是吗？"苏格拉底也区分了思想和话语，但不清楚这种分割是否像斐德若划分思想的辨别力和话语的说服力那样彻底。苏格拉底似乎只让说话者的思想引导他的言谈，而不让它在言谈中出现，无疑，他也考虑到那种全知的真理很难获得（参见《高尔吉亚》459e6—8）。不管怎么说，斐德若将真正的正义、美和善的事物对立于大多数人关于它们的观念，并且问到修辞学家是否也必须知悉它们，因为就正义而言，一个人有罪或者无罪由多数人来决定，而这些人的决定所依赖的是他们的观念。斐德若不加质疑地接受了各种演讲术之间的区别，并让它们每一个都对应着某个存在。法庭上的言辞关于正义，议会中的言辞关于善，而葬礼或其他的集会中的言辞则关于美（参见《会饮》198d3—7）。在修辞术对讲辞的分类中，它坚持这三种"看法"彼此完全分离。像诸天之外这样一个可能脱离正义而仅仅看到美的地方,似乎成了修辞术的预设条件。作为一门学问,即使修辞术在其讲辞中只写下了大多数人的想法,它也不能仅仅依赖某个想法,而必须诉诸于真正有掌控力的东西。[165]于是,苏格拉底与修辞术彼此立场的区别就很难弄清楚。苏格拉底所谓"说话者的思想",很可能与修辞术的技艺相类同——前者知晓真理,而后者知晓正义、美和善这些构建了其技艺不同类型基础的事物。然而,人们或许想要知道,苏格拉底和修辞术之间的争议是否不仅仅开启了存在的可知性和不可知性,而且还在更深的层面上开启了这些存在自身的内在关联。苏格拉底对善这个存在的疏忽,令它超越了存在,成为存在的秩序制定者,或者秩序本身。存在的秩序不认为修辞术的多种类型与它相符合。不但诉诸言辞的讲辞之间必然有部分彼此重叠,而且它们也必然会形成等级秩序,也就是说,它们会被善组织起来。苏格拉底断开了分别关系着善和美的两篇讲辞,这或许是对修辞术的让步,同样,美的存在与正义的存在之间的分离——这在苏格拉底为爱欲辩护的第二篇讲辞中必不可少——或许是出于修辞术对其自身的错误理解。苏格拉底马上对修辞术声明——它说它只需要知道大多数人的意见就行了——提出质疑,这种质疑中包含着善的问题。

苏格拉底提出一种检验聪明人对修辞术的意见的方法。不管大多数人的意见是怎么形成的,聪明人都没有权力强迫我们按照他们的看法来说话。不管它的实践多么有效,如果想要讲授它都只能通过对它的评论。苏格拉底引用了一句荷马的话:"我说的话你不要抛弃。"这句话出自于涅斯托耳(Nestor)在军队全体前对阿伽门农所说的话,当时阿伽门农(Agamemnon)使军心大乱、瑟赛蒂兹(Thersites)煽动士兵让他们不再遵从指令,而奥德修斯(Odyssey)正要试图控制住军队。涅斯托耳如此说到:"但是你,国王啊,要好生计划,听取意见;我说的话你不要抛弃,视为无价值;把你的将士按他们部落和族盟分开，阿伽门农啊，让族盟助族盟，部落助部落。你若是这样做，阿开奥斯人都会服从你，你知道将士中谁是懦夫，谁是勇士，他们将为自己的行列勇敢作战。你还会知道是天意不让你劫掠这都城，还是由于这些将士懦怯愚蠢。"（《伊利亚特》2.360–368）涅斯托耳极力主张做一个分类，借此来辨明善恶、解决问题，不管究竟是人还是神要为他们的失败负责。涅斯托耳的分类关系着对善的认知。[166]了解这些不同的分类之后，才能了解善，而只有了解了善，才能知道善具备怎样的力量以及什么限制了这种力量。雄辩的涅斯托耳说服了苏格拉底去实践辩证法。

涅斯托耳在战时提出他的提议。苏格拉底回到他所说的灵魂的形象来思考涅斯托耳的提议，并问是什么让他所描述的战车不同于由两头驴拉的车？他将我们带入这样一个问题中，即为什么当灵魂各个充满爱欲的部分组合成整体时，应该选择这种极具活力（to thumoeides）的形态呢？这个有趣的问题让我们注意到苏格拉底阐述驯服黑马时的奇特之处，也就是，尽管黑马充满了对被爱欲的人——它将他看做神或想象为神——最强烈的欲望，但是这种欲望的最终结果却是畏惧。正是对美的神明的欲望受到了约束，才从这种约束中产生了对它的畏惧。一旦灵魂重新获得羽翼，这种对惩罚的畏惧就会消失。之后它就会在宙斯的队伍中，力求胜过它的对手而接近它所追随的神明。不管怎么说，宙斯没有一位涅斯托耳来教导他。这位天国之主之所以如此随性，不仅仅因为缺失了善这个统治人间或天上的秩序原则，也因为苏格拉底那一边没能在政治和灵魂的关系中考虑到政治。离开城邦使苏格拉底得以赞颂爱欲对法律的批判，然而如果战争以某种难以理解的方式紧紧抓住灵魂不放，那么这也就不能使他完全脱离城邦。现在，使灵魂完全脱离城邦意味着什么，这个问题以一头长着翅膀的驴的滑稽形象摆在了我们面前（参见阿普列乌斯《金驴记》11.8）。

至少,多数人关于美的看法确实影响到了美。

苏格拉底问斐德若如下问题,"假定我要说服你去买一匹马,用来打仗杀敌,可是我们俩都不知道马是什么,但我知道你斐德若相信马是一种耳朵最长的家畜;假定我一本正经地不断催你写一篇颂驴文,在文中你把驴子当做马,说拥有他对你极为重要,无论是放在家里还是在野外使用,认为它就是你行军打仗的坐骑,还可以用它来运行李,在其他方面也很有用",然后斐德若承认所有这些都很可笑(260b1–c2)①。当把这个例子应用到修辞学家说服城邦民众的情况上时,苏格拉底让斐德若用"善"替换"马",用"恶"替换"驴"。[167]很显然,按照前面这个提议去做的城邦会输掉战争。苏格拉底举出的例子中,我们并不了解马的整体,而有一种被认为属于马的特征,却跟驴很像;但是,此处受到赞美的是马而不是驴。与政治中的应用相对应,这就意味人们不知道善是什么,而被认为属于善的特性却属于恶,但受到赞颂的却是善。于是,只有了解到赞颂使用的语言是什么,在这个意义上,才能知道值得赞颂的东西是什么,但是相关的信息实在太少了,甚至一切关于善的说法实际上属于恶(二者都可以从中获益)——只除了一个特征,而这个特征属于战争。苏格拉底并没有说恶有哪个特性也被认为属于善;然而如果我们看到他用"驴子的影子"这条谚语来说明什么东西没有价值,那么他或许暗示着,因为那种在无知中的激烈竞争的缘故,恶就体现为所谓的善里面没有价值的东西。

思考苏格拉底举出的例子时,记住这一点非常重要,即我们并不知道在驴子的长耳朵和不能选择它来行军作战之间有什么联

————

① 安提斯泰尼(Antisthenes)建议雅典人指驴为马,而当他们觉得这个建议非理性的时候,他就说,"可你们的将领什么也不懂,只是被选上的"(第欧根尼·拉尔修,6.8);cf. D. Daube, "Greek and Roman Reflections on Impossible Laws", Natural Law Forum 12(1967), 5–6。

系。因此，不管代替善的是哪一种恶，它都具有一种与主题无关的特征，恰好以一种未知的方式必然联系着对当下目的毫无用处的东西。某个明显而中性的特性——它绝对能够将某个东西区分于其他任何东西——让我们想起了黑马和苏格拉底都有的狮子鼻。苏格拉底要我们同时考虑两件事情。一方面是自然存在物的特性和本质中的问题，即其中偶然的特质必然与永恒的特质不一样，而永恒的特质指向了本源；另一方面是写作原则中的问题，即其中没什么偶然，但不是所有东西都同样重要，或都以相同方式直接相连。苏格拉底的丑极为偏向写作原则一边，而尽可能远离不可避免的自然特质。事物的意义并不等于事物的存在，因为世界并不是一本书。

苏格拉底的例证说明有必要对种类做最细致的辨别；但它也同样暗示了并不是在所有的情形下都能做出精确的辨别。一只公驴和一只母马会生出一只骡子（正如一只母驴和一只公马会生出一只驴骡），而这只骡子从它的双亲那里继承了一些特征，并组合成了自己不能生育的形态。骡子已经回答了苏格拉底关于自然产生怪物的可能性问题。它是一个不能生育的杂交物种，不能从构成了它的每个单独物种演绎而来。就像神和人结合在一起并不必然产生英雄，骡子这个事实挑战着物种形成（《苏格拉底的申辩》27d5-28c1；希罗多德2.143.4）。[168]正像骡子代表着灵魂自身看起来所处的杂交状态一样，它也代表着苏格拉底所避免的宇宙论难题——灵魂的自我驱动怎样才能与变化过程的发生相关联。就苏格拉底对自身的无知打开了对灵魂构成的本性的讨论来说，那么在他举的例子中，驴子就是灵魂中恶的元素，而它被错认为善。它是一位错误的神。实际上，驴是邪恶的埃及神赛特（Set）的象征，后者被认为与百头怪有关（普鲁塔克《埃西斯和奥赛瑞斯》49-50[371]）。不管怎样，骡子破坏了黑与白的对立，并让苏格拉底身上所有的百头怪特质都与神的特质相一致。现在，苏格拉底的白马再一次看起来像是从黑马这个本源上发生的诗性分离。无论如何,提议中的苏格拉底的幽灵将一束不寻常的光照射在了希罗多德的声明上,即荷马与赫西俄德令大部分希腊神与埃及神分离开来(2.53.1-2)。[①]

---

[①] 当奥维德(Ovid)讲述普瑞德斯(Pierides)和缪斯(Muses)之间的争执时,他完美地记录了变形的过程——前者歌唱的是堤丰故事的埃及版本,而后者歌唱的是希腊版本(《变形记》,5.318-358)。有的情况下,普瑞德斯就是缪斯。

# 第十三章 讲辞的技艺(260d3-262c4)

[169]由于在战场或别的什么地方出现了一个关于善的错误,苏格拉底的论证便赋予了善以某种特权地位,反之,城邦在正义和美(或道德)方面违背了真理却显然没有承担什么后果;不然的话,法律与集会的体系就会在面对真实时立刻碎裂开来(参见《泰阿泰德》172a1-b6)。令人惊奇的是,苏格拉底并不满意自己的论证;他想知道是不是就没有人为讲辞的技艺辩护。现在的问题是,修辞术的技艺如果与真理的知识不一致的话,它还是不是一种技艺。修辞术建议人们先去了解真理,但它却不能强迫人们这么做,因为它自身就是一门技艺,即便人们了解了存在,若没有这种技艺也没办法进行说服。修辞术不认为关于观念非存在的知识不包含关于存在的知识。真理的知识不包含错误的知识。

修辞术的力量并不在于她赤裸地宣称,掌握存在知识的人缺少了她就没办法说服别人,而在于苏格拉底现在对修辞术所做的每一次拟人化中,以及斐德若这个问题中:"这样的回答正义吗?"人们觉察到,要是苏格拉底对问题表述得不偏不倚,那么斐德若的问题就会是"这不是真实的吗?"或者"这没有意义吗?"苏格拉底不平静的情绪中蕴含的愤怒促使斐德若用正义的问题来进行回应。先不管具体情况为何,修辞术提出的问题是,关于存在的知识在多大程度上能够支撑对她的辩护。苏格拉底用某些激奋的批评论调来驳斥修辞术;这些批评的讲辞不承认修辞术是一门技艺,而苏格拉底称它们是有着漂亮孩子的高雅论证(261a3)。① 这些讲辞向斐德若发问,说是否不管在法庭或其他公共场所还是在私人场合,不管涉及的问题大或小,以及这种技艺自身是否关心那些话题的重要程度,修辞术都不是一种用语词来影响灵魂的技艺。[170]斐德若认为修辞术作为一门技艺,它的范围不会超过法庭和审议的讲辞,至少不会超过法庭论辩的写作稿与公共场合的高谈阔论。斐德若的讲辞以一句誓言开始,"以宙斯的名义,没有"(261b3)。他用誓言来支撑自己的信念,但他没有意识到这句誓言中的心理诱导成分。他相信普通会话具有修辞上的中立特征,却没有意识到掌握着修辞术关键的,是苏格拉底在第二篇讲辞中勾画出来的神与存在之间的关系。

苏格拉底已经做了一篇充满了神与神圣事物的精巧讲辞,并企图让吕西阿斯转向哲学;但是现在苏格拉底用这篇赋予了自己灵魂的讲辞来劝告斐德若,说除非他在哲学方面合格,不然就没有资格在任何事情上发言(261a3-5)。再也不需要因为赞成哲学而去拒绝修辞术;只是相较于哲学,修辞术更不重要一些;这个较次要的目标有着一种比单纯转向哲学更高的要求,即要求拥有关于存在的知识,而实现这个目标,则要通过讲辞——这些讲辞是较早时候神分享给人的灵魂的那些生命形态所赋予的。诸神在向上飞行时不能受到人的打扰;然而现在这些讲辞却屈尊来指导斐德若。他们第一个问题涉及到一个名词(*psukhagōgia*)的字面解释,这个词的动词形式在很长的时间内都被用来描述一种令死人站起来的不可思议的做法(*psukhagōgein*)。说服被呈现为巫术。上升不再指从地面到天上再到诸天之外,而是指从冥府到地面上。在这样

---

① 假如在 *kallipaida te* 之后而不是之前点标点的话。

一种上升中,身体成为了一个幽灵幻象,而对灵魂的直接追求也没有遇到阻碍。苏格拉底的心理诱导是否同样不会遇到阻碍,是否它的讲辞的力量也未受限制? 人们无论如何都想知道,当巫术的前提条件(即存在着脱离肉体也能活着的东西)也适用于苏格拉底的心理诱导(他借用了拟人化这样的修辞手段)时,两者之间究竟还有多大的距离。如奥林匹亚诸神是精炼和美化了的古代神明一样,修辞术也只是一种弱化了的迷信。修辞术仍然拒绝成为哲学的一部分。

为了仅仅在讲辞这门学问内部理解用于法庭与审议的修辞术,苏格拉底将高尔吉亚与忒拉绪马霍斯掩藏在涅斯托耳与奥德修斯的面具背后,这样的话帕拉墨得斯(Palamedes)就可以代替芝诺——后者拥有一种技艺,能让听众觉得同一件事既相同有相异,既是一又是多,既静止又运动(261d6-8)。斐德若轻易就看穿了忒拉绪马霍斯和高尔吉亚的相似之处,然而帕拉墨得斯却令他困惑了。[171]或许让他分神的是那个故事——奥德修斯不公正地指控了帕拉墨得斯,并致使他死亡。假如这个内容丰富的技艺是帕拉墨得斯式的,那么它就不能对抗自己的法庭辩护形式,从而维护自身,而修辞术在有意让自己回归原位的那个形象中证明了自身的正当性。帕拉墨得斯的命运当中,隐藏着卡利克勒斯反驳苏格拉底的论据。或许正是因为芝诺想要维护帕默尼德派的“一”(Parmenidean One),才导致了他的技艺的缺陷,而存在的多样性也导致不大可能有一种普遍适用的技艺。当苏格拉底说那种要将任意东西纳入到任意东西中的技艺必须保持在可行的范围内时,他似乎就是在暗示这种缺陷。

说服的技艺就是逐渐变形的技艺;它知道如何去将某种东西渐渐偏离开它所是,以至于最后显现出来的东西看起来与它所是一致,但实际上与之相反;而它同样也知道如何去防止一个人被其他人用同样方式欺骗。苏格拉底说这种技艺利用相似性将隐藏的事物显现出来（*eis phōs agein*）；但是他也说这种技艺将这些东西表现得（*phainesthai*）既像又不像。令事物显现出来的光，与令事物隐秘地显现出来的光不一样。苏格拉底并没有解释其区别是什么；但是这种区别很重要，因为当斐德若问这个自相矛盾的技艺如何运作时，苏格拉底告诉他，"我认为，如果我们用下面的方法来检验的话，就可以清楚地把它揭示出来（*phaneisthai*）"（261e6）。根据 262c4，斐德若已经承认，关于观念的"知识"自身会使修辞术不能成为一门技艺。从 259e7 开始，经过五十次的对话以后，斐德若开始越来越转而相信他之前所听到的东西——修辞术不需要知晓真理——的反面了。苏格拉底讨论的那种说话的特别技艺已经说服了斐德若；但是与此同时他并没有理解自己的转向。的确，如果理解必须同时伴随着对理解所采取的方法的理解，那么很难想象一个人要如何才能理解一件事。于是，接下来的似乎就是思想活动和自我认知之间的不协调，而因此，哲学就变得不可能了——只有在自我认知和知识结合在一起时才能成其为哲学。我们现在或许想要说，《斐德若》自身的分歧是自我认知和知识之间的分歧——尽管开始时它似乎仅是修辞术和辩证法之间的分歧——由此，它们看上去没办法彼此结合。然而，那个让斐德若此刻发生转向的论证的假设前提是真理已知，而苏格拉底的第二篇讲辞之所以为哲学辩护，恰恰是因为真理未知。如果人们没有预先假定存在着知识，那么自我认知似乎就是可能的；但是接下来变得不清楚的是，如果关于说话的技艺不是从事物之所是开始，并逐渐从这一点进行推演的话，那么这种技艺还能不能存在。[172]要是苏格拉底现在直截了当地进行论述，可能就不会有好的结果。如果人们要从不是什么走到是什么，那么认识真理的必要性就不证自明，因此，苏格拉底的提议——即弄明白在他的两篇讲辞中技艺如何做到使得一个立场转向它的反面——便意味着断言第二篇讲辞错误，而第一篇正确。将奥德修斯与涅斯托耳的技艺并入帕拉墨得斯的技艺，这在苏格拉底那里看上去很简单，实则不然。修辞术仍然没有失去它的独立性。

修辞术似乎可以宣称，仅仅基于观念的多样性，逐步变形的技艺就是可行的，而修辞术的技巧就在于将一系列观念按照某个合适的顺序整合起来（图27）。苏格拉底对此的反驳是，要是没有存在之间的相似性序列的知识，那一系列观念就不可能按照某个秩序整合（图28）。相似性c渐变为相似性p，而尽管相似性a有一个对应物是相似性r，但很明显人们不会将事物1看作是事物2。不管怎样，在图27中，相似性a似乎对应着观念2的那个十二边形，而相似性c则对应着观念4的那个六边形。因此，人们要是想要骗人，观念序列和相似性序列似乎同样有效；然而要是人们不想被骗的话，那么了解存在的表面相似而本质不同就有必要了。苏格拉底提出的关于说话的技艺本质上是一门辩护的技艺。作为一门辩护的技艺，它与自我认知关系紧密，因为自我无知给那种不合常理的相似性的光滑表面涂上了油脂。一旦自我无知被认为影响了观念的接受，那么不管是关于观念的知识还是关于真理的知识，便都不够了；不过现在这里出现了第三个要素，可以将这二者连接起来（图29）。于是，因为修辞术不了解灵魂类型，它便不能正确地整合起观念序列。不管怎么说，这种新的状况类似于苏格拉底在他第二篇讲辞中展现出来的东西——其中，存在—相似性的序列就是我们从讲辞中看到的事物的种类，[173]而如果没能理解它的话，一个人就不能成其为人。很明显，观念序列与相似性序列

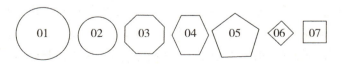

**图27　观念**

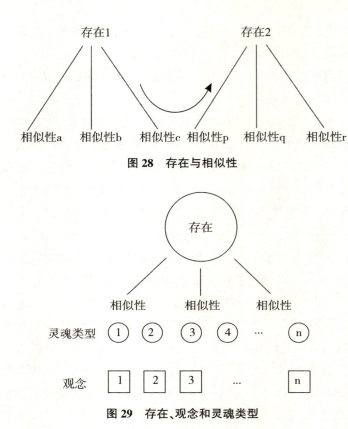

**图 28　存在与相似性**

**图 29　存在、观念和灵魂类型**

并不相同,因为众神身处于观念中,而并非身处于存在的形象中
(246c6-d3)。

　　现在,为建立适宜的相似性序列而不得不去掌握的真理包含
着如下证明。[174]图 27 给出的观念序列是一种误导;或者不如
说,观念之间的联系并非由观念所决定;观念看上去彼此不同,不
能靠信念给它们建立秩序。只有在一种非正式的学问中,这些彼
此断裂的观念之间的内在连接才能确立起来,这样,理解了观念的
同一起源,才有可能从一种观念转变为另一种观念。只有通过对
存在的了解,相似性才存在,它并不存在于观念自身当中。灵魂类

型妨碍并扰乱了本体论—相似性的序列，而它所采取的方式十分彻底，以至于任何一个站在观念序列一边的讲辞，都会变得像这个观念序列自身一样含混不清、支离破碎。吕西阿斯的讲辞就是这种含混与分裂的典型。

# 第十四章　遭到审查的吕西阿斯与苏格拉底（262c5-266c1）

[175]巧的很,苏格拉底说,以前面说到的两次讲辞(logō)为例,我们可以证明一个知晓真理的人怎样误导他的听众。两次"讲辞"(logō)似乎首先指的是吕西阿斯的讲辞和苏格拉底被算作一篇的两篇讲辞;但苏格拉底接下来所说的话——他将讲辞的巧诈性的责任算在了当地的神明和蝉身上——暗示这两篇讲辞指的是他从谴责爱欲转向赞颂爱欲的前后两篇讲辞(256c5-6)。然而,如果是这样的话,那么这个二元组合就有些不合适了,因为如果他的两篇文章是为了阐释一个主题怎样逐渐转化为其反题的话,那么就应该被算作一篇。讲辞篇目上的不确定性,使得苏格拉底对是否引起争议的区分看起来尤为可疑。苏格拉底一方面区别了铁与银,另一方面区分了正义和善。人们不同意什么,与其说是受每个人心中唤起这些东西的名称的影响,不如说是受控于一种更大的操纵和欺骗。如果正义与银的区分可以用来说明那个观点,即当一个人渐渐偏离开一件事物而转向它的反面时最容易产生欺骗,那么最好的修辞术技法就在于,通过一系列的相似性,要么将不受争议的东西转变为受争议的,要么将受争议的东西转变为不受争议的。诗歌中常常会发生后一种转变,比如说,一旦诗人谈及黄金时代,就没人对正义问题有争议了(参见《克拉底鲁》

398a4-6）。总的说来,不会引起争议的名称——"玫瑰就是玫瑰就是玫瑰"——常为有争议之物提供喻体:"我的爱人就像一朵红红的玫瑰。"至于相反的转变,即人们开始怀疑没有争议之物,我们可以在苏格拉底的第一篇讲辞中找到例子——正义和节制在其中被表现为最大的不义和淫乱的产物。由于吕西阿斯以节制与理智的不容置疑的善作为开篇,苏格拉底的第一篇讲辞（显然采取了同样的前提）为赞颂神圣的迷狂奠定了必要基础。因此,可以推论,苏格拉底偶然间提到的一组由两篇讲辞构成的组合,[176]终究是将吕西阿斯的讲辞算作了其中之一。苏格拉底聚焦于善的第一篇讲辞的作用,一方面是回顾性地给出了关于正义的不正常图像,另一方面又前瞻性地给出了关于美的不正常图像,前者是吕西阿斯独自关注的,后者构成了赞颂迷狂的基础。苏格拉底的第一篇讲辞通过展示节制的丑陋来为美本身进行辩护。

　　苏格拉底似乎认为要想解决那些争议（爱欲也是其中之一）,方法可以是给它一个完整的定义,而其余所有都从它的定义中推导出来,就像他在第一篇讲辞中做过的那样。即便人们相信苏格拉底所说的都与他给出的定义相一致,还是很难看出爱欲怎么就不再引起争议了。他对吕西阿斯讲辞开头的批评,即没有对爱欲下定义,这紧密联系着贯穿于吕西阿斯讲辞全篇的散漫特征,后者同样受到苏格拉底的批评;不过,吕西阿斯的确给了爱欲一个含蓄的定义,但这才是他毁掉自己讲辞的真实原因。苏格拉底第一次令斐德若停下的位置是"他们就会反悔"（262e4）;但是在第二次引用的时候,他让他加上了"有爱欲的人一旦追求的对象到手,就会反悔以前付出的恩惠"（264a2-3）。于是,按照吕西阿斯的说法,爱就是对某人夹杂着馈赠的性欲。这种定义被广泛接受,且没有被质疑。因此吕西阿斯的错误并不在于没能定义爱欲,而是在于他让他的原则与那些没有爱欲的人不得不承认是为自己而定的原则相一致。吕西阿斯在两个方面失败了。第一,正如苏格拉底在他第一篇讲辞的开头猜测的那样,没有爱欲的人仅仅是经过伪装的有爱欲的人;第二,如果人们所占据的讨论立场和吕西阿斯一样自相矛盾,那么要想谴责爱欲就必须让它看上去有争议。一个人若试图令观念发生转变,那么就不能完全地信任观念。必要的是论证,而非一系列观察。

与苏格拉底称之为写作原则的东西——靠它才能让一篇讲辞的各个元素前后紧紧相连——相关,他认为讲辞应该像一个有机体,有它特有的身体,不能缺头少尾,每个部分都要与整体相和谐(264c2-5)。相似性的引入使得时间结构转变为了包含着整体与部分的形体结构。只有人们在通读了一篇讲辞之后,才能发现它是有生命的整体;而人们在读的过程中就可以判断出它是否合乎"逻辑"。要是这两个不同的视角始终同时出现并且贯穿于一篇讲辞的所有部分,那就太令人惊异了。在历时的阅读中不适当的东西,或许放在文章整体中就适当了,而在历时的阅读中适当的东西,或许从整篇文章的角度来看并不同样适当。苏格拉底使用了这样一种表述,他说明整篇文章并未写成;被写出来的只有局部。[177]这些局部构成了一篇未付诸言辞的讲辞。假如苏格拉底脑中设想的那个有机体是一篇对话,那么这篇未付诸言辞的讲辞就是一个怪物。它有一颗头颅;如果能够依靠相似性做支撑的话,那么这颗头颅指的就是讲辞的开头;但众所周知的是,为讲辞加上个头意味着要将它写完,由此来对应苏格拉底称之为脚的东西(《高尔吉亚》505d1)。于是,假如人们试图让讲述与阅读的历时顺序与它的整体顺序相一致,那么那个历时的顺序就是这个有机体的生命进程。讲辞就像是一个生命体一样,随着读者的阅读而发生变化。读者应当是赋予讲辞生命的人。

苏格拉底将完美的写作与弥达斯(Midas)墓碑上的警句做了对照:

> 我是青铜雕的女郎，守在弥达斯的墓旁；
>
> 只要河流在流淌，大树在生长；
>
> 我守护着这座坟墓，长年眼泪汪汪；
>
> 我对过路人说，弥达斯长眠于此。

　　一个没有生命的事物像有生命的事物那样说着话；它谈论着一个没有生命的事物，却好像后者并不是没有生命。这段话自身没有什么历时顺序；每一行都可以放在其他行的前面或者后面。它无视历时顺序，这似乎与它谈论的是永恒有关。就像吕西阿斯的讲辞一样，它只能被写下来，而不能诉诸任何人的言辞。这个女孩的话没有次序；她的形象也没有生命。这两点的并置表明了很难将它们合而为一。尽管有可能给这些句子的先后顺序加上某种必然性，但是仍然不会有什么方法能够修补语法结构使这段话成为一个整体。除非它从那个女孩口中说出来，不然它就不能形成一个整体，而除非那个女孩活着，不然它就不能由那个女孩说出。苏格拉底坚持说知晓真理是进行说服的必要条件，这现在看起来非常不一样了。去了解真理就是去了解什么对于人类生命是不可能的。这就是去拥有关于自我的知识。

　　苏格拉底声称他自己的两篇讲辞有极大可能是从支持没有爱欲的人的论述，转向了支持有爱欲的人的论述。不管怎么说，他让两篇讲辞彼此一致的意图看样子是失败了。第一篇讲辞中的爱欲定义可能与第二篇相结合，他说到，前提是区分人的迷狂与神的迷狂——前者是一种疾病，而后者是一种对法律和习俗的解脱（265a9–11）。[1] 在苏格拉底脑中似乎有图 30 中的那种图式。

---

[1]　起初，苏格拉底借助品达《伊斯米亚颂歌》（227b9–10）中的诗句来暗示分类的不稳定性，因为在其中，品达将两首诗放在了一起，一首是赞颂底比斯人的驾车人的，另一首则是赞颂在克俄斯岛的宙斯的（6）。这组强行搭配的神与人，在诗中引起了一连串的不稳定的搭配和区隔。

[178]初看起来,在爱欲的傲慢与黑马之间建立映射似乎不可能,因为一个属于人类而另一个属于神;但是黑马徘徊在驯服与不驯服两种形态之间,而面对美丽的神时产生的恐惧,则控制着这种驯服。苏格拉底的第二篇讲辞承认了强力与观念一样重要,而他的第一篇讲辞则更为理想化,相信观念自身就可以占上风。如果这正确,那么就有必要将苏格拉底第一篇讲辞并入第二篇讲辞,并观察一个脱离了整体的部分,与一个构成了整体的部分之间有什么区别。

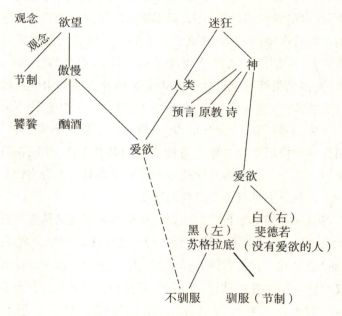

**图30　傲慢与迷狂**

[179]这两篇讲辞说明了两类进程。第一类进程是从概观角度将分散很广的事物综合到一个类型中,这样,通过定义其中每一个事物,它就可以知道它要去传授的是什么。这就是苏格拉底第一篇讲辞所采用的方法。另一类进程是顺应种类的自然关节进行

切割,不像一个笨拙的屠夫那样把什么部位都弄破;

> 刚才那两篇讲辞就是很好的例子。我们涉及到的各种疯狂(*dianoia*)都可以纳入非理性这个一般的类型;其次,可以把他们比作一个身体上的各个肢体。犹如身体有左右四肢,各种疯狂就是非理性这个身体上的左(*skaia*)右(*dexia*)肢体。① 第一篇讲辞划分了他的左肢(*skaios*),而且不断细分,直到发现某个部分具有'诚挚的爱欲'这个名字为止,而这个名字是非常容易被滥用的。在第二篇讲辞里,划分位于右面的疯狂,直到发现有一种类型的爱和左边的爱有着同样的名字,但却是神圣的,[人们]仔细观察它,赞美它,认为它是人类所能获得的最大的幸福的源泉。(265e1-266b1)

苏格拉底的讲辞实践的是分析的方法。它包含着苏格拉底的第一篇讲辞,让它变成一篇左右对称的文章的右半部分。在第一篇讲辞整体的右侧,是虚假的节制。它是左侧或黑色一侧的映射。因此,在斐德若看来,它便仅是"右侧的":在面对苏格拉底时,斐德若如果没有意识到自己是在照镜子的话,他就必须反转他的左右两侧。图31显示出这两篇讲辞被放在一起时的样子。

苏格拉底两次展示了他的第一篇讲辞,而第二篇只有一次,因为第二篇讲辞在从一篇关于写作原则(例如,历时顺序)的讲辞转变为一个有生命的整体的过程中,展示出了第一篇。第一篇讲辞的讲演者是黑色/左边的马,而听众是作为白色/右边的马的斐德

---

① 苏格拉底省略了"left"的冠词以及 *men*;完整的表述应该是 *ta men skaia*, *ta de dexia*。由此,他让我们注意,如果依照天然属性而不依照命名的话,那么"左侧"也可能是"右侧"。在左侧一支上任何一次分割,都会产生一个右侧,同样,在右侧的每一次分割,也都能产生一个左侧。相似的对左与右的混淆也可以在埃斯库罗斯那里找到(Aeschylus PV 489-90)。

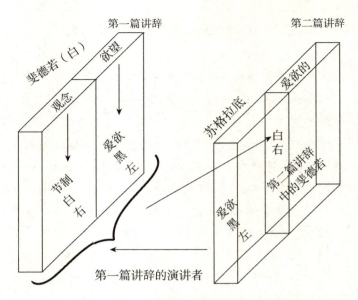

**图 31　《斐德若》中苏格拉底的两篇讲辞**

若,而且就像我们从蝉的故事所知道的,斐德若身上没有或者是他认为自己没有黑色/左边的马。随后,黑色/左边的马做了第二篇讲辞,将它自己说成是自己与白色/右边的马的结合,但这一次它对斐德若来说是白色的马。我想,在其他的柏拉图对话中,都没有像这样同时以逻辑—时间模式和教学模式,来向我们展示每篇对话都必然存在的那类东西。逻辑—时间模式是说教、概要式的;[180]而教学模式则是调查、分析式的。不管怎么说,概要模式实际上是打碎了整体使其变为一个伪整体,而分析模式则是将各个部分统一为一个整体。

　　苏格拉底说他热爱区分与整合,这是为了能够获得讲话和思考的力量;而如果他认为有其他人天生有能力看到事物本来的整一与多样,他就会追随这个人"就像追随神的足迹"。我们正好看到苏格拉底实践他的这种热爱:他追随吕西阿斯的书来到郊外。这本书就是斐德若吊在他面前的那根胡萝卜(230d6-e1)。它断言说毋庸置疑应该用冷漠的态度对待被爱欲的人。它提出了一个令苏格拉底和斐德若尝试携手解决的难题。方法之一是将问题本身置换为一种伪解答——把被爱欲的人斐德若拉向理想的斐德若。这种置换彰显出了问题本身。不管这个问题是什么，伪解答都没有涉及它真正的要点。这种伪解答就是柏拉图对话本身，即将斐德若看作白马；而真正的问题存在于《斐德若》之外或是超越诸天之外。[181]诸天之外支撑着这种伪解答；它并不是某个彻底的伪问题的答案。要想发现真正的问题是什么，就需要去测定伪解答在多大程度上发生了偏移。而后者由苏格拉底与他的对话者之间的关系决定。这种关系由苏格拉底建立，他的根据是他对自己和对另一个人的了解。为了让探究和教导相互配合，苏格拉底在每一篇对话中都表现出了严格的自我抑制。如果没有互相的交流，就丝毫不会有对事物的辨别力，但如果彼此进行了交流，那么对事物的辨别力就不能达到完美。苏格拉底称那些能够混淆分辨与交流的人为辩证法家。这些人在进行辨别时用主动语态(*dialegein*)而在彼此交谈时用中动语态(*dialegesthai*)。①

---

① 参见色诺芬《回忆苏格拉底》4.5.12："[苏格拉底]说 *dialegesthai* 命名的来源是，人们聚集到一起共同商讨，按照种类(*kata genē*)划分(*dialegontas*)不同的事务(*ta pragmata*)。"在这个分析之后，色诺芬几乎马上断言，苏格拉底从未停止检验那些真实存在(*ta onta*)与自己是否一致(4.6.1)，并以此暗示，苏格拉底明白适合人们自身喜好的善与事物的本真存在状态之间很难协调一致。

# 第十五章　修辞术（266c1–274b4）

[182]苏格拉底对他两篇讲辞高度的概括说明,让斐德若相信它们在举例论证辩证法;然而对自我没有了解的斐德若看不出辩证法也是一种修辞术,而且容易受学问影响的因素均未被去除。斐德若对自身的不了解,导致苏格拉底为修辞术技艺画出一张草图,这在形式上脱离开了他的实践。标志着其中差异的是,苏格拉底提到了阿那克萨戈拉(Anaxagoras)——他尝试通过理智来解决因果关系问题(270a4);而我们知道,苏格拉底对任何一种目的论物理学都不以为然,因为他认为阿那克萨戈拉没能将它建立起来,也留下了无法逾越的困难(《斐多》96a6–100b3)。我们可以说,作为《斐德若》的理论依据,苏格拉底反思了一种新的因果关系,即说服——它与任何一种已知的有效因果关系都不一样,也不合理性;同时他显然也不像蒂迈欧那样冒风险,声称自己认识到了说服在宇宙范围内的必要性。从苏格拉底论述灵魂时带有的微弱宇宙论色彩中,已经足以看出他并不知道怎样将一种研究讲辞对人类灵魂的影响的人类灵魂学,扩展到一种涵盖广泛的物理学。不过,有某种东西弥补了宇宙论的空缺。这就是在类别的区分与汇聚这样的较低层面中开

启了诸天之外的维度。① 这个维度快要被关上了。它不能为离开
哲学的某种学问提供补偿，因为哲学并非一门学问。

　　修辞术的论题似乎有三个：创造相似性、创造激情以及讲辞的
拆分。第一个论题已被苏格拉底论述过，它建立在关于真理的知
识上；第二个则需要以某种灵魂学作为基础；而第三个，虽然它似
乎是唯一一个被修辞学家们自己讨论到的，但却是一个令人困惑
的附加品。对于写作原则和讲辞整体之间的区别与内在联系，修
辞学家们的认识显得颇为混乱。[183]他们有许多术语关于讲辞
的开始与结尾，却没有一个关于讲辞的正文（266d7-8，267d3-4）；
而且他们一方面在展示论证与论据上颇有手段，另一方面在搅动
与平息人们的怒火方面也很有办法，却不能将这两者结合起来。
修辞术毫无虚饰地指出了技艺的准备工作，却并不了解技艺本身。

　　为了探究那些成分，苏格拉底转向了医学的技艺与悲剧的技
艺。这两种技艺区分了写作原则的概念与整体和局部的概念。斐
德若马上就明白了仅仅知晓药物怎样起作用并不能使一个人成为
医生；他们还必须知道要把药物给谁，什么时候吃以及需要吃多
少。同样的，他也承认一个人假如仅仅知道怎样写长的或短的讲
辞，怎样可以引起人们的怜悯或恐惧和威胁，是不能够成为一位悲
剧诗人的；他们除此之外还必须知道——此处斐德若附和了苏格
拉底——如何组织言辞以使它们彼此相符，并且与整体相一致
（268a8-d5；参见264c5）。这个两重说明与苏格拉底最初的陈述
配合得相当好，但是它也在两个决定性的方面有所不同。健康和
力量替换了美，而就像悲剧一样，组织完美的讲辞也是一种模仿。
正如斐德若会挑剔药剂师的学徒不合时宜的用药一样，他也很可

---

① 阿普列乌斯拥有灵魂（Psyche/Soul），她是在被爱神（Amor/Eros）抛弃之后，游荡在
　谷神神殿前散落的农民农作工具时，受命将这些工具分类整理时发现这一点的
　（《金驴记》，6.1）。就像潘神对她指出的那样，在灵魂脱离了爱神时，她便陷入了
　爱情（5.25）。

能会挑剔后者忽视了身体的自然属性,即它是多个部分组成的整体,即便如此,斐德若也只是认识到了身体生病的自然特性以及治愈它的技巧,除此之外没有认识到别的。相应的,当肉体再度作为灵魂的模型而出现时(不久前苏格拉底的两篇讲辞利用它的对称性来说明灵魂的连接),可以推知,适用于灵魂的药品和食物是合法的讲辞及其实践(270b4-9)。正义与法律被交还给了修辞术,只不过这种正义不再由愤怒所激发。忒拉绪马霍斯知道怎样引起怜悯,且在激怒和抚慰别人上很有技巧(267d1),而悲剧的前提包含着激起怜悯和恐惧的讲辞,但那些最优秀的悲剧作家反而因太有教养以至于不能表达愤怒(268d6-e2, 269b1-5)。在苏格拉底的神话中,灵魂在整体上是一辆战车,而每个部分都浸润着爱欲;然而现在我们重新回到了人间,此时灵魂可能好也可能坏,但绝非有竞争的或美的了。神话与辩证法熟悉那些粗鄙之物和对粗鄙之物的需求;但讲辞与修辞术并不了解这些。现在,白色的马被冷落一旁,没人记得它的源头以及它真正是什么了。苏格拉底给了斐德若他想要的东西,使他得以解脱。

　　伯利克勒斯将阿那克萨戈拉的学说纳入到讲辞的技艺当中,这使苏格拉底的断言——即如果"不知道整体的本性",那么也就不能完全理解灵魂的本性——在此变得有些模棱两可了(270c2)。[184]苏格拉底似乎在暗示,阿那克萨戈拉的宇宙论经过严格的推理后,可以导向伯利克勒斯的修辞术;然而阿那克萨戈拉谈到的是理智而非灵魂,而"纳入"一词当然也暗示着推理当中也有勉强的成分。此外,如果一个人在关于灵魂本性的讨论中听到"不知道整体的本性",他或许会猜想,那个整体指的就是由肉体和灵魂构成的生物(参见《卡尔米德》156b6-157d3)。苏格拉底所讲述的神话以及他第二篇讲辞的关键之处都不能让人忘记肉体和灵魂共存;然而现在苏格拉底所设计的修辞术却没有提到肉体,也没有提到它可能有的宇宙论内涵。关于在这门学问中灵魂是否具有多种形态这个问题，苏格拉底听任它凭空消失了；但如果灵魂的种类很多，那么苏格拉底并没有告诉人们应该去找到什么来使得灵魂成为整体（270d1-7）。如果灵魂是一个整体，那么每一类灵魂都面对着这样的问题：它拥有什么样的力量能对其他事物起作用，或者其他事物通过什么方式能对它起作用。此外，在灵魂的种类方面还存在着一个问题。不仅仅是灵魂的结构饱受争议，而且灵魂有哪些种类、数量为何也同样没有定论（271d1-3）。在苏格拉底所讲的神话中，灵魂类型的数量同时是九种和十一种；而尽管阿那克萨戈拉式的理智可以处理九种才能，爱欲的十一种类型却超出它的控制。不管怎样，正是属于爱欲的灵魂提出了灵魂整体的问题，因为在原则上，爱欲的目的就是使灵魂完整。于是，修辞术由于独立于辩证法，也就脱离了苏格拉底关于爱欲的学问，而没有后者就不会恰当地提出整体性问题，更不用说解决它了。

　　当苏格拉底要总结修辞术的本性时，他提醒我们注意斐德若对词语与思想所作的区分。他说，他不能复述出一篇关于修辞术的论文的文字本身，却可以描述出它必然包含的一些特征（271c6-8）。长时间搁置的写作问题，此时以学问的维度回归了。它起初从政治与法典框架的角度被提出。一篇修辞术论文会成为立法者的指引：在得知市民的本性后，一个人可以用什么样的说服性讲辞来说服听众建立他所希望的政权（参见270b8）。这篇论文可能保持善恶中立，并且可能很容易同样被道德败坏者或者教育者所利用。苏格拉底的第一篇讲辞本质上就是这样一篇论文。于是，人们想要知道是否能够阻止那种专制工具的成长，或是不让它被写入书中公开发表。起初，似乎全部有学问的东西，都应该被记录下来；但是现在，我们想阻止某种有学问的东西公开发表。显然，要想解决这个问题，[185]并不能通过简单判定不可能存在一种修辞的学问来完成，因为不管真正准确地理解这一点有多么难，苏格拉底的设想——使不同种类的灵魂对应于不同种类的讲辞——都并非不切实际的空想；而另一方面，假设拥有这个能力的人，不管是谁也都必然善良，则是纯粹的空想。假如正像苏格拉底对自己所做之事的说明那样，修辞术仍然与辩证法保持一致，这种危险就不会存在。哲学在追求诸天之外的存在时，就不会被尘世所扰。

道德中立的修辞术带来了一种可能的威胁，但简单想想，它或许有所限制。尽管苏格拉底起初似乎是要简略复述某篇论文（271c6-8）——其中写到特定类型的人是否会受到特定类型讲辞的影响，其原因为何（271d2-7），但他又继续说到，人们一旦懂得了所有这些，他们就会在行为举止中观察到、并能够认出某个人属于哪一类人，以及他适用于哪一类讲辞；而一旦人们掌握了这些，他们就必须进一步弄清楚适合说话或沉默的场合是什么，也要弄清楚各种讲辞在任意场合下究竟是否合适（271d7-272a8）。由此人们可以认为，苏格拉底从理论过渡到实践，就像我们前面所说的那样，消除了那种危险，因为不可能从书本中找到令理论得以践行的经验。这显然是斐德若的观点（268c2-4）。在这一点上，关注讲辞与灵魂的理论家必然与聪明人不同。不过，苏格拉底并没有认可这种区分；他认为一种完整的技艺同时包括理论与实践，而且他似乎也不在意它是写下来的还是说出来的（272b1）。

此外，我们也必须认识到，柏拉图在对苏格拉底的再现中，也同样结合了理论与实践；实际上，《斐德若》在自身的两个部分中，就展示了理论与实践的分离和结合。那么，柏拉图笔下的苏格拉底怎样区别于苏格拉底提出的那篇论文呢？首先，作为一种再现，它将次要的提升为必要的，并且遮蔽了它伪装成中庸立场的特别手段。其次，它仅仅与哲学相一致，避免了政治上对它的滥用。然而，柏拉图对那种同样具有天赋、却更为可耻的东西的抵抗似乎并不彻底。是什么必然阻碍了苏格拉底的规划？毕竟，人们很容易就想到一条告诫，即在现实世界中比在论文里更可能彻底解决问题。任何一门带有实践面向的学问都要想到这条告诫；不过，[186]这并不能阻挡它对现实生活中的例子做了非常大的修改后加以使用。修辞术的前提是任何讲辞都要顺应听众的灵魂种类，因而，这种意欲成为学问的学问所面对的真正难题，是它本身就是不可能的（270e3；参见269d4）；然而当它付诸文字时，它的前提就不再能够成立——除非讲辞自身能够区分读者。一篇这样的文章可以被认定为未经发表（参见格利乌斯，20.5.9–12）。同时兼属哲学和修辞术是可能的——至少到目前为止，斐德若便是如此；同样，完全撇开哲学也是可能的——苏格拉底预言伊索克拉底（Isocrates）会这么做；然而，让一种具有哲学色彩的修辞术转过来反对自己却不可能。它的自我认知保护了它。

　　到目前为止，苏格拉底始终对修辞术所讨论的存在保持沉默。这场讨论以写作问题开始，并且很快要以它结束；而通过反对忒西阿斯（Teisias），苏格拉底重新提出了第二个问题，即真理与观念的问题。他说，假如有一个孱弱却勇敢的人打倒了一个强壮而胆怯的人，剥去了他的上衣和其他东西，那么在法庭上他们两人都不会说出事实真相；那个懦夫会说打倒他的并不是一个人，而那个勇士会说除了他们俩并无旁人，并说，"像我这样孱弱的人怎么能打倒他那样强壮的人呢？"忒西阿斯的异议很荒谬，因为他无意中假定了那个说话者知道真相——要么他是案件中的原告或者被告，并在为自己辩护，要么他就是被雇佣的枪手，知道原告或被告的真相。忒西阿斯觉得肉体和灵魂的区别——即肉体暴露在外而灵魂隐匿在内——理所当然；不过，肉体很可能隐藏起来它的缺陷或者力量，而灵魂也很可能凭借某种表达或姿态而显露出来。不过，忒西阿斯似乎有一定的道理。假如我们都认为，最可能的情况是灵魂本性与存在外表的多样性有对应关系，从而在忒西阿斯的例子中，孱弱就是胆怯的外表，而强壮则是勇敢的外表，那么我们又怎么能够做出公正的判决？忒西阿斯的例子让正义与不义陷入僵局,而苏格拉底似乎认为,了解了真理在观念中发生的变形,就能了解到修辞术不可能在任何场合下都随心所欲。关于存在与灵魂的知识限制了高尔吉亚式的梦想,即一种无所不包的修辞术权力。要是高尔吉亚式的修辞术仅限于讲辞,避开真实存在和灵魂,它就能假装能做它本来不能做的事。吕西阿斯的讲辞是一个检验案例。它声称自己可以在不具备任何有关爱欲或者灵魂的知识的情况下,达到一个有爱欲的人的讲辞所能达到的效果。这种无知的后果是,这篇讲辞既不能被任何人讲出,也不可能有任何听众,而没有爱欲的人也无法区别于有爱欲的人。

# 第十六章  一个埃及故事(274b6-278b6)

[187]存在着被写下来的法律,暂且不论书写法律的文字有多么优美,这个事实使得写作变得中立了,并且悬置了写作是否曾属于美的问题。苏格拉底的第二篇讲辞为这个争议做了决断,它赞颂爱欲的占有,认为它比法律可以带来的任何清醒与理智都更好。于是,苏格拉底在批评写作时重申了这一点,但并没有明确地将它诉诸于爱欲甚或是哲学,因为在总结是什么让一篇讲辞或者写作具有技巧性时,苏格拉底假定(在第二部分中他始终贯彻着这种假定)我们已经完全了解了那些存在(227b5-c6)。确实,哲学已再度出现在对写作的概述中了——在那里苏格拉底暗示说具有哲学色彩的作者所知晓的事实,是他自己对存在的无知(278c4-d6)。即便苏格拉底区分了人与神所关心之事的不同,但他在讨论写作部分的开头(273e5-274a2,b9-10)所引用的神并非是美丽的奥林匹亚诸神,而是埃及神塞乌斯(Theuth)与萨姆斯(Thamoun或阿蒙神 Ammon)。这些神灵很难被想象为爱欲的对象,而萨姆斯则从忒拜(Thebes)统治着整个埃及。希罗多德告诉我们,在11340 年的时间里,埃及人并不知道任何具人形的神灵,不过在这之前,他们就认为埃及是受众神统治的,众神也与人生活在一起,而最后一位统治神就是百头怪(2.142-144)。于是,我们可以想

象曾经有一段时间众神直接统治人,而不需要那些古老的神权统治所遗留下来的法律;但是留存的埃及文字同样让我们意识到,神离开地面已经很久了。遗忘和似是而非的智慧(萨姆斯认为这是写作必然的伴生物)并不比诉诸文字的法律更重要。尽管所有活生生的记忆都会随着众神的离去而消失,而一种关于神的似是而非的智慧也不可避免地盛行起来,但是通过法律来记起神明,这与希腊诗歌对神的回忆完全不同——后者破坏了法律并将爱欲和美联系起来。神灵的退场或者说隐匿,一定伴随着神之法律的颁布。众神以我们自己的形象出现必然会阻碍神之法律的建立。[188]对于希腊人来说,最神圣的法律即所谓的未成文法(索福克勒斯《安提戈涅》454-55)。

在塞乌斯所发现的七种技艺当中,四种是严肃的——算术、数字、几何与天文,三种是娱乐性的——跳棋、骰子与文字。萨姆斯批评了所有这些;可以推知,他批评的是他在游戏中预见到的促发闲散的倾向,以及对数学中具有普泛性的智慧的信仰。苏格拉底只提到了关于文字的部分,并拟出一场塞乌斯与萨姆斯之间的对话。它迫使我们记起,每一位神明的讲辞必然与它的灵魂相一致。萨姆斯区分了创造者的判断与批评者的判断。这让人想到苏格拉底的助产式询问法——它能有效地判断对错,但不能自己推演出任何东西(《泰阿泰德》149a1-151d3)。苏格拉底的技艺中哪些是真理暂且不管,萨姆斯并不认为有可能做到自我认知。一个人对自身的偏爱会导致他对自己的缺点视而不见。创造文字的人具有那种似是而非的智慧,就跟后来使用文字的人一样。苏格拉底的故事从头到尾都没有说明究竟是什么引导塞乌斯去发现文字;萨姆斯仅仅向他询问了文字的用处。根据苏格拉底所说,文字的发现包含着这样一种洞见:音节是由元音与辅音组成的(《斐勒布》18b6-d2)。本质上不发声的与发声的彼此可以区隔开,而无限的语流也可以被缩减为有限的几类。因此,塞乌斯的发现和写作、发表并没有什么关系;它本质上是苏格拉底在第二篇讲辞中运用的分析方法的范例(参见 277b7)。不管怎么说,由于文字可以用于记录,它们便是所有的教学所使用的方法——其中人们只是把许多事物堆放在一起而没有把它们整合为一体。这曾是苏格拉底在第一篇讲辞中所使用的方法。于是,文字同时涵盖了苏格拉底的综合与分析的方法;而只有它们一同进入考量时,才能证实写作的正当性。在任何一种写作中,它最明显的特征都是教导;然而一旦人们开始留意是什么导致这个特征变得明显时,它就不再进行教导而变成了一种上升的方法。当人们停下来,将某个部分放回到它应当在的地方以形成整体时,这种历时性的说明就被空间性的映像取代了。

苏格拉底讲了一个故事,这种说明方式让人没办法问谁是说话人以及他们从哪儿来,而只能问萨姆斯说的是不是真话(275b5—c4)。苏格拉底催促斐德若违反修辞术的规则,而斐德若很乐意地答应了。故事的寓意消解掉了故事本身。斐德若的顺从很好地说明了教化多么容易地就变成了基本原则。[189]对于斐德若来说,苏格拉底现在是那么的有权威性,以至于他不敢去问这个故事是否真实,或者它怎么具备了合理性。苏格拉底接受了雅典关于波若阿斯的正式说法,这样他便能够逐步了解他自己;因为斐德若并不了解自己,他接受了苏格拉底的正式说法。斐德若警示着人们怎样才能不读一篇柏拉图对话录。

苏格拉底对写作的两点质疑都和萨姆斯的不一样。第一点是,写作就像是绘画的衍生物;它们看起来有生命,但是它们不会回答人们的问题。写作远未能做到一点点向人们灌输似是而非的智慧,相反它们很容易由于这一点而被抛弃,因为它们常常意味着老说一套话。苏格拉底的第二点质疑是,写作并不知道什么时候要说话,要对谁说话,以及什么时候要保持沉默。就像刚刚斐德若对那个埃及故事的解读证明了苏格拉底的第一点质疑一样,这个故事同样也解释了第二点质疑。要不是在对话中用语言讲出来，就没办法听到这个故事，而有了对话的形式后，它便进行辨别和语境化。苏格拉底的第二点质疑本质上是对法律的批判——法律在其最普遍的意义上也不能涵盖所有的偶然情况（《治邦者》294a10-c9）。仅仅在写作具有权威性，或是读者的灵魂恰好不能抵御它时，写作的第一个缺点才危险。在所有这些可能性中，第一种只是法律为阻滞思考设下的障碍；而第二种则仅在写作的特性完全符合读者的灵魂类型时才会出现。这样的符合是对读者的极度谄媚，此时若不能认清自己，它可能就变得致命了。献媚的涵盖面很广，在《高尔吉亚》中，苏格拉底将诡辩术与修辞术归为此类：对于我们来说，它的有效性最为明显的体现在《斐德若》中苏格拉底的第一篇讲辞上。爱欲的讲辞必然包括了献媚的因素在其中（参见《智术师》222d7—223a1）；只有像苏格拉底在他第二篇讲辞中所做的那样对它进行校正，一篇写作才可能属于哲学。于是，值得注意的是，苏格拉底对写作的两点质疑同时指向了法律及其显而易见的对立面。不管怎样，苏格拉底的实践暗示着，在或为命令式的、或为劝诱式的公共与私人的写作中，只有爱欲的讲辞才允许自我修正。法律只能是哑巴。

　　一篇文章不能思考。它或许既没办法回答人们可能向它提出的所有问题，也没有可能符合所有情况下的任一灵魂。同样，任何活着的人也都做不到这一点。写作的缺陷似乎恰好就是人类的缺陷——他们不可能具备苏格拉底设想的那种完美的知识和灵活的头脑。苏格拉底补充说，一篇被不公正地诽谤的文章无法为自身辩护；然而苏格拉底也同样不能为他自己辩护；同时，一篇文章应该采用苏格拉底反对卡利克勒斯时的准则，[190]即并不值得进行不顾一切的自我辩护，而完全附和政治权势以求得一己安全也有失尊严。假如人们考察《斐德若》中的四个故事，即波若阿斯，奥林匹亚诸神，蝉，以及塞乌斯，那么前半部分似乎更为明显地体现了苏格拉底信念的常规性,而后半部分则凸显了他的创造性;而同样引人注目的是,苏格拉底的新发明——诸天之外的存在——虽高于奥林匹亚诸神,但仍旧依附于他们,尽管他们的意义只剩下了爱欲一层。在《斐德若》的各个部分中,苏格拉底始终都在对抗法律(277d7,278c4,e2);但是他在第一部分中的大量铺陈否定了智慧的可能性,而这种可能性却恰恰被第二部分的大量铺陈所肯定。《斐德若》中的论证表明苏格拉底为何不能保持这一点的前后一致,却仍然对法律的智慧进行批驳。只有在严格的科学话语中,才能对法律进行驳斥。

或许,苏格拉底第二篇讲辞最令人惊诧的言论,就是认为有性生殖不自然(250e4-5)。假如相爱的两个人可以通过哲学相伴一生的话,那么一个人通过另一个人来达到永生便看起来十分不自然(256e1)。此外,苏格拉底的宇宙论未能分辨运动与演变。不管怎么说,现在当苏格拉底随意提到写作拥有一个不得不常常为它辩护的父亲时,他也给予它了一个合法的兄弟——斐德若认为,这位兄弟就是掌握知识的人所持有的有灵魂、活生生的讲辞(275e4-276a9)。认为书面文字是活生生的讲辞的幽灵幻象或尸体,是一回事;然而准确地说,具有灵魂的讲辞是什么意思呢?它是"一个活着的人的话语"的比喻吗?或者说,法律的讲辞自身是否拥有灵魂?无论如何,在阿多尼斯(Adonis)的花园与农夫辛勤劳作的对比(276b1-c2)中,苏格拉底将讲辞比作种子,将灵魂比作土壤,这样,他就能一方面想象掌握知识的人拥有的不朽讲辞,一方面又想象生生不息的后继者享受的幸福(276e4-277a5;参见278a5-b2)。抛开诸天之外的层面,通过无性繁殖的方式回到尘世,并获得自我的永世长存便成为可能。然而,种子从何而来?我们真的要考虑这种可能,即人既不是神也不是兽,而是如同无性繁殖的植物一样吗(《蒂迈欧》90a6)?苏格拉底指责斐德若不相信先祖——这些先人相信最初的预言来自于一棵橡树(275b5-c1)。

事实上,苏格拉底告诉斐德若,他之所以不走出城邦,是因为那些树不愿意教导他(230d4);他在那个时刻只是受到了书的诱惑才离开雅典。不过,现在那门学问完善了,郊外就像其他地方一样好,而且他不再需要人们的意见了。[191]苏格拉底说,法律的讲辞现在写在了学习者的灵魂上(276a5,278a3)。现在确实存在着一种成长,却并非是羽翼的成长。

苏格拉底通过写作逆向结构了知识从老师到学生的传播过程,以此弥合了言辞与写作之间的鸿沟。学问话语的兄弟依靠自己的私生子而获得了合法地位。最终,苏格拉底向我们展示了,关于事物是什么的知识如何常常通过一系列相似性逐渐转向它的反面,然后再翻转过来,这样,开始时相反的意见就变成了适合斐德若的混合物。斐德若被归还给了他所爱的吕西阿斯,同时被归还的,是一个借寓言形式保留下来的真理的形像。我们很难不联想到柏拉图学园,想知道如果苏格拉底预见到柏罗丁(Plotinus)甚至更晚的后继者,并将他们与柏拉图对话录中塑造的自己那静止无生命的形象作对比的话,他会怎样评判前者的成果与后者的美。《斐德若》让我们裁定变得容易了,或许是太过容易了。

直到最后,写作仍然保留着它的含混特质。苏格拉底分别总结了《斐德若》第二部分的两个争议。第一个总结涉及到是什么决定着讲辞写作是否是一门技艺;而第二个总结则是关于口头和成文的讲辞究竟是低贱还是高贵(277a10-278b6)。在前者中,苏格拉底区分了人们说和写的对象的种类与灵魂的本性,并使这种区分与知识和洞察(在 eidenai 或 epistasthai 与 diidein 之间)的区分的彼此关联。他的总结并不在乎说与写之间的差别,也不在乎教学与说服之间的差别,这暗示着,假如一个作者想要让分类与本性彼此对应,用复杂的讲辞讨论复杂的灵魂,用简单的言说讨论简单的灵魂的话,那么关于同一件事要写的书可能不止一本。应该将某个事物划分到哪一类中,其根据是它被赋予了哪种灵魂本性。

一个未被分割的种类未必不可分，而一个最小成分也并不必然与其同类的最小成分在一起。苏格拉底转向第二个问题之后，对话就开始区别于非对话体的讲辞和写作了，而如果目的是学习的话，那么唯一值得认真推荐的就是对话，不过对教学来说，最合适的仍然是书写在灵魂上的讲辞。第一个总结暗示着，即便在教学中，也不可避免地要制造相似性，而第二个总结则用沉默指出了对话的模仿。

# 第十七章　吕西阿斯与伊索克拉底
（278b7-279c8）

　　[192]斐德若传递给吕西阿斯的最后一条信息,让吕西阿斯能够对抗政治家对他的所有谴责,因为作为法庭讼词的职业代笔人的吕西阿斯并不比作为立法者的他们更坏;但如果吕西阿斯想要成为一个具有哲学气质的作者,那么他就必须能够为他写下的一切进行辩护,并用行动证实辩护要高于写作本身。如果作者死了,那么我们如何继续讨论他的作品,这在苏格拉底那里并未得到解决。无论是郑重其事的声明,还是充满戏谑的断言,都很难充分表明作者是否真的懂了。戏谑(*prospaizein*)也同样意味着赞颂一位神明(262d2,265c1)。苏格拉底对伊索克拉底的审慎赞美似乎在有意检验我们,看我们是否能判断出来,在伊索克拉底文章的背后在多大程度上保存着他的哲学冲动。从表面来看,伊索克拉底展示了区分修辞术与哲学是多么容易;但是在关于海伦的讲辞中,他试图通过增进海伦与忒修斯(Theseus)之间的关系来赦免她。忒修斯拥有智慧而海伦拥有美貌。对于《斐德若》来说,智慧比美更重要并不算一条坏的箴言。

　　在《斐德若》的结尾处有两次祈祷。第一次是苏格拉底与斐德若一同做的;第二次则是苏格拉底自己做的,但斐德若表示这是他们两个共有的。第一次不算是正式祈祷;没有神明作为祈祷的对象，而使用动词"祈祷"也只是为了形式（278b3，5）。第二次则是向潘神以及当地其他神明进行祈祷；它看起来不仅仅是一个祝愿，并且为苏格拉底所独有。在第一次祈祷中，苏格拉底与斐德若都希望自己或对方成为哲学家（278b2–4）；在第二次祈祷中，苏格拉底希望神灵赐予他内在的美，以及他所拥有的一切外在的东西都与他的内心和谐一致，同时苏格拉底自己想要相信智慧的人富足，并且拥有一个有节制的人所能承受的黄金数量（279b8–c3）。这个祈祷的结构使人想到苏格拉底的第一篇讲辞，其中没有爱欲的人宣判有爱欲的人（或就是他自己）因毁坏被爱人的灵魂、肉体及外在优点而有罪，此外年老的有爱欲的人也令人不快。苏格拉底要求得到内外的和谐，尽管它们一个美一个丑；他也要求对财产进行重新评估，使"黄金"与"节制"变成需要讨论的概念（参见235e2）。［193］看上去，苏格拉底是想要成为一本书；他要求变为柏拉图的《斐德若》。于是，斐德若的请求，即希望苏格拉底也为他做同样的祈祷，在这种情况下就自然而然地被接受了，因为就像他说的，"朋友之间的一切都应该共享"。①

---

① 阿普列乌斯（Apuleius）在《变形记》（Metamorphoses）中称自己是叙述者卢修斯（Lucius）。卢修斯是"光明"（Phaidros）的拉丁文译文。卢修斯告诉我们，一位占星术士预言他将变成一本书（2.12）。

# 结语　论以柏拉图的方式读诗

[195]萨福曾为阿芙洛狄忒（Aphrodite）写下一首诗。在那首诗中，她想象阿芙洛狄忒从天而降，并且微笑着问道，"萨福，是谁犯了错，对你不义？"（fr. 1, 19-20）。在阿芙洛狄忒答应像过去那样帮助她之后，萨福以召唤她作为诗歌的尾声，就好像她们是战时同盟一般（summakhos）。萨福从权利的角度来理解爱，将阿芙洛狄忒看作是复仇女神。正义与爱的议题同时显现出来，而一旦萨福祈求神明减轻她的痛苦，这两者就完全没有分离的迹象了。苏格拉底在其灵魂马车的比喻中体验到了这种组合的真实性，但他也暗示了将它们分开的可能性。《高尔吉亚》涉及到了这种拆分的结果，其中苏格拉底详细分析了惩罚的意愿及其表面的合理性。似乎构成人类本性基础的，要么是爱欲，要么是道德义愤。人们可能会进一步问：这两种替代性选择中哪一种是合理的？意愿的个体性与爱欲的整体性似乎争相追逐着理性。假如人们一方面考虑到黑马与白马的关系，另一方面考虑到苏格拉底的提议（若惩罚性的修辞术的对象可以分裂为一个较高的自我和一个较低的自我，那么它就可能有效），就能够发现让理性做出这样的选择有多么难。珀洛斯—卡利克勒斯与苏格拉底—斐德若这两对之间有着结构性相似，尽管苏格拉底看起来更像是卡利克勒斯而不是珀洛

斯。不管怎样,这种结构性相似掩盖了一种差异,即自制的惩罚性的修辞术与意在对抗自己的无知的苏格拉底式修辞术在目的上的不同。苏格拉底似乎暗示着爱欲天然地高于意愿,而事实上抗拒自我的自我幻象与爱欲的理想幻象并无太大区别。在苏格拉底那里,这种差异打开了自我认知的问题——他认为在政治妥协的环境中,不可能获得自我认知,因为人们不得不盲目地向用于纠正错误的惩罚屈服(《高尔吉亚》480c6)。

奥德修斯告诉费阿刻斯人(Phaeacians)他怎样通过称自己为欧提斯(Outis,即没有名字也不是谁的人)打败了波吕斐摩斯(Polyphemus,即有许多名字的人)。[196]奥德修斯将 *outis* 与 *mētis* 联系起来,后者既是 *outis* 的另一种形式,也是表示智慧或者手艺的词(《奥德赛》9.403-415)。奥德修斯将匿名性等同于理智。理智属于无名之人。而不管怎么说,人有名字。阿尔喀诺俄斯(Alcinous)告诉奥德修斯,当任何一个人出生的时候,不管他是善还是恶都会获得一个名字(8.552-554);而奥德修斯在告诉了波吕斐摩斯他真正的名字后,便开始了他的苦难(9.500-505)。喀耳刻(Circe)将奥德修斯的一半手下变为猪,而他们的理智仍然保持完好(10.240)。奥德修斯自告奋勇要救治他们,而据推测,作为他的正义的回报,赫耳墨斯(Hermes)在路上现身并告诉他魔草的本性(*physis*):“它的根部是黑色的,而它的花朵却像牛奶一样”(10.304)。我们并不知道奥德修斯怎样使用魔草,而喀耳刻的魔咒也对他不起作用,因此,我们可以推测奥德修斯已经认识到了事物均有其本性,而仅仅知道这一点便令他的理智保留在了人的形体之内。之后,奥德修斯来到冥府见到去除了理智的人类形体,这似乎证实了奥德修斯是第一个认识到人类具有不可分割的二元性的人。苏格拉底对这种二元性的阐释,是对奥德修斯的发现的反思。爱欲与理智,或者说奥林匹亚诸神与讲辞,似乎是赫耳墨斯的礼物的扩大与深化。

当喀耳刻发现她不能迷惑住奥德修斯的心灵时（10.328），就提议说他可以与她同床以证明他们彼此之间的信任（参见《斐德若》256d1-2），然而奥德修斯开始时回绝了，因为赫耳墨斯告诫他说，除非用一个有力的誓约来束缚她，不然她或许会把他变成非人。人类的本性（灵魂与肉体一致），与其性别的本性（男性或女性）并不一致，而单纯的人类本性既不能维持下去，也不能进行推演。苏格拉底的神话同样不能解释性别。在《高尔吉亚》中，他意识到了这种解释的局限，当时他将自身的反复无常与卡利克勒斯的反复无常联系起来——他们分享着一种双重的爱，在他是阿尔喀比亚德（Alcibiades）与哲学，在卡利克勒斯是德摩斯与雅典民人。正如我们在《会饮》中所知，阿尔喀比亚德与哲学的结合也同样不成功；但这种结合若是成功了，它就会在苏格拉底的爱欲技艺的指引下，像《斐德若》中的白马与黑马那样结成一对。苏格拉底的爱欲技艺建立在其全部辩证法所必须的二元结构上。在最宽泛的意义上，这种结构由非哲学与哲学之间的关系决定，或者由观念层面向知识层面的上升决定。这种二元结构看起来并不总是一样的。在《高尔吉亚》中，它表现为高尔吉亚、珀洛斯以及卡利克勒斯的道德理想主义——它不完全地映照出了苏格拉底对自身无知的了解。在《王制》中，就像我在《苏格拉底的再次起航》中试图展示的那样，事实中的城邦与言说中的城邦是这个结构的另一版本。

# 主题索引（英—汉）

*（索引页码为原书页码）*

# 讨论过的柏拉图作品对话索引